南京医科大学学术著作出版资助项目

倾听青春的心声

——大学生心理健康教育案例集

主　编　张　宁　林　炜

人民卫生出版社
·北　京·

图书在版编目（CIP）数据

倾听青春的心声 ：大学生心理健康教育案例集 / 张宁，林炜主编. -- 北京 ：人民卫生出版社，2025. 4.
ISBN 978-7-117-37807-9

Ⅰ. G444

中国国家版本馆 CIP 数据核字第 2025P566M1 号

人卫智网	www.ipmph.com	医学教育、学术、考试、健康，购书智慧智能综合服务平台
人卫官网	www.pmph.com	人卫官方资讯发布平台

倾听青春的心声——大学生心理健康教育案例集

Qingting Qingchun de Xinsheng——
Daxuesheng Xinli Jiankang Jiaoyu Anliji

主　　编： 张 宁　林 炜
出版发行： 人民卫生出版社（中继线 010-59780011）
地　　址： 北京市朝阳区潘家园南里 19 号
邮　　编： 100021
E - mail： pmph @ pmph.com
购书热线： 010-59787592　010-59787584　010-65264830
印　　刷： 鸿博睿特（天津）印刷科技有限公司
经　　销： 新华书店
开　　本： 710 × 1000　1/16　　**印张：** 19
字　　数： 302 千字
版　　次： 2025 年 4 月第 1 版
印　　次： 2025 年 5 月第 1 次印刷
标准书号： ISBN 978-7-117-37807-9
定　　价： 79.00 元
打击盗版举报电话：010-59787491　E-mail：WQ @ pmph.com
质量问题联系电话：010-59787234　E-mail：zhiliang @ pmph.com
数字融合服务电话：4001118166　E-mail：zengzhi @ pmph.com

编写人员

主　编　张　宁　林　炜

副主编　王铭泽　陆晓花　郑爱明　裴　涛　杨　华

编　委（以姓氏拼音为序）

陈琪波（南京医科大学）
成　颢（南京邮电大学）
何　欢（南京医科大学）
何秋惠（南京医科大学）
胡明慧（南京工业大学）
黄　琴（南京医科大学）
敬丹萤（江苏师范大学）
李　彤（南京邮电大学）
李红娇（中国矿业大学）
林　炜（南京医科大学）
刘　畅（金陵科技学院）
刘梦林（南京邮电大学）
陆晓花（南京邮电大学）
吕晓丹（南京医科大学）
裴　涛（南京师范大学）
曲海涛（南京邮电大学）
沈继英（南京医科大学）
施冰滢（南京传媒学院）
石微子（南京医科大学）
孙向超（南京医科大学）
滕昌军（南京医科大学附属脑科医院）
王驰悦（南京财经大学）
王铭泽（南京医科大学）
王莹彤（苏州大学）
王志琳（南京医科大学）
吴　琼（南京邮电大学）
熊　潇（南京医科大学）
许星瑶（湄洲湾职业技术学院）
闫　伟（南京医科大学附属脑科医院）
杨　华（南京医科大学附属脑科医院）
杨诗露（南京邮电大学）
张　焕（南京医科大学附属脑科医院）
张　曼（南京航空航天大学金城学院）
张　宁（南京医科大学附属脑科医院）
张本石（南京邮电大学）
张凯璇（南京艺术学院）
张书炜（福建医科大学）
郑爱明（南京医科大学）
郑训迪（南京医科大学）
朱巍巍（南京工业大学）

秘　书　庞曼珑（南京医科大学附属脑科医院）

主编简介

张宁　一级主任医师、教授、博士研究生导师，南京医科大学认知行为治疗研究所所长，中国心理学会注册督导师，中国医师协会精神科医师分会副会长，德中心理治疗研究院中方主席，中国心理卫生协会认知行为治疗专委会名誉主任委员，中国医师协会精神科医师分会强迫症专委会主任委员，世界认知行为治疗联合会前任执委、亚洲认知行为治疗协会前任主席，《中华精神科杂志》副总编，《临床精神医学杂志》主编，享受国务院政府特殊津贴，江苏省有突出贡献的中青年专家获得者，中国医师协会精神科医师分会杰出精神科医师。

林炜　副研究员，硕士研究生导师，南京医科大学学生工作部部长、学生工作处处长、人武部部长、学生社区党工委书记。全国大学生社会实践优秀指导教师、全国高校基层就业卓越奖获得者、全国高校思政精品项目负责人、全国高校心理健康教育典型案例获得者、江苏省首届高校思政中青年骨干团队带头人、江苏省特聘就业创业培训专项导师。中国伦理学会健康伦理分委员会常务理事、中国卫生信息与健康医疗大数据学会公益慈善与伦理专业委员会常务委员、全国高校就业指导委员会医药行业分委员会委员。

序 一

大学生处于人生的重要发展和转折时期，他们面临着学业压力、人际关系、职业规划等诸多挑战。这些挑战不仅影响着他们的学业成就，更深刻地影响着他们的心理健康和未来发展。因此，关注大学生心理健康，不仅是高校教育的重要任务，更是社会发展的必然要求。当前，促进学生身心健康、全面发展，已成为党中央关心、人民群众关切、社会关注的重大课题。习近平总书记对学生心理健康教育作出了系列重要指示批示。教育部等十七部门联合印发《全面加强和改进新时代学生心理健康工作专项行动计划（2023—2025年）》，进一步强调"五育"并举促进心理健康，将学生心理健康教育融入教育教学、管理服务和学生成长的各环节。

高校是促进大学生心理健康的重要场所，而心理健康教育工作在高校中是一个还需继续加强的领域。尽管近年来高校对心理健康教育的重视程度不断提高，但仍然存在一些问题。其中，高校学工人员作为心理健康教育工作的主体之一，往往缺乏专业的心理健康教育培训。他们在面对学生心理问题时，可能会感到力不从心，难以从专业的角度进行有效识别和处理。这不仅影响了学生的心理健康，也制约了高校心理健康教育工作的整体发展。

面对这种情况，张宁教授和林炜副研究员带领团队编写了《倾听青春的心声——大学生心理健康教育案例集》。这是一本面向全国各类高校学工人员的心理健康教育工作参照指南。它以典型的心理健康教育案例为载体，通过案例呈现、案例分析和处理建议三个部分，深入浅出地介绍了大学生常见的心理问题及其处理方法。案例集分为心理困扰、心理障碍和心理危机三个篇章，涵盖了从人际关系、适应发展到抑郁障碍、焦虑障碍，再到自杀与自伤、意外事故等主题，较为全面而系统地展示了大学生心理健康教育的各个方面。

本书的编写团队汇聚了高校心理健康教育专业人员、学生工作人员、精神科医生和临床心理工作者等多方面的专业力量。这种医校合作的模式，充分发挥了各方的优势，确保了本书内容的专业性和实用性。本书的价值不仅在于它为高校学工人员提供了一本实用的工具书，更在于它将心理健康教育的理论与实践紧密结合，为高校心理健康教育工作提供了新的思路和方法。通过阅读本书，学工人员可以更好地理解大学生的心理特点和需求，从而更加精准地开展心理健康教育工作。

我衷心希望本书能够得到广大高校学工人员的喜欢。我相信，通过本书的指导，高校学工人员将能够更好地履行自己的职责，为大学生的心理健康保驾护航。我也期待本书能够激发更多人对大学生心理健康教育的关注和研究，共同推动我国高校心理健康教育事业的发展。

让我们共同努力，为大学生的心理健康教育工作贡献力量，为培养更多身心健康、全面发展的人才而努力！

北京师范大学心理部教授

2025 年 2 月

序 二

大学，作为青春的重要驿站，不仅是知识的殿堂，更是心灵成长的熔炉。在这里，每一位学子都在探索自我、追求梦想的同时，经历着心理与情感的磨砺与蜕变。然而，这一过程可能会引发一系列心理问题，若得不到及时有效的疏导，不仅影响学生的身心健康和全面发展，也可能对社会的和谐稳定和国家的长远发展产生重要影响。因此，关注大学生心理健康，不仅是教育工作者的责任，更是全社会的共同使命。

近年来，大学生心理健康问题已经受到党中央和全社会的高度关注，将其视为高等教育高质量发展和青年学生成长成才的重要保障。习近平总书记多次强调，要重视学生的心理健康教育，指出心理健康是学生全面发展的重要组成部分，要求教育部门和高校切实加强心理健康教育体系建设，为学生提供全方位的心理支持。本案例集正是在这样的背景下应运而生，旨在成为一盏明灯，照亮青年学子心灵的每一个角落，引导他们健康成长，勇敢前行。

本书聚焦大学生心理困扰、心理障碍和心理危机三个部分，由经验丰富的精神科专家、一线辅导员以及心理咨询教师结合一线临床和学生工作实际经验，反复筛选、梳理、凝练，形成 58 篇典型案例。这些案例是当代大学生普遍面临的心理挑战与困惑的真实反映。本书在案例分析与处理建议中融入课程思政以及自然、社会、人文等方面的元素，从新时代大学生突出心理问题的防治出发，将心理健康知识与思政教育元素有机融合、大学生心理健康与成长发展相统一，力求用更加立体生动的方式帮助一线教师解决学生实际心理问题。

本书通过案例故事，强调了心理健康教育的重要性，呼吁社会各界给予大学生更多的关注与理解。这些故事提醒我们，每一个心灵都值得被温柔以待，每一份困惑都值得被认真倾听。高校作为人才培养的摇篮，应当构建更加完善的心理健康教育体系，为学子们提供及时、专业的心理支持与辅导，营造一个健康、包容、积极向上的校园氛围。

本书也是一本自我教育的良好读物。通过阅读这些案例，大学生可以从中汲取力量，学会自我反思与成长，认识到在追求学业与事业成功的同时，保持心理健康同样重要。它鼓励同学们主动寻求心理资源，学会自我关怀，培养积极的心态与生活方式，为自己的青春之旅增添更多的色彩与意义。

我也特别希望本书能够成为一本工具书，时常摆在各位教育工作者的案头，在心理健康教育的实践中得到广泛的应用与检验。我们深信，在大家的共同努力下，大学生心理健康教育工作必将迎来更为显著的进步，为培养更多身心健康、全面发展的杰出人才贡献力量。

北京航空航天大学教授、积极心理体验中心主任
中国心理卫生协会大学生心理咨询专业委员会主任委员

前 言

大学生处在青春期晚期至成年早期发展阶段，生理发育成熟，人格逐渐稳定，价值观逐步确立，情绪和认知水平日渐成熟。大学生在这个阶段探索自己的专业、兴趣、价值观、未来职业方向以及和老师、同学、舍友、恋人之间的相处方式，开始为走向更广阔的社会做准备。探索是一场在新鲜、未知世界的遨游，这里面可能会有趣味、惊喜和收获，也可能是迷茫、挫折和沮丧，如果不能及时排遣，这些探索过程中的曲折就可能变成一个个的心理困扰。从常见的人际困扰、生涯规划、心理发展问题，到需要医学处理的抑郁障碍、焦虑障碍等心理障碍，再到自伤、自杀等并不罕见的危机事件，使得大学生心理健康教育工作成为高校学生工作的重点之一。

诸多调查研究显示，大学生的心理健康状况不容乐观。其中，学者杨秀兰、王婉露等 2019 年的一项全国调查研究显示，大学生总体健康状况一般，其中生理健康状况最好，心理健康状况相对较差。中国科学院 2020 年的一项心理健康调查表明，近 30% 的大学生有抑郁问题，近 70% 的大学生存在睡眠不足问题，大学生们普遍处在一种“亚健康”状态。学者刘丽、曹倩文 2022 年的一项调查结果也显示，大学生心理问题检出率为 42.47%，排名前三的心理问题是就业压力、学业压力和网络成瘾。虽然当代大学生面临来自学习和生活的多重压力，心理健康状况不容乐观，但是令人欣慰的是，超过一半的大学生有较强的心理健康意识，认可心理健康的重要性，并且能够适时寻求帮助。在各个高校专业心理工作人员普遍紧缺的背景下，以辅导员为主体的学工人员就成为了大学生心理困扰求助的优先选择，这无疑对学工人员心理工作技巧和能力提出了更高的要求。

当前，高校学工人员（如辅导员）普遍缺乏心理健康教育方面充分的专业培训，对学生心理问题的认识和处理能力不够。为数不多的培训多以理论讲授和短期工作坊为主，而这对于实践性很强的学生心理健康工作而言，则很难帮助学工人员有效处理现实生活中学生存在的、既带有共性又带有个体差异性的心理问题。此外，对于可能达到心理障碍程度的学生，即便是学校心理老师，也会存在专业盲区，而这恰恰是精神科医师所擅长的专业领域。因此，高校的心理健康教育工作也需要精神科医师的助力，我们希望联合国内各类高校的心理老师、学工人员（含管理者）、医院精神科医师和心理治疗师，共同编写一本具有可读性、科学性、专业性和可借鉴性的心理健康教育案例集，为高校学工队伍提供一套可参考和可借鉴的心理健康教育工作参照工具书，从而增强学工队伍对大学生心理问题的理解，提升学工队伍的心理健康素养和处理大学生心理问题的能力。

本案例集分为心理困扰、心理障碍和心理危机三个篇章，共 58 个案例。案例具有典型性，内容从正常的心理困扰，到异常的心理障碍，再到需要紧急处理的心理危机，囊括了大学生心理健康教育的主要范围。其中，心理困扰篇侧重心理健康知识的介绍和学工人员心理健康素养的提升，包括 30 个案例，涉及人际关系、适应、发展、安全四个主题；心理障碍篇侧重提升学工人员心理障碍的识别与处理能力，包括 13 个案例，涉及的心理障碍包括抑郁障碍、双相情感障碍、焦虑障碍、强迫障碍、进食障碍、网络成瘾和睡眠障碍等大学生常见的心理问题；心理危机篇侧重于增强学工人员处理和化解学生心理危机的能力，包括 15 个案例，涉及自杀与自伤、校园暴力、意外事故等主题。每个案例包括案例呈现、案例分析和处理建议三个部分。其中，案例呈现部分以具有可读性的文字描述了具有代表性的大学生心理问题；案例分析部分则从心理社会学角度对案例主人公存在的心理问题的发生、发展原因进行了专业分析；案例的最后一部分结合了学工人员和精神科医师的一线实践经验，给予了针对性的处理建议。为确保编写质量，编委会成立了多个编写小组，其中包括了专门的审核小组，对所有案例进行从文字、格式到内容的全面审核，案例定稿前每篇案例需依次完成组内审核、组间审核、审核小组审核以及主编审核。

本案例集以大学生典型心理健康教育案例的方式呈现，目前国内鲜有类似书籍。在案例中进行心理健康相关知识、技能和态度的教育，通俗易懂，具有一定的专业性、科学性、代表性、可读性和可参考性，适合在高等院校学工队伍中使用。

本案例集的顺利出版凝聚了大家集体的智慧和辛勤的汗水，感谢南京医科大学胡志斌校长、徐珊副书记和沈瑞林副校长的系统指导，感谢来自全国各类高校的 40 位编委，感谢编写秘书庞曼珑对全书进行了细致的统稿，感谢心理学研究生许敬仁、胡鸣宇在案例统稿过程中提供的支持。大学生心理健康教育工作任重道远，希望本书能尽绵薄之力，助力高校学工人员心理健康教育工作能力的提升，为大学生心理健康保驾护航！

2025 年 2 月

目 录

第一篇　心理困扰篇

附 录

第一篇

心理困扰篇

篇首语

本篇是心理困扰篇，其中介绍的工作内容和方法适用于大部分心理工作对象，在编写本篇内容时，我们首先站在大学生的视角，设想一个通过高考进入到大学的学生，当他进入大学的时候会是什么样的状态，在大学中又会有怎样的历程。

在刚开始进入大学时，他们离开亲人和朋友，来到新的环境，也许旧的压力（来自家庭关系、经济状况、同伴关系、师生关系、学习压力等）也尚未摆脱，又面临新的压力，他们也许带着高考失利的愤懑，抑或是超常发挥的激动；经历了志愿滑档的不甘，抑或是压线录取的兴奋；充斥着背井离乡的伤感，抑或是独立生活的期待。而在大学的生活中，他们可能会和同学、老师相处融洽，如鱼得水，或者是理念相背，冲突频发；可能会经历毕业分手的心痛，抑或是告白成功的欣喜；可能会录用通知拿到手软，或者在招聘的季节颗粒无收。在不同的心情和经历中，他们又将面对同一个挑战：成为一名大学生。

由此，我们确定了“适应问题”“关系问题”“发展问题”和“安全问题”四个大类，在具体的案例呈现中，综合了编者多年的学生工作经验，尽量还原一线辅导员和心理咨询师真实的工作场景，读者在阅读的过程中可能会发现，这些棘手的案例都是从一通看似寻常的电话，或者一阵急促的敲门声开始的，刚开始的时候不可避免会有抱怨、烦躁、迷茫，但是当通过一次次谈心谈话，与学生的内在生命相遇时，这些感觉可能会被对学生的好奇和想要帮助他们的愿望所替代。

“适应问题”分为环境适应、人际适应和学习适应，大学时期称为“心理断乳期”，大学生和父母物理空间的分离给了他们足够的空间去探索这个世界和探索自我，他们需要适应大学环境，对自己的生活负责，需要适应新的人际关系，需要适应和高中不一样的学习模式，在适应中会遇到各种各样的问题。“关系问题”包括宿舍关系、同学关系、朋友关系、恋爱关系、师生关系和亲子关系。每个人的生活都注定会遇到关系问题，因为我们每个人的内心都有着想要跟他人亲近的渴望，但由于种种原因，我们常常以各种各样的方式将自己武装或保护起来，尽量回避真正的亲密。当我们的大学生与他人（室友、同学、伴侣）发生矛盾向辅导员求助时，辅导员应该如何应对，是应当特别关注的内容。“发展问题”包括自我认知和体验、个人职业生涯规划、人格发展三部分。每个大学生在成长过程之中都或多或少会经历发展类的问题。通常，这些问题会随着人的发展和成熟而烟消云散，但如果没有适当的引导或促进，这些问题也会将大学生困住，阻碍大学生的发展成熟。“安全问题”我们分为网络安全和性安全两部分，大学生在社会经验和生活经验等各方面均表现出经验不足和自我防范意识不强的特点，很容易陷入各种危险事件当中，而这些安全问题又会导致各种各样的心理困扰。由此，针对大学生的安全教育便显得至关重要。针对上述大学生常见的心理困扰，我们选取了较为常见的问题通过案例的方式呈现，介绍跟案例内容相关的心理学理论，并用心理学理论剖析了学生出现问题的成因，提供了切实可行的应对方法，力图使理论和实际的联系更加紧密，给辅导员的工作提供行之有效的方法。

没有人生来便知道如何去帮助其他人，辅导员作为一名学生工作者，要成为一个专业的助人者，需要去学习的内容则相当繁杂，也许包括人类学、社会学、医学、心理学、教育学和法学等多方面的知识。我们无法穷尽所有的这些知识，唯有心怀敬畏，一往无前。

01 关系问题

案例1 煤气灯下的女孩

一、案例呈现

辅导员李敏（化名）正在办公室办公，突然班上的学生晓光（化名）敲门进来说："抱歉老师打扰了，最近我有点担心我的舍友，但是也不知道怎么帮她，我想到李老师您曾经帮我和晴晴（化名）申请了勤工俭学的工作，我们都很信任李老师，所以我想也许李老师您会有办法。"李老师赶紧放下手中的工作，开始和晓光了解到底发生了什么。

晓光说最近感觉自己的舍友晴晴的状态很不对劲，和以前相比好像变了一个人一样，以前晴晴经常和舍友们一起出去玩，会一起逛街吃好吃的，一直很乐观。但是最近大家叫晴晴出去的时候她都没什么兴趣，不太愿意参与，而且晓光发现晴晴有时候会对着镜子照很长的时间，照镜子的时候会不断地叹气，晓光问晴晴怎么了，晴晴说感觉自己好像越来越胖了，虽然晓光告诉晴晴她一点也不胖，但晴晴还是说这不过是在安慰她罢了。夜里的时候，晓光也听到晴晴躲在被子里哭泣，自己很是担心，但是不知道能够做些什么。晓光隐隐地觉得可能是和晴晴的男朋友有关，因为曾经听到晴晴和男朋友打电话，晴晴边哭边在解释些什么，但是晓光问晴晴的时候，晴晴只是淡淡地说："他只是太小孩子气了，不知道怎么表达自己的感情而已。"晴晴和男朋友刚在一起的时候，会和晓光分享一些他们之间的事情，但是后来慢慢地晴晴好像不再提起男朋友了，偶尔问起晴晴的时候，她也总会回答说最近挺好的，晓光也就不再多问下去了。但晴晴的状态实在让人担心，所以才联系了老师。

李老师听到这些之后便联系了晴晴，邀请晴晴来到谈心谈话室。李老师注意到晴晴的身材和之前相比其实并没有什么变化，但是感觉很没有精气神，闷闷不乐的样子，便担心的问道晴晴："晴晴，你看起来好像有些不开心，老师有点担心你，是遇到什么事情了吗？"晴晴回答说："谢谢老师的关心，我其实也没有遇到什么事情。"李老师说："和上学期见到你的时候相比，感觉你好像有很多变化。"晴晴沉默了一会，回答说："嗯……是的，我觉得我胖了很多。"李老师说："可以告诉老师你为什么会这样想吗？老师不这样觉得呀。"晴晴回答说："我每天照镜子的时候都觉得自己挺胖的。我男朋友也这样说，我和他吃饭的时候，他会说，你都胖得像猪一样了，怎么还吃这么多？"李老师说："他不应该这样说你。"晴晴说："也许吧，但是我确实也胖了很多，我吃的太多了。他说我胖什么的，我知道在大家眼里听起来是有点过分的，但是他真的只是不太会表达。因为我以前确实挺胖的，那时候我也很不喜欢我自己，他知道我这些经历，只是担心我再变成以前那样。"

李老师说："嗯，我看到你会站在他的角度去替他思考，去理解他，但是也许他没有站在你的角度考虑问题。这样的关系似乎有一些不平等，老师很担心你。你可以再多说一点吗？"晴晴犹豫了一会说："我觉得我说了老师也可能不会理解我。"李老师说："没关系的，你可以先说来听听，我想尽我所能去帮你。"

晴晴说："我和我男朋友最近经常吵架，我跟别的男生说话时，我男朋友都会觉得我是在和他们暧昧，或者背着他做了一些什么事情。开始的时候我觉得他真的太荒谬了，我们只是普通的同学，有时候他们只是和我打个招呼而已。但是他每次看到都会变得很愤怒，我们就会莫名其妙地吵起来，我觉得这些事情根本不值得吵架，但是不知道为什么每次都会变得很糟糕，最后他会丢下我走掉，我真的很讨厌那种感觉。吵架的时候我会很认真地和他解释，但是他根本听不进去我的话。不过现在我冷静下来想一想，他的想法也不是没有道理，可能爱情就是具有唯一性的，既然我们在一起了，我就不该再和别的男生有联系了，他说希望我能够换位思考，我想是我的话，我也会不开心的。我觉得他会那么生气，可能是因为他太在乎我了。所以我也会和他认错道歉，基本上也不和其他男生说话了，我只希望能和他好好的。”

李老师回应说：“你们在吵架的时候你的感觉是怎么样的？”

晴晴说：“我觉得很糟糕，就是有一种天都要塌下来的感觉，我想要赶快平息这场战争。老师，我觉得他不是坏人，只是男生和女生看待问题的方式不一样而已，我觉得他还是很喜欢我的”。晴晴叹了一口气说：“哎，但是我想不明白，明明生活还是挺美好的，但是我就是怎么也开心不起来，不知道是哪里出了问题，我也曾经想到过和他有关，我想过要和他分开，但是我很害怕。”

二、案例分析

1. 问题表现

在上述案例中，我们可以看到晴晴有较低的自我认知、反复质疑自己。晴晴的男友会不断地贬低晴晴，觉得晴晴很胖，即便在旁人看来，晴晴是正常的身材，但是晴晴还是反复地质疑自己，不断照镜子觉得自己是很胖的，有着对自己较低的自我认知，不断地丧失自信。

同时，晴晴会为对方找借口、认同对方，并且过度地理想化对方。晴晴认同了男朋友的贬低，无法从客观的角度去看待自己。也会为对方找借口，当周围的人都觉得男朋友做得比较过分、不应该这样做的时候，晴晴会为对方辩解。比如在对方说自己胖时，晴晴会说对方是在为自己着想，担心自己才这样说的；在对方因为晴晴和其他男生说话而生气时，晴晴会自我合理的解释说是因为对方在乎自己，才会这样对自己说的。

以上这些表现都是处在“煤气灯效应”中的被操纵者常有的表现，而处在“煤气灯效应”中的人会很难看到这些，会合理化对方的做法，去认同对方所说的话。同时也会在朋友或者老师面前为对方找借口。晴晴并不容易意识到自己处在不平等的关系中，她也会感觉到自己的状态出了问题，但是很难说清楚原因。

2. 成因分析

“煤气灯效应”是关系双方共同构建的“关系陷阱”。陷入煤气灯效应的人通常不是在关系一开始就这样相处的，实际上煤气灯效应包含三个阶段：否认、辩解、压抑。在否认阶段通常被操纵的人会否认对方所说的话，比如晴晴一开始也认为男友是很荒谬的。晴晴会很想要为自己辩解，证明自己是对的，在这个过程中，就会希望得到对方的认可。而通常获得对方的认可是很困难的事情，因此对方在这个过程中不断拉扯的双方会感到疲惫，最后压抑自己的真实感受，逐渐地认可对方。在煤气灯效应中的操纵者常常会制造“情感爆炸”的时刻，就像晴晴的男友那样，当自己不认可的事情发生时，会爆发很激烈的情感冲突，这个过程还可能伴随着很多的批评和指责，这会让人有一种“情感末日”的感觉，而为了避免“情感末日”的发生，晴晴在思想上和行动上认同对方的想法便成了关系中更为安全可行的路线，久而久之，双方不自觉地跳起了“煤气灯效应”的探戈。

三、处理建议

1. 帮助学生做出“关掉煤气”的决定

要帮助学生看到，他正处在煤气灯控制中。可以帮助学生设想，如果继续和对方处在这段关系当中，自己的生活会是什么样子，比如可以帮助学生设定具体的时刻，比如一年后、三年后的这个时间，如果继续和对方在一起，生活会有什么不同。同时也可以帮助学生想象，他本来想要的生活是什么样子的？通过这样的想象，学生可能会容易看到自己在这段关系中失去了一些什么，也更容易做出理智的决定，重新找回自己想要的生活。对于处在“煤气灯效应”中的人来说，做出离开对方的决定往往是最困难的，因为他们可能会感受到“情感末日”，感觉自己非常需要对方的认可，离开对方的话会觉得自己的生活好像都无法继续了。

2. 教会学生对抗“煤气灯效应”的方法

比如教会学生对对方说：“你说得对，但是你不应该用这样的方式对待我。”或者可以向对方表达愤怒：“你有你的道理，但是这样说话的方式让我感觉很不舒服。”可以教会学生在面对争吵，自己觉得无力辩驳时，直接地表达自己的真实感受，避免陷在“煤气灯效应”的逻辑陷阱之中。

3. 给予学生力量并且寻求专业帮助

帮助学生列出自己的优点，帮助学生关注自己的感受，而不仅仅是在关系中的逻辑对错。

同时，也要不断地和学生进行沟通，坚定地支持学生。离开煤气灯效应是很困难的过程，也要动员学生身边重要他人的力量，比如学生的朋友，让大家给予学生正向的反馈和力量。当煤气灯效应中的人正在承受更为严重的暴力攻击或者侮辱时，可以告知学生的监护人，通过法律途径帮助保护学生，并且建议学生接受专业的心理咨询。

案例 2 失恋 33 天

一、案例呈现

辅导员韩梅（化名）近期在刷朋友圈的时候发现，班里的学生小颖（化名）常常在深夜发一些让人担忧的文字，比如：“我到底做错了什么，为什么要丢下我一个人？”“我们的承诺那么轻易就不作数了吗？”辅导员感到有些担忧，小颖的表现似乎一反常态，她猜想小颖可能经历了一些糟心事，辅导员随后邀请小颖来到了谈心室，想了解小颖发生了什么事。

见到小颖后，辅导员发现，往日里打扮很精致的小颖看起来有些憔悴，似乎没有化妆，头发也有一点乱，她贴心地询问小颖：“最近我看到了你发的朋友圈，感到你好像很伤心。看起来好像发生了一些事情，不知道你愿不愿意和我聊一聊？我很希望能够帮到你。”话音刚落，小颖眼眶就红了，之后便哭了起来。辅导员静静地陪在小颖身边，过了好一会儿，小颖终于平静下来，开始和辅导员袒露最近发生的事情：“老师，我实在是太难过了，我真的不知道之后的生活一个人要怎么度过。”

通过谈话，辅导员了解到，原来小颖失恋了。小颖和男友在一起已经两年，最近，男朋友以准备考研为理由和小颖提出了分手，并且不愿意再过多解释。小颖不愿意接受这样的结果，最近两周夜里总是睡不着觉，一个人躲到被窝里常常控制不住偷偷哭泣。白天上课的时候，小颖听不进去，即便是做自己之前特别喜欢的手工，也觉得提不起兴趣，以前最喜欢吃的美食好像也变得食之无味。不管做什么，小颖都总会想到和对方在一起时开心的画面。谈话过程中，小颖不止一次对辅导员说道：“是不是因为我不够漂亮、不够好，所以对方才和我提出分手的？我现在觉得自己真的很糟糕，也许我就是不值得对方一直喜欢，即便是我亲密的人也都会离开我。”“也许，我将来再也找不到一个和我在一起的人了。”

谈到这些，辅导员告诉小颖，这一切的发生并不是因为你不够好，她接着好奇地问小颖，“你会常常将不好的结果归结在自己身上吗？”小颖沉默了一会，点了点头，“好像是这样”，小颖开始跟辅导员讲述自己成长的故事。原来，在小颖刚出生后不久爸爸妈妈就离婚了。爸爸组建了新的家庭，妈妈去了外地打工，小颖留给了姥姥姥爷照顾，每年只有逢年过节妈妈才能够回来看小颖。姥爷的脾气不太好，常常很凶地对小颖说："如果你不乖，就把你送走。"每每听到这些话，小颖都感到很害怕，担心自己做错了什么，也常常担心自己会被家人抛弃。小颖说，从小到大，自己是在不安的感觉中长大的，不知道什么时候就会失去家人。长大后，小颖谈过两次恋爱，小颖说："不知道为什么，有时候和对方在一起，如果对方有不高兴的时候，我总会想到小时候姥爷对我说狠话的那些画面，那种不安的感觉好像又回到了我的身体里。"

二、案例分析

1. 问题表现

我们可以观察到，小颖在失恋后，自我照顾受到了一定影响，她没有像以往那样精致地打扮自己，也没有心思打理自己的个人卫生。在情绪上，小颖情绪低落、常常哭泣，同时还伴随焦虑情绪，担心自己没办法找到新的恋爱对象。小颖的正常生活状态也受到了失恋的影响，表现为上课时注意力难以集中、在夜里常常失眠、食欲下降以及兴趣减退等，这些是经历一些重要丧失后抑郁情绪的外在表现。在认知上，小颖表现出对现实的否认，不愿意接受两人已经分手；自我价值感降低，认为自己很糟糕、不值得被喜欢、不够漂亮，等等。

2. 成因分析

首先，小颖经历了重要的丧失事件，失去了一段对小颖来说十分重要的关系。这段亲密关系过去是小颖重要的社会支持，并且为小颖提供了一定的自我价值感。人在失去重要关系的时候，都会经历哀伤的过程，在这个过程中，会产生抑郁的情绪，伴随很多哀伤的感受，小颖所表现出的常常哭泣、感到极度悲伤、对很多事情提不起兴趣，都是失去重要关系后常见的表现。

其次，小颖早期成长过程中的分离经验也加剧了小颖对失恋过程的痛苦感受。在小颖生命的早期，她的爸爸妈妈就分开了，妈妈也很早离开小颖去打工。通常，个体在生命早期和主要养育者的关系决定了个体和其他重要他人的关系模式，和母亲的亲密关系会成为长大后安全感的重要来源。而对于小颖来说，和母亲过早的分离对小颖建立良好的依恋关系造成了影响，在面对分离时也会感到更加困难。小颖无意中会将这种模式带入到与其他人建立的重要关系当中。与此同时，小颖的姥爷并不是一个包容、照顾的养育者，会对小颖说“如果你不乖，就把你送走”，这是一种创伤性的经验，会影响到小颖对自我的感受。小颖会觉得关系的丧失是因为自己做得不够好导致的，进而把错误归因到自己身上，因此小颖在分手后出现了自我价值感降低，否定自己的情况，产生“我很糟糕”“我不值得被喜欢”“我做得不够好”的自我认知。由此可见，对于小颖来说，早期家庭中分离和被抛弃的体验加剧了失去重要关系时的反应。

三、处理建议

1. 以尊重、共情的态度与学生建立信任关系

在发现学生出现异常的表现时，辅导员首先应尽量以尊重、不批判的态度与学生接触，倾听学生所遇到的困难，不去评判学生所做的对错与否，例如不去说：“你不应该因为分手而耽误学习”等批判性的话语。尊重、不批判的态度能够让学生放下顾虑，愿意以开放的心态去谈自己遇到的事情。其次，要以共情的态度理解学生，在本案例中，辅导员通过小颖的叙述感受到了小颖的难过之处，并把这种感受反馈给了小颖，让小颖感受到被理解；同时辅导员能够倾听小颖，在小颖难过哭泣时陪伴小颖调整好情绪，这些都是与学生建立信任关系的重要组成部分。

2. 评估学生问题的严重程度

在学生遇到问题时，需要去评估学生目前的严重程度。对于一部分学生来说，在经历失恋后产生一些抑郁的情绪反应是在正常范围之内的，因为人在经历失去重要关系这样的丧失事件时，都会受到一定的影响。当学生的消极反应在一段时间内（通常是一个月）逐渐缓解，并且学习、生活的功能没有受到太大的影响时，可以初步评估学生是因失恋产生的正常情绪反应，辅导员可以关注学生后续状态，暂时不需要过多的干预，也可以告诉学生这些情绪反应是正常的，把未来会好转的希望灌注给学生。

但如果发现学生消极的状态持续时间很久，并且可能严重影响到学生

日常的学习、生活功能，就需要更加留意学生的状态。有些学生可能会伴随自杀、自伤的想法，这种情况下学生的问题较为严重，这往往不仅是因为失恋所带来的影响，可能还伴随有更深层次的议题。这种情况之下辅导员要更加警惕，并鼓励学生积极寻求更专业的帮助。

3. 建议学生寻求专业帮助

当学生的问题较为严重时，可以建议学生寻求更专业的帮助，预约心理咨询。对于小颖来说，除了失恋带来的情绪问题，还伴随有原生家庭的创伤，对于童年早期的深层次议题，需要进行长期的心理咨询工作。

案例3 “老好人”的被动反抗

一、案例呈现

期末学生会例会前，分管学生会的辅导员王磊（化名）收到了一条信息，“很抱歉，王老师，我想退出下学期的学生会工作，特此跟您申请”。

发信息的是学生会副主席小新（化名）。王磊感到很诧异，在他眼里，小新很热爱学生会的工作，虽然话不多，但他平时勤勤恳恳地工作，带领部员们组织了很多活动，完成得也很不错，是什么让小新想要退出呢？王磊心中有很多疑惑，他决定把小新约到学院的谈心谈话室，具体聊一聊是怎么回事。

小新低着头走进谈话室，他很礼貌地跟辅导员问好，看起来忧心忡忡，欲言又止。王磊感受到了小新的焦虑和紧张，他告诉小新，他认为小新在学生会的工作做得很出色，想退出可能有自己的理由，他很尊重小新的决定，但也很想倾听他的想法，看看有什么地方可以帮上忙。

“其实也没什么，我都习惯了”，小新说完又陷入一阵沉默。王磊将身体往前倾，好奇地看着小新，重复着他所说的：“习惯了？小新，王老师还不知道具体发生了什么，但我感受到你似乎为此痛苦了很久……”也许是感受到了王磊的关心和理解，犹豫了一会后，小新开始跟王磊袒露自己想退出学生会的真实原因。

原来，小新和现任主席小宇（化名）是好朋友，也是发小。自从进入学生会，两人在工作上的合作越来越多。在做决策时，如果两人有不同意见，小新一般不会说出自己的想法，他认为这样是不好的，因为他觉得既然自己的想法和小宇不一样，说出来不就是挑起冲突，破坏关系吗？小新也告诉王磊，小宇曾说“你可太靠谱了！什么事交给你准没错！”听到这些话，小新一方面感受到被认可，心里很高兴，但另一方面他也很苦恼，他慢慢发现，自己承担的工作越来越多，也越来越疲惫，当初加入学生会的热情似乎已被消耗殆尽。尤其在最近的期末季，学科备考、项目结项、学生会工作全都涌了过来，小新被压得喘不过气，晚上焦虑得睡不着觉，心里感到很委屈。但是，他不想拒绝小宇的要求，他认为这是自私的表现，是不应该的。他也不想告诉小宇他对问题的真实看法，他担心这会破坏自己和小宇的关系。说到这里，小新流下了泪水，但很快就止住了，他低着头继续跟王磊说，“退出学生会，也许……就不用面对这些……”小新的语气中带有一丝遗憾，王磊能看出，他仍然很留恋学生会的工作。

在后续的谈话中，小新也提到，自己在生活中非常回避冲突。对他而言，和亲近的人有不同意见、有冲突都是很可怕的。他告诉王磊，在他的记忆中，父母经常吵架，一言不合就会朝着对方大声嚷叫，他似乎从来没有看到父母心平气和地聊天。小新不希望变得和父母一样。他也很少跟父母交流自己的想法和需求，他倾向于选择自己解决问题，在他看来，自己说了也没用，如果说了父母不想听的话，甚至可能被他们批评和惩罚。渐渐地，小新便习惯将一切憋在心中，自己消化。

二、案例分析

1. 问题表现

从王磊和小新的谈话中，我们看到小新存在回避冲突的问题，在面对冲突时，倾向于通过忍耐和逃避来应对问题。

具体而言，小新很害怕冲突，他担心冲突会破坏关系，因此总是选择沉默和隐忍。当他想到要拒绝好朋友的要求时，他感到很内疚，好像做错了事，他认为自己需要为好朋友的不高兴负责。小新也表现出强烈的无力感，在他内心深处，当他的想法和需求与身边人不一致时，他自己的想法和需求便不值一提，表达出来也没有用，甚至很危险。

但与此同时，小新内心的不舒服和憋屈感并没有因为隐忍而消失，这些感受一直在积累。但小宇并不知道小新已经满负荷，仍然给小新更多的工作。小新的情绪越来越低落、对工作的热情也在不断减退，整个人身心俱疲，直到无法忍受，小新最终想要通过逃避和离开的方式来应对问题。

2. 成因分析

从王磊了解到的信息来看，小新之所以要申请退出学生会，一方面的原因是，好朋友小宇给自己的工作任务超过了自己的负荷和职责范围，小新感到不堪重负，疲惫不堪；另一方面的原因是，小新害怕和小宇发生冲突，进而影响两人的关系，小新选择通过离开来解决问题。这两方面都反映出小新倾向用忍耐和逃避的方式应对问题。短期看，这避免了冲突，但长期来看，问题并没有得到真正的解决，还可能影响小新的个人发展以及与好朋友小宇的关系。

每个人应对问题的方式跟过去经历以及从中习得的经验有密切关系。从小新讲述的成长经历中，我们了解到，幼时父母吵架的经历，让小新感受到冲突是危险的、表达不同意见和自己的需求是不被允许的。小新内心深处不希望跟父母变得一样，但无意中，小新走向了父母处理冲突的另一个极端。“我不可以拒绝”“冲突会破坏关系”“冲突等于要发火、吵架，甚至打架”“表达和交流的效果甚微，甚至会带来更糟糕的后果”等想法进一步影响了小新的情绪和行为，让小新被内疚感和恐惧感裹挟，不断压抑自己的看法和需要，身心俱疲，最终当自己无法忍受时，只能通过离开来解决问题。

三、处理建议

1. 走进学生内心，了解学生真正的困惑

当学生突然提出“退出学生会”的申请时，我们的关注点不能局限在是否同意学生的申请上。我们要试图通过主动倾听、提问和共情的方式，了解学生的决策以及行为背后的故事，这样我们才能真正理解他们的困难所在，找到更合适的方式解决问题。

案例中的小新，将“退出学生会”当成了一种解决问题的方式，他真正的困惑在于如何正确认识和处理人际冲突，如何有效地沟通。

2. 帮助学生合理认识和处理人际冲突

过往的经历让小新对“冲突”产生了不合理的认识，误以为“有冲突就会破坏关系”“冲突等于要发火、吵架，甚至打架”，因而小新容易对自己和他人的不同意见感到内疚，习惯采用消极被动的方式应对冲突。我们可以从以下方面帮助小新理解人际冲突。

（1）帮助小新理解人与人之间的冲突是不可避免的。冲突产生于差异，当我们察觉到潜在的“冲突”时，可能意味着我们和他人的想法、感受、

偏好等方面存在差别，但这并不意味着谁对谁错。如果不去面对和解决这些潜在的“冲突点”，彼此的差异以及未被满足的需求并不会因为忍耐而消失，如果一直积累，直到某一天爆发，人与人之间的关系反而更容易遭到破坏。相反，当我们积极应对“冲突”时，“冲突”会增进我们对彼此的了解，有时候甚至会促进两个人关系。

（2）帮助小新看到他在关系中面对不同意见和冲突时的恐惧，及其与过去经历的联系，并尝试帮助小新区分过去的经历和现在的经历。我们可以告诉小新，他回避冲突的应对方式在家庭中也许是有效的，但是现在，他将这种恐惧泛化到了和好朋友的关系之中，反而限制了他采用其他更积极方式去应对。

（3）帮助小新了解自己的需求和边界。小新在面对小宇的工作委托时，很容易全盘接受，即使在超过自己承受范围时也很难拒绝，他认为拒绝是不应该发生的事，是自私的表现。我们可以和小新一起梳理他的职责范围，了解自己的底线。我们也要告诉小新，人际关系的磨合就是一个了解彼此边界的过程，在面对超出边界的工作时，他可以表达拒绝，维护自己的边界并不代表自私，反而是一种为自己的行为负责的表现。小新有权力重视自己的需求和想法，他可以跟小宇协商什么可以、什么不可以。只要他能对结果负责，也不是为了自己的需求去牺牲别人，就不是自私。

3. 与学生分享如何进行有效沟通

“说了也没有用”“交流也是效果甚微”等想法，阻碍了小新去主动沟通交流自己的想法，他选择将一切憋在心中，自己消化。我们都曾渴望自己不说别人就能懂，但现实往往是，我们表达越多，别人才会了解更多。

美国著名心理学家、家庭治疗师维琴尼亚·萨提亚（Virginia Satir）认为，人际关系沟通必不可少的三个元素是自我、他人和情境。小新的沟通模式是忽略自己的需求，只关注他人和情境的要求。我们可以跟小新分享一些沟通技巧，鼓励小新既关注自己，也关注他人和情境。

例如，在小宇给小新更多超过职责范围的工作时，小新可以试着告诉小宇，“我能理解，你给我分配这些工作是对我的信任（关注小宇），但是最近我的工作量已经超负荷了（关注自己），为了不耽误这项工作的进度，让学生会的工作做得更好（关注情境），你看我们是否可以一起讨论，然后分配给适合的部员来做，我可以督促把关，你看怎么样（提出替代方案）？”

4. 寻求专业帮助

如果小新想要更细致地了解自己的状态、当前应对模式与过去经历的联系，或是想要进一步探索自己在积极沟通方面的困难，我们可以向他介绍学校心理健康教育中心的服务，鼓励他寻求心理咨询师的帮助。

案例 4　乖乖女的“叛逆”

一、案例呈现

午休的时间还没有结束，辅导员李华（化名）的手机就响了起来。

果然又是小玲（化名）的妈妈。

最近一个多月，小玲的妈妈隔几天就会给李华打来电话，询问女儿的学习和生活近况。刚开始的时候，李华觉得这位妈妈真的非常关心孩子，也很乐意与她交流小玲的情况。但是，频繁的来电逐渐将李华折腾得有些焦躁，但她还是尽量以平和的语气和这位妈妈进行了通话。

“李老师，小玲最近不知道怎么回事，已经有几天没有接我电话了，她是不是在学校遇到什么事情了？有啥事不能跟我说的啊？你说这孩子从小到大都挺听话的，有什么事都会跟我说，但上了大学之后跟我越来越不亲近了，经常顶嘴，还挂我电话，她在大学里都学了些什么，您能不能给我说说?”

小玲妈妈一连串的问题让李华渐渐清醒起来，她虽然感觉这位母亲有点过于焦虑，但小玲的状态也让李华感到有点担心，毕竟中断和家人的联系，并不是一件简单的事情。李华回应说，她会尽快跟小玲取得联系，了解一下情况，但小玲妈妈的焦虑好像无穷无尽，如潮水般通过电话涌来，李华不得不借口说有别的事情要忙，赶忙挂断了电话。

上个学期，李华才刚刚入职辅导员，还从没遇到过这种情况，不知道如何应对小玲妈妈无休止地纠缠。于是，她请教了学院分管学生工作的张书记（化名），张书记告诉李华，虽然小玲的妈妈一直纠缠她，但她的服务对象是小玲，应该和小玲好好谈谈。

通过几次谈话，李华了解到，刚进入大学时，小玲有些不适应，经常和妈妈打电话倾诉，妈妈也很有耐心地开导她，陪伴她逐渐适应了大学生活。两个月之后，小玲交到了好朋友，加入了社团，专业学习也忙了起来，她开始体验到大学生活的丰富多彩和充实。小玲和妈妈的联系减少了，她好像没那么需要妈妈的开导了，可是妈妈仍然每天打电话给小玲，询问生活的细节。小玲开始挂断妈妈的电话，甚至会觉得妈妈很烦人，而妈妈则越来越觉得小玲开始变得“叛逆”；有时候，和同学在一起的时候，妈妈突然打来视频电话，她都觉得有点丢人……

小玲想要一些空间，拥有自己的生活，但她同时又对妈妈感到很内疚。李华试着询问了小玲的家庭情况，了解了她的成长故事。小玲哭着告诉李华，她的妈妈和爸爸都在当地的企业工作，通过相亲认识，不久便结婚了。小玲出生之后，父母就遇到了企业改制，双双下岗。小玲爸爸逐渐迷上赌博，经常不回家，夫妻经常爆发剧烈的争吵，她的爸爸不久之后只身前往另一个城市工作，他只是寄钱回来，很少和家人联系，大半年才回家一次。小玲妈妈找了一份服务员的工作，几乎是独自将小玲抚养长大。母女俩关系较为亲密，直到小玲上大学前，她们还睡在一张床。这些年来，妈妈没有什么人际交往，也没有发展兴趣爱好，有什么心事都跟小玲说，彼此相互支撑着。

听完小玲家的故事，李华觉得她们都很不容易，但她自己也陷入了更深的迷茫，不知道该如何帮助这对母女，一边是焦虑的母亲，一边是“叛逆”的女儿，身处她们之间，让李华感到焦躁难安。

二、案例分析

1. 问题表现

我们看到小玲的妈妈不管是与辅导员沟通还是与小玲沟通都缺乏人际边界，这种没有边界的人际交往模式让小玲很想和妈妈保持距离，远离妈妈，但是当她想要推开妈妈时，她又会很内疚。小玲在亲子关系中遇到的困惑主要是想要与妈妈分离而带来的内疚感，这种内疚感让她很痛苦。

2. 成因分析

通过李华收集到的信息，我们了解到小玲的家庭其实存在一些问题，父母的夫妻关系以及职业发展都遭遇到了不小的挑战，父亲通过与家庭保持距离的方式解决矛盾冲突，而母亲则通过把所有的注意力都投向女儿来应对自己在夫妻关系和人生意义层面的困境。父亲长期缺席，而女儿则扮演着陪伴母亲的角色，她不得不和母亲同床而卧，即便她早已经到了长大成人的阶段。

家庭生命周期理论告诉我们：就像人要经历幼年、童年、青少年、中年到老年一样，家庭也会经历不同的发展阶段（独立成人—新婚成家—养育新人—子女成长—家庭空巢—夕阳晚景），而每个阶段都需要家庭成员在心理上做出调整和改变。可是，会有家庭成员对家庭的生命周期发起挑战，不接受新阶段的到来，也自然会引发各种各样的问题。案例中的小玲上大学之前，这个家庭的生活与关系模式保持了某种脆弱的平衡。当小玲来到青春期的时候，其实这个家庭的发展已经开始面临巨大的挑战，而这种挑战的高峰正是小玲离家开始上大学，进而打破了原有的平衡。母亲不愿意接受女儿已经独立的事实，女儿也在因为自己越来越独立的生活感到内疚和痛苦。

三、处理建议

1. 明确工作对象和工作同盟，通过知情同意将责任还给学生

不断来电的小玲妈妈的确有其面临的困境，但我们需要清楚的是：我们的工作服务对象主要是自己的学生，而不是父母，我们需要和学生建立同盟关系，而不是与父母结盟，站在父母的一边，对学生提出更多的要求。如果辅导员和家长站在一起说教学生，可能会失去学生的信任，任何引导都会变得无效。但是，我们也不能完全和学生站在一起，和家长产生对立的情形，而是应当试着理解双方的处境，帮助父母与学生形成更良好的沟通模式。

此外，一个人只有对自己的行为负责任，才能获得真正的自由。我们的学生都已经成年，这意味着他们要对自己的行为负责任，因此，辅导员不能帮学生做主。案例中辅导员首先需要告知小玲的妈妈，“我会找孩子谈话，并把你联系我的事情告诉她……”然后，辅导员找小玲谈话，告诉小玲她妈妈很担心她，并真诚地和小玲开启谈话，这就做到了知情同意，真正把学生看作是一个负责任的成年人，同时也能获得小玲的信任。

2. 放下价值评判，耐心倾听走进学生内心

辅导员工作的核心是价值观引导，但往往因为这样，我们的辅导员会更重视教育和引导，而忽视了倾听。其实人际关系中，倾听是很重要的品质，耐心地倾听学生，给以言语和非言语的反应，学生会感觉到辅导员的

积极关注，这种积极关注能增加学生对辅导员的信任。案例中，李华可以通过“小玲，你妈妈说联系不上你，她很担心你，李老师也不知道你发生了什么事情，也很担心你，你可以跟我说说你怎么了”“你想到什么都可以跟我说，我会听你讲”……类似的开放式表达，引导小玲打开自己的内心。

记住，在不了解小玲的生活故事之前，不要着急给出建议。李华只有了解了小玲和父母之间发生了什么，才能帮助她厘清与父母的关系，也许才能找到解决问题的办法。

3. 根据具体情况，提出恰当建议

当我们可以深入了解小玲和父母之间的关系问题，便可以根据实际情况，给出恰当的建议，实施及时的干预。我们可以站在第三方的立场，客观地描述家庭当前的状态，理解父母和学生各自的感受和难处，也可以真诚地指出彼此都存在的一些问题，“小玲，听你说完家里的事情，才能够理解你为什么不太愿意接妈妈的电话……你已经是一个成年人了，你好像也在用这种方式告诉妈妈，你现在已经变得越来越独立了……好像对妈妈来说，似乎已经很习惯把你当作自己生活的核心了，我们有没有一些方法，可以让妈妈能够更加适应你变得独立之后的生活呢？也许我们可以一起想一想……”不过，如果发现小玲无法通过这样的交流获得足够的帮助，我们可以建议小玲前往心理中心，与更为专业的心理咨询师进行交流。

知识窗

1. 人际边界

边界是指人们在心理上划分自己和他人之间的界限。它包括个人的身体、情感、认知和行为等方面，以及这些方面与他人相互作用的方式。边界对人们的心理健康和社交关系具有重要影响。如果一个人的边界感觉太弱，则可能会经常忽略自己的需要并依赖他人，或者过度关注他人的需要而忽视自己；反之，如果一个人的边界感觉过于严格，则可能会过于孤立和疏远他人，难以建立良好的社交关系。我们在生活或工作之中都会有

意识地考虑自己的语言或行为有未影响到其他人，或者自己的生活有未受到其他人或事的影响，进而对生活作出调整。实际上，这就是我们对于人际边界的觉察与维护。然而，我们常常发现不少人对于此极不敏感，他们可能会侵入到别人的生活而不自知，也可能无法维护自己的边界，从而给别人或者自己的生活带来诸多苦恼。值得注意的是，我们在人际边界层面的行为和体验其实具有一定的模式，常常受到文化以及成长环境的影响。我们常常可以通过人际边界的观察，初步了解个体的人际交往模式。

2. 埃里克森的自我发展阶段论

埃里克森认为，个体在不同年龄阶段具有不同的需求。婴儿需要感到安全，学步儿想要感到自主感，学龄期儿童需要感到努力可以获得认可。青少年的需求更加复杂，他们想和父母保持距离，想在同龄群体找到认同感，形成稳定的身份感，埃里克森将这种需求称为建立“自我同一性”。成年早期需要面对孤独感，试着建立亲密关系。成年中期需要应对停滞感，并尝试寻找延续和创造感，俗称的“中年危机”也发生在这个阶段。成年中期的个体常试图将注意力投向子女和事业，以抵抗内在的焦虑，因而也常出现家庭层面的矛盾和冲突。到了成年晚期，个体则需要面对死亡带来的焦虑，并试图通过寻找完善感和意义感来处理相关的焦虑。

案例 5 摇滚的青春

一、案例呈现

6 月的校园，空气中充满离别的味道，入夜时分，操场上临时搭建的舞台亮起旋转的灯光，播放着暖场音乐，同学们正在等待着一年一度的校园十佳歌手大赛决赛上演。

学校音乐社团成员小橙（化名）和小宇（化名）组建了“橙动寰宇”组合，从初选开始，一路过关斩将，拿到了决赛的入场券，今晚，将是他们这对组合的谢幕演出，今晚之后，小橙将会去西部地区支教，一年后将会回校以研究生的身份继续学业，而小宇则将会去往沿海某城市的一家科技公司，开启新的人生篇章。

小橙和小宇的辅导员黄华（化名）也早早地来到现场，为“橙动寰宇”组合加油，作为两人的辅导员，在大一入学的新生晚会上他就发现了两人的音乐天赋，小橙欢脱开朗，演唱了《怒放的生命》，而小宇则沉静内敛，弹唱了《成都》，在入学一个月后的“百团大战”中，两人同时申请加入了学校音乐社团。

大二上学期期末，黄华在班级考试不合格学生名单上发现了小宇的名字赫然在列，而且一下就挂了 5 门课，而小宇大一时的成绩位列班级前 20%，辅导员的直觉告诉他，小宇一定遭遇了什么困难。

黄华了解到，在社团的工作中，小橙擅长交际，待人热情，在社团里比较活跃；小宇虽然比较安静，但也很喜欢参与社团的集体活动。对小宇来说，社团是学校为数不多能让他感觉到与人的连接和温暖的地方。

让小宇生活发生重大变化的事件是大一下学期的社团选举，在留团的面试中，小宇因为过于紧张，表现不佳，没有出现在最后的留团名单上，而小橙则成为了新一届的社长。

接下来和小宇的交谈中，黄华了解到小宇小时候跟奶奶长大，父母均在外地务工，一年只会回家 1～2 次，奶奶又有高血压，为了不让奶奶操心，小宇从小就特别安静，面对学习和生活上的困难都想办法自己克服，在与同学有冲突的时候尽量忍让，回家就帮奶奶做家务，闲暇的时间就看看书，听听音乐，小学毕业那年，父母送给小宇一把木吉他，小宇如获至宝，有空的时候就会拨弄一番。

大学的一切对小宇来说都很新鲜，但是在和同学相处的过程中，他发现除了学习之外，大家还有广泛不同的兴趣，有不少是小宇之前没有听到过的，因此，在大学初期，小宇很没有自信，直到加入了音乐社团，因为吉他弹得好，经常能收获一些欣赏和赞誉，才慢慢调整过来。大一下学期的社团改选，小宇特别重视，也特别紧张，但是最终留团失败，小宇感觉到万分沮丧，在留团名单确认之后的那段时间，小宇有些害怕碰到音乐社的同学，在路上看见的时候，也会远远地避开。

在接下来的一个学期，小宇由回避和音乐社同学的接触发展到了回避学习和社交，他开始逃课，经常待在寝室，熬夜，饮食不规律，在最后的期末考试中挂了5门课……

了解到事情的来龙去脉之后，黄华意识到小宇需要找到新的人生目标和意义，同时建立起支持性的人际关系网络，黄华一方面推荐小宇去学校心理咨询中心寻求专业的心理援助；另外一方面黄华也询问小宇是不是愿意和有共同爱好的小橙聊聊，小宇表示虽然自己觉得碰到音乐社同学有些尴尬，但是其实内心很希望他们能主动找自己，再一起弹弹琴，唱唱歌。于是黄华找到了小橙谈话，希望他可以帮一帮小宇，毕竟他们是有共同兴趣的伙伴，小橙很快答应下来，并且表示自己很欣赏小宇的才华，在社团留团名单出来之后，本想要安慰小宇，但是小宇似乎有意无意地回避自己，一直没有找到合适的机会。

最终，在辅导员黄华的安排下，小宇、小橙和自己在学院的谈心谈话室有了一次深入的交流，小宇和小橙之间重新建立了联系。后来的故事超出了黄华的预想，小橙邀请小宇和自己组成“橙动寰宇”组合，以这样的方式重新回到社团同学的视野，并且最终站在了校园十佳歌手决赛的舞台。

二、案例分析

1. 问题表现

小宇因为音乐社留团失败导致出现抑郁、自尊感降低和社交回避等行为，继而引发逃课和挂科等学业问题。对于大学生来说，社团是重要的社交场合，也是自尊评价重要的外部来源，具体到小宇身上，因为童年的成长经历，对大学新生活的适应本就非常不容易，音乐社团是他唯一的避风港，而当留团申请被拒绝之后，一种被推开的、自卑的感觉又涌现上来，在没有足够的人际关系支持的状况下，他很难完成这种适应。

2. 成因分析

（1）心理因素：从成长经历来看，小宇属于留守儿童，和父母没有形成稳定的依恋关系，而奶奶因为年龄大，精力不足，也无法给小宇很好的保护。依恋是儿童和照顾者之间的情感联结，稳定、安全的依恋关系能够让幼儿内心有一种安全感，更加主动地去探索周围的环境，当和照顾者分离时能够表达焦虑和悲伤，但是在照顾者回来之后能够迅速被安抚而平静下来。小宇的父母长期在外打工，没有办法照顾小宇，在小宇遇到困难和危险的时候也很难保护他，在这样的成长环境中，内心的安全感是缺失的，所以小宇选择回避来应对冲突，但是这种反应方式又造成了人际关系困难，为在大学中的人际适应埋下隐患。

心理韧性，是个体在遭受重大压力或挫折之后，能够迅速恢复和成功应对的能力。心理韧性跟个性人格因素和环境因素两个方面有关，从人格方面说，具有自信、自尊水平高、乐观、创造性等人格特质的个体心理韧性较好，更容易从困难和挫折中恢复；在环境因素方面，具有安全的依恋关系，良好的家庭和学校氛围，团体归属感强，人际支持好的个体心理韧性更高，小宇的性格比较安静、内敛，也有一些自卑，也没有办法获得很好的人际支持，因此在遭受挫折后整个人的情绪状态和学习功能都受到了较大的冲击。

（2）环境因素：导致小宇心理困扰的直接原因是社团拒绝了他的留团申请，这对小宇来说是一个重大的应激和丧失事件。社团作为小宇在学校唯一的深度社交场合，是他投注了很多情感的地方，当留团申请被拒绝后，激活了小宇惯常采用的回避型的应对方式，以逃避痛苦的感觉。

由于小宇回避型的人际关系模式，导致他和同学接触较少，很难从和同伴的相处中探索自己的兴趣，也很难从人际中获得支持和资源。在初高中的时候，大家的主要精力都在学习上，这种人际关系模式的缺陷被掩盖了。到了大学阶段，除了学习之外，大学生还要探索自己的职业兴趣和人生方向，确定自己的价值观，发展健康的、有滋养的人际关系，并且尝试着进入一段亲密关系，为之后社会角色的转变做准备。这个时候，寻找人际关系的支持和帮助就特别重要，没有人能够独自完成这个过程。小宇希望通过回避的方式逃避痛苦的感觉，但是回避本身又切断了他很重要的人际关系。而缺乏人际支持反过来又加重了抑郁的感受和退缩的行为。

三、处理建议

1. 整合已有资源，重塑社会支持系统

一般来说，环境中既有挫折的部分，也有支持性部分。在应对困难时，需要帮助学生发现并整合环境中的支持性部分。辅导员意识到小宇需要小橙这个搭档及朋友，他和两个人一起谈心谈话，帮助他们通过沟通解开误会，其实是在给小宇示范沟通的重要性，同时也帮助小宇找到了朋友，有了归属感，一个人社会支持越多，越能适应环境。小橙通过邀请小宇组成歌唱组合，给了小宇极大的肯定，通过这个桥梁，小宇以另外一种方式重新回到了音乐社这个团体中，很大程度上帮助小宇重新调整了对留团事件的认知，让他感觉到拒绝留团申请，并不是拒绝和他建立关系，也不是对他音乐能力的否定。而小宇也通过和小橙的合作变得越来越不孤独，也越来越能适应大学生活。

另外，家庭中，虽然父母不在身边，但是 12 岁那年的生日礼物改变了小宇的人生轨迹，这表明，父母虽然在远方，但仍然心里牵挂着小宇，对于小宇的成长也给予了力所能及的帮助，父母的支持和奶奶的陪伴共同构成了小宇的家庭支持网络。

2. 进行兴趣探索，提升心理韧性

多元化的兴趣可以拓展生活圈子和交际范围，一方面在遭受重大生活事件的时候也能够获得更多的人际支持；另一方面个体会拥有更丰富的体验和经验，这可以帮助个体更全面地看待自己，提升个体的心理韧性。小宇把音乐作为唯一的兴趣爱好，缺少社团外的人际交往，一旦遭遇挫折，能够求助的范围非常有限。从案例中看，小宇选择加入音乐社团可能跟在其他方面的自卑有关，作为辅导员，可以通过职业兴趣测试等方式帮助小宇探索和发展出更多的兴趣爱好，为应对之后生活中的挑战做准备。

3. 引导学生寻求专业帮助

小宇的问题涉及依恋、人际孤独、挫折应对等方面，要最终解决这些问题需要在一段安全的关系中去探索和体验自身不同的状态，发展出更有效人际关系和自身情绪困扰的应对方式。进入到一段长期、稳定的心理咨询关系对小宇来说是很好的选择。

很多时候，并不是学生不愿意寻求帮助，而是不知道怎样求助，依恋理论认为，个体在和依恋对象的实际交往中形成了个体和依恋对象之间的内部工作模式（internal working models，IWM），内部工作模式会影响个体对于人际关系的预期以及对人际关系困境的反应方式，小宇从小的经历让他不得不以回避来应对人际关系中的挫折，因为从小的成长环境中就没有稳定的，可以提供帮助，带来安全感的客体，在大学生活中遇到挫折时，他也采用了这种他“熟悉”的方式。这时候就需要辅导员给小宇科普什么是心理咨询，并且坚定地告诉他：你可以有别的有效的方式摆脱目前的困境，你有值得信赖的心理老师可以提供帮助，而能够有效求助是真正成熟与独立的标志。

案例 6 “不合格”的研究生

一、案例呈现

小赵（化名）是某大学的一位保送研究生，专业是该校的王牌专业。他的导师也是知名教授，除了学术能力突出，还以对学生严苛著名。有一天，小赵的同门找到了辅导员，跟辅导员说小赵最近例会总会迟到，本来非常细心的一个人，最近在实验中经常粗心出错，经常发消息不回复，常常联系不上他，日常的同门聚餐出游也总是见不到小赵的身影。辅导员得知情况后主动找到小赵，想了解小赵的情况，小赵本来有些顾虑，辅导员告知自己并不是和小赵对立面，也不会将聊天的内容告诉导师，或随意干涉导师和小赵的关系，小赵慢慢放心下来，和辅导员说了许多。

小赵很郁闷地说自己从未感受到如此无力，在刚开学不久，自己就因为不熟悉仪器而导致操作错误，实验结果报废，导师非常严厉地在例会上批评了小赵，大声斥责：“你还没有做好做研究的准备，如果不想做研究，你不应该来读我的研究生，我不要求优秀了，你现在连个合格都算不上。”会后，小赵觉得羞愧难当，十分沮丧。

之后小赵不太敢在例会上表达自己的观点，做实验时总需要花费比别人更多的时间去确认步骤，生怕自己做错。在后来的一次例会上，导师又因为小赵的进度缓慢而批评了他。渐渐地，无论是在每周的例会上还是单独与导师见面，小赵越来越不敢见导师，见导师前会紧张得头发晕。

小赵曾和父母提过一次例会上发生的事情，父母让他好好反思自己的行为，表示导师是一位厉害的研究人员，听导师的没有错。小赵的父母都是中学老师，工作繁忙，从小和他的交流并不多，内容也多与学习有关。小赵描述了这样一个场景：很多时候，我正在那边看书，然后突然感觉背后有什么东西，一回头就看到我妈站在后面，吓我一跳，我跟她说过很多次，她都说是为了来看看我有没有好好学习，他们总觉得我贪玩。提及父亲，小赵低下头把玩自己的手指，闷声说道：“他学数学的，很聪明，我没遗传到他的聪明，他也总说我笨，需要笨鸟先飞，我高一开始做的卷子堆得都比人高了。”

科研进展缓慢，再加上常会想到导师那句“你很难毕业的”，小赵感到焦虑不已，晚上翻来覆去总是睡不着，躺在床上总感觉喘不过气。白天也总是疲惫不堪，茶饭不思，每天都会有一阵子感到胃疼，去检查了医生说胃部没有问题，可能是心理因素。此外，小赵本是辩论社的关键队员，在成为研究生后，却常常在辩论准备和比赛上感到思维混乱，现在小赵也经常不去参加活动。

二、案例分析

1. 问题表现

我们可以看到小赵在与导师的接触中出现了很多自我贬低的想法，呈现了低自尊的状态。这些让小赵对于学业甚至于生活的其他方面渐渐产生了怀疑，认为自己无法做好任何事情。毕业的压力、导师的要求、父母的催促等现实层面的压力让小赵出现了焦虑、内疚、自责、抑郁的情绪，并逐渐对事物失去兴趣、缺乏动力。除此以外，小赵出现了失眠的症状，这也进一步导致了她的情绪低落，动力减退。另外，小赵的胸闷、疲惫、胃痛等躯体症状被排除了器质性问题后，应当考虑是由心理原因引发的躯体化的症状。从功能角度来说，目前小赵仍能继续进行独立生活、学习和社交，但均受到一定程度的影响。

2. 成因分析

关于小赵和导师的矛盾，一方面导师对于学生的教育并没有考虑到学生自身的特点，缺乏鼓励和认可，容易给学生造成过大压力，无法给学生动力，反而给其学习生活形成障碍。另一方面，小赵能保送学校王牌专业的研究生，说明小赵自身的学习能力是十分优秀的，但他在面对导师的严厉的批评与指责时，仍然陷入了自我怀疑和自我贬低的情绪和想法中，可见，小赵自卑、低自尊的发展不是由导师的严厉批评所单独导致的，导师的严厉批评可能只是一个诱因。

通过小赵和辅导员的谈话，我们了解到小赵的早期生活中并没有得到抚养者足够的关注和支持，虽然看似家庭和睦，父母与之共同生活，但小赵与父母的交流仅仅停留在学业的话题上，小赵的内心情感想法并未能和父母沟通并被了解。在小赵的成长过程中，父母经常批评、责备小赵，让小赵对自己产生怀疑，没有自信，常感到自卑。小赵自身无法认同自己，认为自己没能力、不够好，便更加依赖外界的反馈来寻求认同。当外界不断地向小赵输入负面评价时，小赵对自己的负面评价便被不断地强化加深，并陷入自我贬低的痛苦中。

小赵反复努力却看不到结果，慢慢形成了习得性无助，认为自己无论做出任何行动也不会有所改变，逐渐失去动力和兴趣。学习动力的减退和效率的降低又进而给小赵带去压力和挫败感，陷入滚雪球一般的恶性循环中。这些都进而导致小赵与导师的关系变得僵化，小赵愈发难以面对导师，导师也对小赵的学习态度和行为感到不满。

三、处理建议

1. 与学生建立良好的关系

辅导员首先要与小赵建立良好互信的关系。因为小赵的问题涉及和导师的关系，因此，在建立关系时要理解小赵的担心，即担心辅导员和导师是一边的，是站在自己对立面的。同时，在辅导员与小赵建立关系时，要注意真诚，不要因为小赵在不断地贬低自己而刻意夸赞，取悦对方。这可以促进辅导员与小赵之间的关系建立，帮助建立小赵对辅导员的信任，并起到示范作用，引导小赵进行表达。

2. 在沟通中积极关注学生

在沟通和建立关系的过程中，可以使用积极关注这一重要技术，即能够以不评价的态度对待学生，不依据学生行为表现的好坏优劣，来决定对待学生的方式。始终能看到学生的价值，允许学生作为一个独立的人而存在，有自己的感受、想法和行为。这些同时也是对小赵的尊重，小赵也能够从中获得支持与力量。

3. 鼓励学生寻找资源

辅导员可以引导小赵寻求其他支持资源，比如同门的共同感受和共同经历都可以帮助小赵从另一角度理解导师对待自己的行为，从他人的经验中获得力量与鼓励。除此以外，还可以帮助学生寻求专业的心理咨询。在征得小赵的同意下，可以帮助小赵向学校心理健康教育与咨询中心预约心理咨询，或是建议小赵自己去预约心理咨询。辅导员也可以通过学院，在保证小赵隐私、遵循保密原则的前提下，尝试与导师沟通，缓解小赵的外在压力。

4. 建议学院对导师进行心理健康相关培训

在研究生学生工作实际中，研究生与导师的关系不融洽是学生心理问题的常见诱因，但导师往往忽略了对学生心理健康的关心。因此可以增加对研究生导师的心理健康相关知识培训，加强学生工作部门与导师的联动，增进导师对学生心理问题的关注与识别。

知识窗

1. 无条件积极关注

无条件积极关注是著名美国心理学家罗杰斯提出的概念，他认为这是助人者对受助者的一个必要态度，也是帮助起效的前提条件。要求助人者对受助者的品质、情感、行为等不做评价，无论正确与否，无论是否和助人者的观念相吻合，都无条件地接纳当下的受助者。这给受助者传递了接纳真实自我的信号。尤其对于缺乏自尊的受助者，积极关注可以帮助他们全面认识自己，看到真实的自己被接纳和温暖，从而摆脱困境。

2. 镜映

镜映是自体心理学中的一个概念，指的是孩子的养育者对孩子的价值、成绩、成就和行为做出肯定的、确定的、赞赏的回应。它与赞美不同，镜映指的是发自于自身的美好，在他人的回应中得到了肯定和确认；而赞美是他人给予自身的内容。一个人需要正确和足够的镜映成长，儿童在抚养者反复不断的镜映下，逐渐完成外部肯定的内化过程，最终达成自我肯定，从而让个体能够有健康的自尊心。如果早年生活中，即童年生活中，缺乏健康、足够、有效的镜映，个体将无法发展健康的自尊心，无法发展自己的潜能，可能会变得过度自恋，可能会变得自卑、退缩、有很强的羞耻感。

3. 习得性无助

习得性无助是指当一个人反复尝试去控制一种情境时，但却屡次失败后，就会逐渐丧失对于该情境控制的信心和能力，进而表现出放弃尝试及无助感等行为。这种现象通常发生在动机长期受到挫折的情况下，可能导致个体出现抑郁、焦虑等负面情绪，并降低其自我效能感和社交能力。因此，我们需要学会寻求帮助和支持，同时以积极的态度应对挫折和困难，保持乐观向上的心态，提高自我效能感和心理韧性。

案例 7　看不见的“线”

一、案例呈现

最近辅导员注意到，班上的学生小田（化名）好像总是很疲惫，上学期很活泼开朗的小田，这几周都郁郁寡欢。以往总能看到小田和室友一起来教室上课或者在校园中见到她与室友同行，可这几天小田总是一个人，有时也不来上课。辅导员询问小田的室友，她的室友要么说小田一个人去图书馆了，要么说不知道小田去哪里了。因为担心小田的情况，辅导员主动联系小田，想了解一下具体的情况。

面对辅导员，小田似乎有些紧张，她局促地坐在沙发边上，并拢双腿，手上握着手机，不断地扣着手机壳的边缘，紧张地问辅导员：“老师，你找我有什么事情吗？”辅导员赶忙安慰小田，让小田放松下来，并表示只是看到小田最近一个人走，情绪低落，想要了解一下发生了什么，看看是否能帮助到小田。“一个人走”这四个字话音未落，小田便低下了头，渐渐地传来了啜泣声。辅导员并不急着询问，只是递上了纸巾。等到小田平静下来，辅导员轻声问道发生了什么。这时，小田才慢慢地吐露了自己的心声，描述起了最近宿舍里发生的事情。

“你忙完啦？你有没有看最新的那个电视剧，我跟你说……”小田刚准备入睡，就听到室友小方的大嗓门。这样的情况已经不是第一次了，小田皱着眉头深深地叹了一口气，她拿起手机一看，已经是晚上 12:03 了，小田想到第二天满满的行程，不禁思绪烦乱，耳塞似乎也起不了任何作用，床铺外室友对剧情激烈的讨论像针一般刺痛着小田的神经。烦躁之下，小田不禁回想起自己与室友们的关系。

小田和室友是从大一开始就住在一起的，一开始她们相处得还不错，一起学习、聊天、看电影，这段时间过得充实而多彩。但是，随着时间的推移，当小田和室友已经比较熟悉之后，小田感受到了一些不适。因从小的习惯，小田对于自己的床铺卫生有着特殊的需求，她从不穿着外穿的衣服坐在床铺上，总要换上宿舍内穿的居家服才愿意坐在床铺上。但是小田的室友似乎并不注意这一点，常常直接坐在小田的床铺上。一开始的时候因为刚认识，小田不好意思多说些什么，后来慢慢熟悉后，小田感到更难开口。看到其他人都没有这个问题，小田怀疑过是否只是自己要求太多了，是自己有些不合群。除了这个问题以外，小田还发现和室友刚认识的时候，自己常常会分享自己的东西给室友，但渐渐地室友好像过于不拿自己当“外人”了，会随手使用自己的化妆品、护肤品还有生活用具。小田渐渐对此感到不满，但因为自认识以来自己就默许了室友的这些行为，现如今小田也不知该如何开口阻止室友。

如此种种让小田情绪低落，常常失眠焦虑，待在宿舍里甚至感到透不过气、心脏疼，一方面小田对室友的做法感到不满，但另一方面小田又感到这好像是自己的问题。因为担心自己的不满被室友发现，小田开始回避和室友一起出行，选择避开和室友同时起床，花更多的时间在宿舍之外。小田感到很痛苦，认为自己和室友本来关系越来越好，越来越亲密了，却因为自己的原因而变得疏远，感到没有人关心在乎自己。小田本想求助辅导员，但又担心辅导员的介入会让自己和室友陷入更大的冲突之中。

随后辅导员进一步了解到，小田的父母对小田管教严苛，令辅导员惊讶的是，小田的房间从小到大都没有门锁，小田的父母因为担心小田不认真学习、早恋、有不良习惯，因此拆除了小田房间的门锁。直至青春期，小田的父母仍可以随意进出小田的房间。小田描述道，过年的时候，自己还在被窝里，父母就会带着一堆亲戚来到自己房间，坐在自己床上唠家常。对此小田感到不舒服，但又觉得父母是自己的亲人，不应该排斥他们进自己的房间，不想在彼此之间拦一条“线”，认为那样是错误的。

最后辅导员向小田保证不会将谈话内容告诉室友，也不会擅自去找小田的室友谈及此事，小田这才放心地离开谈心谈话室。

二、案例分析

1. 问题表现

小田在宿舍问题的背景下，开始逐渐回避社交，出现了焦虑和抑郁的情绪。同时这样的焦虑和抑郁让小田有了一些躯体反应，比如感到胸闷透不过气、心脏疼。小田的日常生活也因此发生了变化，她会通过不上课来回避和室友接触。除此以外，因为对宿舍问题的不断沉思回想，小田自我价值感降低，开始怀疑自己在人际关系中的需求是否正常。

2. 成因分析

通过小田的经历不难看出，小田正因为边界问题而感到苦恼。小田与大学室友发生了很多关于人际边界的矛盾，涉及多个方面，包括个人物品、生活空间等等。边界问题长期未得到解决，进而影响了小田的情绪、认知、生活等多个方面。在边界问题上，尽管小田非常明确自己的需要和边界在哪里，但她依旧很难向室友表达。她对于表达需求和明确边界有着诸多担心，非常害怕关系会因此破裂。无法表达需求、缺乏沟通的现状让小田的寝室关系问题难以得到进一步的解决。

从小田的家庭环境来看，不难看出小田无法表达自我需要的情况有其一定的早期影响因素。小田的父母从小就未能尊重小田的个人空间，小田的房间可以被父母甚至其他亲属随意进出。小田的边界感在父母的强硬侵入下难以很好地建立与维持。因为和父母的特殊关系，小田会因反对父母而感到内疚自责，继而认为自己不应该建立边界。这样的早期边界感模糊的人际关系，对小田目前大学生活中的人际关系造成了影响，小田在目前的宿舍关系中重复着和父母的无边界的关系模式，也因不知道如何表达和确立自己的边界而感到痛苦。一方面小田有着强烈的个人的需求和边界的需要，另一方面小田因早年经历认为边界是不重要的、不应该被树立的，同时小田也不清楚该如何表达自己的需要。强烈的冲突让小田焦虑、抑郁，并产生了自我的怀疑。

三、处理建议

1. 尊重学生的隐私

辅导员在谈心谈话的过程中向小田表达了保守秘密、不擅自联系小田室友的承诺。这是尊重学生隐私的行为。在处理学生宿舍关系中的问题时，需要格外注意保护学生的隐私，不泄露学生的个人信息和行为，避免造成不必要的伤害，加剧学生对人际关系的不信任感，并激化矛盾。

2. 建立良好的沟通和合作机制

在处理学生宿舍关系中的问题时，需要与学生、家长等建立良好的沟通和合作机制，增加家校联动，共同维护学生的权益和利益。第一点所提到的保护、尊重学生隐私是和学生建立良好沟通关系的前提。在与其他人员进行合作时，需确保提前和学生讨论商量，在获得学生允许的情况下，进行干预，为学生提供有效的资源并鼓励学生积极寻求资源。最重要的是，在处理宿舍关系时，要保持中立、客观的态度，不偏袒一方，尊重学生的意见和感受，以帮助学生解决问题和提高他们的自我管理、社交能力为最终目标。

除此以外，辅导员也可在征求学生同意的情况下，帮助学生更好地与家长进行沟通。辅导员可以通过与校内心理咨询中心的沟通合作，先帮助学生认识和理解自身边界问题及其成因，再鼓励、帮助学生与家长进行沟通理解，帮助学生清晰表达自我需要，并以此进一步加强家校合作。

3. 鼓励学生主动解决问题并提供教育

在处理学生宿舍关系中的问题时，需要鼓励学生主动解决问题。小田在宿舍问题上并没有尝试进行沟通解决，辅导员可以与小田讨论，鼓励小田积极主动地进行沟通，并适当帮助学生了解人际关系的基本原则和技巧，给予学生沟通和解决人际关系的技巧，提高学生处理人际关系的能力。

4. 为学生提供更专业的支持

辅导员还可以向学生提供校内心理咨询的方式，给予学生专业支持的资源。以小田为例，她的寝室矛盾问题的核心——边界问题，有着更深、更早期的原因，心理咨询可以帮助小田更好地进行个人发展，更好地理解和处理人际关系问题。

案例 8 圈子不同，是否要“硬融”？

一、案例呈现

“哗……”出水的声音短暂清澈，这是韩晓（化名）这个月第三次来学校新建的游泳馆游泳。作为一名辅导员，平日里学生工作很是繁忙，而这宁静的“水下时间”虽短暂，却能在他疲惫耗竭之时帮助他调整状态、恢复能量。回办公室的路上，他边走着边回复学生的 QQ 消息。在五六条消息提醒中，有一条格外吸引他的注意……

“韩老师，钟轩（化名）已经连续两周没有去上课了，老师每次点名都不在，在宿舍也经常是拉着床帘，这个情况有点让人担心，跟您说一下……”

这条消息是陈果（化名）发来的，陈果是宿舍的心理委员，平日会向自己汇报一些他所观察到的可能跟心理异常相关的情况。

韩晓眉头轻蹙：两周没有去上课、与室友鲜有沟通交流，这确实是需要关注的讯息。韩晓一边走上办公室所在的三层，一边想着跟钟轩约个时间聊一聊，一抬头，发现走廊尽头自己办公室门口有一个身影在踌躇，那是一个高高瘦瘦的身影，略微有些驼背。走廊逆着光，韩晓并不能看得十分清楚，等他慢慢靠近，发现这个徘徊着、在办公室门口犹豫要不要进去的学生，不是别人，正是钟轩。

原来，钟轩这段时间也深受心理上的痛苦，这几天他很多时候都在床上拉着床帘看《也许你该找个人聊一聊》，今天终于鼓起勇气，却在办公室门口打起了退堂鼓。韩晓于是趁机邀请钟轩来到学院的谈心谈话室——一个安全私密的不受打扰的空间，在韩晓的徐徐引导和钟轩的缓缓叙述中，韩晓得知钟轩来自一个省外的小县城，进入大学后，刚开始和其他三位室友相处得很融洽，但是不久后，他发现自己被室友孤立了：室友们经常在他面前讨论一些他不懂的话题，钟轩试图加入他们的讨论，但是他们总是不理睬他。有一次，钟轩的室友们一起去参加一个聚会，钟轩也想去，但是他们却没有邀请他，让他感到非常失落和孤独。

钟轩开始怀疑自己的能力和价值，他开始变得沉默寡言，不再和室友们交流。他感到自己的存在变得没有意义，开始出现抑郁和焦虑的症状。他开始失眠，食欲下降，身体逐渐变得虚弱……

韩晓在进一步与钟轩谈心后得知，当初钟轩的出生并非在父母计划之内，他从降临到这个世界的那一刻，似乎就不是一个“受欢迎的、被全家人热切期盼着的生命”。听家里人说，钟轩还没有断奶的时候，妈妈就跟爸爸一起去城里打工了。从小是爷爷奶奶抚养自己，爷爷对自己一直很严苛，印象里很少听到爷爷的表扬，更多的是责骂和批评，即使自己考了 99 分，爷爷也会质问自己为什么没有考 100 分，自己似乎永远无法让爷爷满意。奶奶很少过问自己的学习，但印象中的奶奶似乎总是有做不完的家务，总是一副嘴角下垂的痛苦的表情。这种“被嫌弃”的感受，就像暗夜中的幽灵，在这十八年来时不时地侵扰着钟轩的心灵，让他背负着沉重的羞耻感与负罪感……

二、案例分析

1. 问题表现

我们看到钟轩遇到的心理困扰主要跟人际关系有关。由于长期感受到被室友孤立、感受到自己是不被宿舍这个小群体包容和接纳的、是不受欢迎的，钟轩产生了抑郁和焦虑的情绪，进而导致了失眠、食欲下降、学业功能受损等症状。而这种被孤立感引发的抑郁与羞耻的感受，又会进一步导致钟轩回避与室友的接触，一方面加剧了自己的孤独，另一方面又关闭了人际沟通的渠道，而沟通有时候恰恰是连接人与人之间情感的重要桥梁。如此便形成了恶性循环。

2. 成因分析

钟轩的核心困扰是“被孤立感”，对于这个案例，我们在分析时需要区分现实因素和心理因素。

从现实层面来看，钟轩来自省外的某个小县城，而韩晓在调查之后发现，其他三位室友们都是本省同一个高中的朋友，他们之间有着更多的共同话题，而且也选了两三门相同的选修课，因此不论是过去还是现在，钟轩都与他们很少有交集。从这个角度来看，钟轩的“被孤立感”具有一定的现实基础，尽管他的室友并非有意而为之。

但是，并非每一个大学生在遇到上述情景时都会产生强烈的“被孤立感”，进而导致抑郁的症状。这种面对相同问题、不同个体的“易感性”便与心理因素有关。正是幼年时在同主要养育者的互动中，韩晓潜移默化地形成了关于自己的“被嫌弃的、不受欢迎的、不被爱的”形象。即使成年以后，这种关于自身不受欢迎的信念也会使得韩晓对人际中的冷漠与忽视极其敏感，就像抵抗力低下的人更容易患流行性感冒一样。因此，当钟轩试图加入室友们的讨论时被冷落；在室友们参加聚会而自己被忽略时，这些不愉快的体验都会让原本试图融入集体的他遭遇一记重锤，很难重新再敞开心扉。

三、处理建议

1. 进行专业心理评估

在本案例中，韩晓出现了一些比较明显的抑郁和焦虑症状，包括失眠、食欲下降、学业功能受损的情况。而学生能够主动来找辅导员，说明学生具有一定的求助意识，作为辅导员，可以对学生的求助意识和求助行为进行充分的肯定（这种肯定正是学生成长过程中缺乏并渴求的），并鼓励学生进一步预约学校的心理咨询中心进行更为专业的心理评估，以利于后续的干预。

2. 与学生厘清“被孤立感”的现实因素

在工作时，我们可以与学生讨论这种“被孤立感”的现实因素，即其他室友不论过去还是现在确实拥有更多的相处时间，因此这种“被孤立感”并非是因为“自己一直以来都是一个不欢迎的人”。对于这一部分现实因素的讨论可以在一定程度上减轻钟轩的羞耻感；而承认并接纳现实，也是一种成长。

3. 尝试搭建学生与室友之间的沟通桥梁

在本案例中，钟轩的心理痛苦是在“回避接触”之下日益加剧的。但辅导员其实可以掌握不同的视角。一方面，钟轩的室友并非有意孤立他，相反，同在一个宿舍，大家也很关心他的状态；另一方面，钟轩其实很想要融入他们，又怕被拒绝。在此前那种“回避接触”的状态下，双方都不知对方的所思所想，也就陷入了僵局。因此，在双方都同意的前提下（在本案例中，韩晓尤其是要获得钟轩的同意，这需要前期先与钟轩建立一定的信任关系），我们可以借此契机，安排宿舍的四个人一起坐下来聊一聊，尝试着消弭长期以来的隔阂。若在进行一番沟通之后，问题依然得不到解决，我们可以鼓励钟轩去寻找宿舍以外的人际支持，譬如加入一些兴趣社团或老乡群，并调整对室友在关系层面的期待。

02 适应问题

案例 9 “独”在异乡不孤独

一、案例呈现

草长莺飞二月天，此时正是人间好时节。辅导员顾老师(化名)刚刚结束辅导员会议，回办公室的路上，她忙里偷闲地欣赏着校园的景致，对于刚入职的她来说，这里的一切都是如此新鲜，让她感到闲适……直到她看到湖边垂柳旁的大石头上，有一个落寞的身影，似乎与周遭格格不入，那是一个女孩子，正抱着自己的双腿坐在石头上，她的头低垂着，似乎在看着湖面发呆。顾老师愈看，那身影愈发熟悉……

顾老师靠近，发现这个女孩不是别人，正是自己班上的学生小乔(化名)。顾老师对这个女孩印象并不深刻，只记得她在新生测评中抑郁指数偏高，平时在班级群里几乎看不到她说话。哦对，顾老师还记得，小乔是通过少数民族优惠政策考入本校的。

而眼前这个女孩，蜷缩地抱着自己，呆呆地望着湖面，神色有些忧郁。顾老师看了看时间，去旁边的甜品店买了两杯奶茶，回到湖边，“小乔，在欣赏春天的景色呢！”顾老师轻柔地拍了拍她的肩，小乔一愣，转过头来，“老……老师……”

那个下午，在顾老师的温柔关注与陪伴下，小乔慢慢向她倾吐了自己最近生活中的痛苦，和自己的成长故事。顾老师才知道，眼前这个女生正在经历怎样的困境与内心的煎熬。小乔入学以来，经常体验到强烈的孤独感。她来自西部地区某偏远省份，从小父母外出打工，由外公外婆抚养长大，小乔记得，儿时和父母总是聚少离多，对父母没有太多记忆，只记得每次都很期盼他们回来，每次他们离开时都哭泣不止……在上大学之前她从未离开过家乡，入学以后，她的生活和学习方式被迫发生了很大的改变，以前班级有固定的教室，白天大家一同上下课，晚上常常是和室友一同行动，下了晚自习大家还会一起去食堂吃夜宵……那时候小乔跟同学有很多交集，也有很多共同话题可以讨论；而现在，大家各自选课，大学也没有固定的教室，很多时候自己做什么事情都要一个人。小乔说自己有时也很想主动邀请室友吃饭或者自习，但又会打退堂鼓，因为自己是通过少数民族优惠政策考进来的，现在有很多专业课，省内的同学在高中时就多少打下了一些基础，而自己从零开始学，感觉到特别地吃力，这种自卑感也让她在想要和室友更亲近一些的时候退却……

二、案例分析

1. 问题表现

我们看到小乔遇到的困扰主要是难以适应大学生活的一些变化，这种不适应主要体现在人际方面，也包含了学业方面——由于大学相比高中更为“分散”的学习模式，小乔感到没有归属感。此外，童年的留守经历加上学业上的“先天不足”加重了小乔的自卑，这些情况也会让小乔在建立人际关系方面产生困难，感觉到强烈的孤独。

2. 成因分析

从环境层面来看，大学生活与高中生活存在很大的差异。高中时期，集体生活的特征会更加明显，这为人际接触提供了时空的便捷，而进入大学之后，虽然依旧存在班级集体和宿舍群体，但是由于大家可以自由灵活地选课和参加课余活动，个人独处的时间可能变得更长，如果未能意识到环境的变化并积极调适，就会产生孤独和痛苦的心理困扰。在本案例中，小乔第一次离开家乡，除了上述由于大学和高中生活方式差异产生的孤独感，可能还有另外一部分孤独感来源于同学和室友来自五湖四海，也许省内学生占据了较多的比例，此时小乔“异乡人”的身份会更加凸显，疏离与孤独的感受也会更强烈。

从个体层面来看，留守儿童的经历可能会加剧小乔在人际适应上的困难。在本案例中，外公外婆为小乔的主要养育者，他们虽然能够给予小乔生活上的基本照顾，但是在精神养育和情感滋养方面比较粗糙，平时与小乔的沟通交流也不多，因此小乔在习得人际交往中的技能方面存在缺失。另一方面，小乔的人际退缩也跟自尊有关，小乔因为自己学业上的困难而自卑，感觉在同学面前“抬不起头来”，因为对小乔而言，过去自我价值感的实现主要体现在学业成绩上。此外，小乔从小与父母聚少离多造成的亲密关系缺失，在她中学的集体寝室生活中得到了弥补，同辈关系在一定程度上为他提供了亲密关系的补偿，因此刚来到大学时她也可能会存在将新同学纳入到自己“亲密关系”的先入为主的观念，但现实却并非如此，从而加剧了她的各类适应不良。

三、处理建议

1. 做良好的倾听者

在与小乔的交流中，我们首先需要做一个良好的倾听者，这并不是一件容易的事情，但对于跟学生建立关系至关重要。做一个良好的倾听者意味着：我们要在陪伴学生的同时，给予学生无条件积极关注，不把自己的想法强加给对方。所谓“无条件”指的是，我们并不因为学生的民族、个性、成绩等对学生有所评价或差别对待。很多时候，我们日常生活中的“倾听”并非真正的倾听，因为我们听到的并不是对方想说的，而是我们自己想听的。只有放下个人的评判标准，才能真正感学生之所感，学生才会感受到自己被理解，这在一定程度上可以缓解小乔的孤独感。此外，对于辅导员而言，应该多融入到同学的日常生活中，可以将谈心的场所选为食堂、宿舍、运动场，从而更容易听到学生真正想说的。

2. 澄清大学和高中学习模式的差异

我们可以与学生一起去梳理大学学习模式和高中学习模式的差异，让学生看到当下心理困扰的来源，这能在一定程度上帮助学生理解自己内心的孤独感，同时也让学生知道，这种困扰并不是自己独有的，而是很多大学生都会经历的心路历程，这种将学生内心困扰“正常化”的过程也可以帮助学生减轻心理压力。

3. 提高学生的自尊水平

其实，当我们真正去倾听一个人，对方的自尊就会因为自己“被看见、被理解”得到恰如其分的发展。在本案例中，我们还可以通过多种途径提高小乔的自尊水平——真诚地肯定她具有的优势和资源就是一种很好的办法。譬如，小乔虽然在某些基础课上相比省内同学“先天不足”，但她一直没有放弃学习，作为辅导员，可以真诚肯定小乔的坚韧和抗压能力；除此之外，从小时候与父母的聚少离多，到现在的背井离乡，小乔承受着孤独感一路长大，如今能够凭借少数民族优惠政策进入发达地区的高校，进一步筑梦未来，我们可以去肯定小乔对孤独的耐受能力以及自立自强的精神品格。这些真诚的肯定会让小乔从小未能充分发展的自尊重新生长，焕发出新的生机，也会在一定程度上缓解人际退缩的问题。

4. 给学生提供现实层面的支持

我们也可以从一些具体的现实层面给学生提供一些帮助，合理利用资源。譬如，在本案例中，当顾老师跟小乔建立了一定的信任关系之后，可以鼓励小乔根据自己的兴趣加入学校里的社团，这在一定程度上既能够帮助小乔发展自己的兴趣，创造积极愉悦的情绪体验，也能够增加更多人际接触的机会。

案例 10　不可战胜的夏天

一、案例呈现

十月，金桂飘香，这一天中午，辅导员秦奋（化名）走在连接办公室和食堂的桂花大道上，他刻意放慢了脚步，享受着工作间隙难得的闲暇时光。他拿出手机，对准路旁米粒大小挂满枝头的桂花，准备定格这独属于秋日的美好风景，他选好了一个角度，正准备按下快门的时候，电话响了，是自己班上的学习委员小白（化名）。秦奋拿起电话，以尽量平和的语气开启和小白的对话。

"小白啊，找我有什么事情吗？"

"秦导（学生对秦奋辅导员的昵称），我……我没有……获得学院的保研资格……暑假的时候夏令营确定，只要我获得保研资格，对方就要我，呜呜……"

小白是班上的学习委员，学习成绩一直排在年级前 30%。她本以为可以稳稳获得保研资格，在大三的暑假，她参加了某著名大学的夏令营，在营中表现优秀，获得了推免资格，只要接下来能够获得学校的保研资格，就能读名校的研究生，没承想最后没有获得学校的保研名额。眼看考研日期临近，之前一心准备保研，也没有专心复习，找工作也没有准备好，并且要面临激烈的竞争，一时间这个平常老师眼中的乖巧好学生陷入了迷茫、失措、焦虑中。

小白的情况秦奋是清楚的，这次保研除了学业成绩，竞赛获奖和大型活动的参与情况也被计算在内，小白因为比赛和活动的记录较少，最终以微弱的分差落选，现在的关键是怎么给小白解释评选标准，同时安抚她的情绪。

在整理好思路后，秦奋回应："这个结果确实很遗憾，但是规则就是这样，没有办法，小白，你吃饭了吗？如果没有吃饭可以现在来一食堂，我在这等你，我们聊聊这件事。"

"好的，秦导，我马上过来。"

在中午食堂的交流中，秦奋向小白解释了这次保研考虑的几个方面和权重，跟小白一起分析了目前的形势，鼓励她在接下来的两个多月好好复习，通过考研，继续向心仪的大学发起冲刺。

又过了两个月，秋去冬来，空气中寒意渐浓，在这两个月中，秦奋一直关注着小白以及其他考研同学的动态，邀请心理咨询中心的老师为他们开展考研心理调适的讲座，邀请考研成功的学长学姐分享复习备考的经验，并鼓励考研的同学们组成同辈互助小组，在遇到困难时守望相助，相互倚靠。最终小白通过悉心的准备成功上岸。

小白的曲折的考研故事让秦奋想起阿尔贝·加缪的名言“在隆冬，我终于知道，在我身上，有一个不可战胜的夏天。”人生中没有白走的路，尽管很多时候会在意料之外，但我们所经历和付出的，终究会给我们回馈。

二、案例分析

1. 问题表现

小白在遭遇到保研失败这件应激事件之后陷入了一种焦虑和迷茫的状态，当准备很久的事情宣告失败时，这对小白来说是个很大的打击，她会出现暂时的抑郁状态，表现出失望、愤怒、沮丧的情绪，但是，即将到来的考研又导致她没有那么多时间去哀悼她保研的失败，原本既定的人生目标突然改变了，她要面临重新调整目标，当她必须重新开始复习考研时，又不可避免地会感觉到焦虑。多重的应激事件和紧迫的时间对小白来说很难适应。

2. 成因分析

焦虑是因为对未来的担心而产生的一种烦躁情绪，小白因为保研失败，原本期盼的未来变得迷茫和灰暗，由此引发了恐慌和失控的焦虑感。从成因上看，这是因为环境压力引发的应激性焦虑，小白在焦虑情绪涌现出来的时候，没有被压垮，而能够及时寻求辅导员的帮助，这是一种自我强大的表现，这种强大的自我也帮助小白在度过最初的应激阶段后，能够迅速稳定下来，确定新的目标，最终实现了自己的梦想。

三、处理建议

1. 帮助学生接纳焦虑的感受、教给他们缓解焦虑的方法

（1）接纳焦虑的感受：情绪是机体对于外在环境一种自发而客观的反应，是在长期的进化中保留下来的重要功能，是人类自我保护的机制之一。因此，焦虑情绪的出现，以及焦虑所引发的出汗、心跳加速和注意力难以集中等身心反应是客观的，常常不以人的主观意志为转移。很多时候，焦虑的持续恰恰是因为我们想要控制焦虑。这是因为情绪具有拮抗性，每当你要控制焦虑的时候，焦虑的感受反而会越来越强烈；而当你接受这种焦虑的状态，焦虑反而会逐渐得到缓解。

（2）质辩焦虑的认知：过度焦虑往往并不是来自考试本身，而是来自对考试的不合理信念，而自我质辩是改变不合理信念的好方法。比如，在感觉到焦虑的时候，可以问问自己，为什么而感到焦虑？因为感觉到竞争激烈？因为别人复习得更好？还是因为考研考砸，就会毁了自己的整个人生？如果我们不断质辩，最终会发现，我们所难以逾越的，从来不是现实的困难，而是内心的阻隔，是恐惧本身。

（3）放松焦虑的身体：感到焦虑的时候，我们的身体也会出现肌肉僵硬、呼吸急促和心跳过速的状态，甚至会出现失眠等情况。有趣的是，当我们将注意力放在呼吸和肌肉的感觉之中，尝试放松自己的身体，居然也会带来情绪的平复。这就是身心之间的互动：改变认知状态会转变身体的不安，而放松身体也会带来心灵的慰藉。呼吸放松法是一种简单易学的身体放松法：将注意力放在自己的呼吸上，缓慢地深吸气，内心默数“5—4—3—2—1”，体会空气从鼻腔慢慢进入肺部，肺泡鼓起，胸膈膜向下，腹部慢慢鼓起……然后，不要急着呼出空气，暂停两到三秒钟，接着慢慢地呼出浊气，想象所有的疲劳和紧张都随着呼气离开了你的身体，如此往复。每次使用呼吸放松法，往复三次就能达到放松的效果，六次以上效果更佳。如果感到难以入睡，也可以用呼吸放松的方法，帮助自己身体放松，从而进入睡眠。

2. 辅导员要在理解的基础上沟通

沟通是人际交往的重要内容，也是辅导员工作成功与否的关键。心理学家萨提亚认为，沟通由自我、情景和他人构成，如果过度注重自我的表

达，是“指责型”沟通，过于注重他人，则是“讨好型”沟通，过度注重情景，则会造成刻板的沟通。兼顾自我、他人和情景，才能达成有效的沟通。

（1）注重交流环境：秦奋敏锐地意识到，要化解小白的“心结”，不能仅仅着眼于自己要表达的内容，也要倾听小白的心声，并且站在小白的角度去理解她的情绪感受，而相比自己的办公室，将沟通场景安排在食堂或许更能够让小白放松下来，倾吐心声。

（2）解释评选标准：引发小白心理困扰的刺激事件是没有获得保研名额，这件事情超出了小白的预期和自我应对的范畴，需要寻求专业的心理援助。如果秦奋能够跟小白充分解释评分的标准，既能够维护学院的权威，又能促使小白更加能够接受落选的结果，找准自身的差距，明确努力的方向。

（3）帮助学生找寻人生的意义：辅导员秦奋通过谈话以及人与人之间的支持帮助小白确定了目标和方向，这本身就能够指引小白走出焦虑和迷茫。维克多·弗兰克尔提出了意义疗法，认为人是由生理、心理和精神三方面的需求满足的交互作用统合而成的整体，生理需求的满足使人存在，心理需求的满足使人快乐，精神需求的满足使人有价值感，对生命和生活意义的探索和追求是人类的基本精神需要。一旦确定了追求的意义，就能激发人们内在的能量，使其走出焦虑和空虚的阴霾。

案例 11 迷雾中的起点

一、案例呈现

“你们先去吧，帮我占个位……”，一闭眼、一翻身，小林（化名）的一上午又过去了。

军训结束之后，小林就没怎么去上过上午的课，下午的课也经常是在课堂上睡过去的。一转眼，学期已经过半了。小林经常挂在嘴边的一句话是“为什么高考结束了，人还要继续活下去呢？”高考之前，每个人的目标都非常明确，就是考个好大学，小林也非常努力非常投入，终于高考结束之后，彻底放松下来，每天睡到半晌，玩到深夜，这样的状态一直持续到开学。军训接着国庆假期，小林也从未想过调整自己的生活节奏。

第一周正式上课时，小林跟同学一起坐在最前排，很认真地听老师讲课，后来发现偷偷玩手机老师不管、迟到老师不管、不听课老师也不管，又听说期末只要背一下考试重点就可以了，“大学果然和高中老师说的一样，自由！”小林高兴得不得了，逐渐开始缺课、熬夜、打游戏，没了目标，也没了约束。

“一时逃课一时爽，一直逃课一直爽”，小林在宿舍打着游戏念叨着，完全没注意到站在他床下的孙老师（化名）。学期过半，孙老师最近在找同学们谈话，为大学第一个期末考试动员打气，也帮助大家理清楚对未来的规划。孙老师听说小林最近的状态不佳，便来到宿舍准备找他谈一谈。

虽然小林不怎么上课，但对孙老师的到访还是很客气，谈话也很配合。小林告诉孙老师，自己从来没想过上大学之后要做什么，高考志愿也是按分数收益最大化的原则选的专业和学校，也从未探索过自己的职业兴趣和优势。小林也并非排斥学习，只是突然没有人盯着，平时也没有考试，完全不知道学习的目的是什么，既然期末可以突击，索性就在先躺平了，准备期末考前突击。

因为父母对成绩非常重视，经常担心小林因为跟同学出去玩而耽误学习，有时候甚至会干涉他交什么样的朋友，所以小林初高中的时间几乎全部投入到学习当中。父母的口头禅是“我们现在管得严，全都是为你好，等你高考完，我们就不管你了”。高中时同学们玩的游戏，他不知道，同学们聊的动漫，他不知道，同学们看的小说，他也不知道。小林很渴望能有一部自己的智能手机，但一切只能等到高考后。小林的初高中，几乎是被锁在书桌前的。

小林的父母是普通工人，做着没什么技术含量的基础工作，他们的文化水平并不高，但是却非常重视教育。他们非常担心小林将来像自己一样，因为没有文凭，只能做吃苦的体力活。父亲的脾气比较急，并且表现得很强势，稍有不顺，便会对母亲大发雷霆。母亲则很弱，面对父亲的雷霆大作，母亲完全不敢反抗，只是默默收拾残局。虽然父亲经常会发脾气，但是两个人的感情还算不错，吵吵闹闹这么多年，关系也算逐渐平稳了。

对于小林，父亲的态度也向来严肃，即便不发脾气，也常常让小林退避三舍。母亲比较温和，却时常唠叨，“你要好好学习啊，不能像我和你爸这样”“我和你爸都是为你好啊”“你爸虽然嘴上不饶人，但心里其实很在意你的”“我和你爸努力供你读书，你得有出息呀”……

二、案例分析

1. 问题表现

小林同学表现出的是很多大学生第一学期会出现的适应问题，刚入大学之后，不习惯自主学习的节奏，也没有明确的长期目标，找不到自己的生活节奏，如果不及时引导干预，很容易出现学业困难，进而引发情绪问题，甚至影响毕业。

2. 成因分析

小林在学习行为中所表现出的懈怠或散漫不应该简单理解为学习习惯的问题，甚至粗暴地理解为品质或品行问题。相反，这是一种青少年在发展过程中常见的心理困惑，需要老师和家长给予更多的理解和支持。

自主性和主动性是我们在成长过程中习得的一项重要品质，而自主学习则是自主性的重要体现。从小林的日常行为中来看，他并没有表现出自主学习的能力，没有考试、没有监督，就找不到学习的动力。这一点和小林父母的教育方式、当前教育竞争的现状有很大的关系，很多同学都或多或少表现出这样的状态。

对于小林来说，缺乏对榜样的认同，也是他没有目标的原因之一，父母的现状显然无法成为他的职业生涯的榜样，而父母对他严格的管束使他远离同伴关系，导致他鲜有机会从同伴身上寻找榜样认同，而父母对他的指导也仅仅只有“要有出息”，而在父母的认知里，有出息就是考个好大学，之后的路他们并不清楚。

三、处理建议

1. 明确的纪律约束

毫无疑问，小林同学的旷课行为是违反校规校纪的，虽然可以理解，仍需依据学生手册，酌情予以相应处分，并在日后加强对其学业行为的监管，直至其能够适应新的学习节奏，融入大学学习生活。一定程度的行政约束是在告诉已经是成年人的小林，他是大人了，需要为自己的行为承担责任。

2. 探索职业兴趣

对小林来说，深入而明确地探讨自己的未来规划至关重要。最初与其讨论时，小林很可能会给出“我也不知道”等回答，这样的回答也许是因为对专业不够了解，也许是因为对自己不够了解。对专业不够了解需要辅导员加强专业教育，组织开展分享会、现场观摩等专业职业教育活动。也可以引导对自己缺乏了解的学生借助职业兴趣测试等工具进行探索。另需注意的是，如果小林同学自主性的发展受损，则很容易对表达主动的意愿感到羞耻，很多行为和表达也会因此而受到抑制，如果辅导员观察到这一点，可以给小林更多的鼓励，不评价、不指责。如有必要，可建议小林与心理老师做进一步探讨。

3. 适当学业帮扶

长时间缺课后，小林再次回到课堂极有可能无法跟上学习节奏，听不懂课堂内容。这样的情况下，补课的压力会非常大，这对刚刚战胜高考的大一新生来说，会是一个巨大的自尊挫败，如果无法承受，很容易会一蹶不振，再次回到游戏世界。这样的情况下，组建学习小组，为小林提供一定的学习帮扶，帮助他制订适合自己的学习计划，逐渐追赶进度，对他重新适应学习节奏至关重要。

案例 12　我该去向何处

一、案例呈现

张老师（化名）担任辅导员已经一年有余，他所在的专业是计算机科学与技术，是学校的王牌专业。这个专业的毕业生就业前景良好，每个学年都有不少其他学院的学生申请转到计算机专业来学习。新学期开始之后，张老师经常会在上课时分走到教学区。看着大家都在专心听课，张老师很是欣慰。但是，他突然觉得，最近的教室里面似乎少了一位同学的面孔。他想起来，缺席的同学应该就是小吴（化名）。这家伙会不会还在宿舍睡觉？张老师有点恼火起来，立即向宿舍走去。

刚入学的时候，小吴还是一个各方面都很积极的学生，竞选班委，加入学生会，和同学们的关系也都很不错。但是，一个学期之后，他就变得被动退缩起来，退出了学生会，班委也不干了，甚至开始逃课缺课，成绩更是一落千丈，还出现了好几门功课不及格。张老师问他是不是遇到了什么困难，小吴却说自己就是没什么动力。张老师问过学生会的干部，也试着和班委聊过几次，大家都不知道小吴的情况。张老师也联系过小吴的父母，这对父母显然很关心自己的儿子，也是再三拜托辅导员帮帮自己的孩子，多督促，多要求，他们也非常愿意配合学校。但是，小吴却发来一条怒气冲冲的消息："请不要随便联系我的父母！"从那之后，张老师也的确没有接触过这对父母，师生之间的对话也变得极为稀少。张老师本来以为，小吴可能只是遇到了一些短期的问题，也许慢慢就会恢复到原来积极的状态，没想到，这家伙居然一开学就不来上课了。

张老师走到小吴的宿舍，发现他还躺在床上蒙头大睡。他的书桌上还摆着昨晚吃剩的外卖。张老师还发现，小吴的书架上还放着一些生物学方面的读物，他拿起来翻阅一下，大部分都是专业著作，还有一些是生物学的最新研究报告。张老师喊醒他，问他为什么不去上课。小吴却说自己只是睡过头了。张老师指出他已经连续缺课好几天了，他却陷入了沉默。张老师问他是不是遇到了什么事情，小吴只是长叹一口气，"我就是睡过头了，我现在就去上课还不行吗？"张老师有点生气了，"小吴，你是为我上课，还是为自己上课？按照你现在这个态度，还是会重复上个学期的问题。看来，我必须联系你的父母了。”小吴急了，“你能不能不要动不动就联系我父母？”张老师愣住了，他放下自己的手机，坐到了小吴的床边。小吴双手揪着自己的头发，一言不发地坐着。“我们聊聊吧，小吴，”张老师轻轻地说，“我不知道怎么帮你。我必须知道你遇到了什么困难，才知道怎么帮助你。一年多以前，我刚刚认识你的时候，你不是这样的，究竟发生了什么呢？”过了一会儿，小吴开始谈起了自己的困难。

原来，高中时期的小吴就知道自己其实并不喜欢计算机专业，而且，他觉得自己并不是特别擅长数学这个学科。他比较感兴趣的学科其实是生物，他的相关成绩也相当不错。但是，父母觉得计算机专业的就业前景很好，家里也有很多亲朋好友在从事相关职业，这对他未来的职业发展是一个很好的助力。至于学业成绩，他们认为只要用心学习，哪有什么真正的困难，便要求小吴报考计算机专业。不过，小吴并没有听从父母的建议，而是自己填报了生物类的学科，把计算机科学与技术放到了第二志愿。然而，就在志愿填报截止之前，父母使用孩子的身份证和手机，重新登录系统，偷偷把计算机科学与技术改成了第一志愿。就这样，小吴被录取到了现在的专业。他本以为是自己的分数没有达到生物学的要求，才被调剂到了计算机专业。直到开学之后，他才慢慢了解到，计算机专业是录取分数最高的专业，他不可能是被调剂进来的。他几次质问自己的父母，才知道了实情。从那时起，他便开始变得无心学习，觉得自己的整个人生都被父母毁掉了。

听完小吴的叙述，张老师也感到十分惊讶，他回应道，“父母改掉你的志愿，的确是不对的，但他们也是为了你好，想要让你未来找一份好工作。既然你现在已经被录取到了计算机专业，既来之，则安之，我们可以慢慢适应，你的能力也一点儿都不差，我相信你是可以迎头赶上的。”张老师觉得，这些鼓励的话，应该可以让小吴重新振作起来。但是，小吴好像还是非常消极，甚至说，“老师，你别管我了，我也不知道接下来要去向何处……”

二、案例分析

1. 问题表现

从表面上来看，小吴表现出了比较明显的厌学行为。他频繁地逃课缺课，期末考试也出现了不及格的情况，存在明显的学业问题。他还有嗜睡的问题，但这也许和他作息不够规律有关，而不是睡眠障碍。除了学业方面的问题，小吴的社会生活也出现了一些问题。他退出了社团，不再担任班委，甚至减少了人际交往活动。这说明他的问题出现了一定程度的泛化，不过并没有达到严重心理问题的程度。不过，他所表现出来的消极状态并不是因为懒惰，也不是由于他罹患了某种心理障碍，而是因为他在自主性、主动性、独立性和胜任感等方面遇到了问题。这一切的导火索是高考的志愿填报问题，但究其根源，可以追溯到小吴的家庭问题。

2. 成因分析

表面上看起来，小吴出现了厌学行为，但这些问题其实并非由某些心理障碍所致。专业学习，其实受诸多因素的影响。其中，兴趣和能力是两个非常重要的影响因素。能力涉及学生在专业学习方面的胜任力，与专业相关的能力较好，学生掌握知识的时候会感觉到较为容易和顺利。胜任的感觉会让学生产生成就感和效能感。兴趣和能力则有所不同，它涉及学生在从事专业学习的时候是否感觉到强烈的求知欲和愉悦感。充满兴趣的学生在学业过程之中表现出较强的主动性和意志力。即便在学习过程之中遭遇到困难和挑战，他们依然能够感觉到学习的乐趣。然而，兴趣和能力常常难以全然匹配。能够胜任某个专业的学习，但学生不一定会对这个专业感兴趣；对某些专业知识感兴趣，但学生不一定能够真正胜任专业的学习。无法胜任学习的学生，会出现严重的焦虑和较为消极的自我评价；而对所在专业没有兴趣的学生，则可能会表现出强烈的抗拒和回避。

小吴同学显然是在兴趣和能力等方面遭遇到了困难。在能力方面，计算机相关专业的学习让他感到充满了挑战，他无法从这些学习之中感觉到充分的胜任感和效能感，而是不断地遭遇挫折，甚至觉得自己是糟糕至极的。这对他的自尊感带来了巨大的冲击。但是，他其实在生物学方面具备一定的学习能力。在高中时期，他的生物成绩表现相当不错。学习生物的时候，他能够感觉到充足的胜任感，也能体会到成就感和价值感，他的自尊感也会得到积极的保护。在兴趣层面，其实小吴同学对计算机专业几乎是毫无兴趣的，每天的课程安排无法让他感觉到激动和兴奋，反而是一种无奈和压抑的感觉。自然，他会逃避上课，甚至不断地缺课。然而，他对生物学的知识极有兴趣，时常阅读相关的书籍和资料，表现出极强的主动性。

当然，小吴遇到的这个困难，更主要的问题发生在亲子关系的领域。被录取到计算机专业，并不是他自主选择的，而是父母偷偷更改他的报考志愿导致的结果。因此，他在专业学习方面缺乏自主性和主动性，只是在消极应对。父母出于好意的干涉，实际上是一种以爱为名的控制。父母忽视了小吴的独立性和自主性，而是想要控制他的专业选择和人生选择方向，才最终导致小吴遭遇到了目前的困境。

三、处理建议

1. 深入理解学生身处的困境

对于这一类学生，切忌急于规劝学生努力适应，或者理解父母的苦心。在这个时候，辅导员需要努力理解学生的痛苦，并尝试将这些理解表达出来，让学生能够体会到辅导员愿意理解他，而不是急于改变他。在心理咨询领域，这个工作叫作“共情”。例如，辅导员可以告诉学生，“我真的难以想象，你那么喜欢生物，现在却在计算机专业学习，这对你来说是多么难以接受的事情！我们专业需要学习那么多与数学相关的学科，而你实际上一直都不是很喜欢这个科目，那该多么煎熬！我真的不知道这一年多的时间你是怎么坚持过来的……”

此外，切忌急于劝导学生理解父母的苦心。实际上，由于父母的控制和干涉，小吴同学其实对父母抱有强烈的愤怒，但是因为他对父母的尊重和爱，使得他不太能够直接表达这些愤怒，最后只能通过学习方面的消极来向父母表达深深的不满。如果急于劝说他理解自己的父母，无异于我们站到了父母的一边，也就站到了学生的对立面。我们可以试着理解学生内心的愤怒，“我听到你说的这些事情，真的非常惊讶。我第一次听说，父母会偷偷修改孩子的高考志愿。我不知道，当你得知这件事情的事情，心里究竟是怎样复杂的感觉。如果我遇到这样的事情，心里一定会感到非常愤怒。”随后，也许我们可以继续“共情”学生矛盾的内心情感，“但是，我想你一定也会觉得，父母好像在用这种方式关心你，为你谋划未来。但是，他们关心你的方式，深深地伤害了你。可是你还是很爱他们，所以你都无法表达这些愤怒，你只是把愤怒藏进了心里……”

当学生感觉我们对他的深深理解，师生关系也就得到了发展和巩固，就有可能进行更深一点的对话。实际上，心理层面的沟通永远都是关系先行，而不是理念先行。说出有道理的话，并不是一件困难的事情。困难的是，理解。

2. 尝试在现实层面给予学生一定程度的帮助

对于小吴同学遇到的问题，心理层面的沟通固然重要，但是他面对的现实问题也需要我们伸出援手。即便我们之间建立起了信任的关系，但是他学业方面的困难以及缺乏兴趣的现状，都无法得到真正的解决。作为学生的辅导员，我们在情感支持的同时，也要尽全力在现实层面为学生提供适当的帮助。比如，我们也许可以和学生一起研究学校的转专业要求，看看是否可以用某种途径实现转专业的需要。我们也许可以向学院的领导汇报学生的相关情况，与本学院、学生工作处、教务处以及对方学院开展多方对话，本着全心全意为学生服务的态度，实现学生的内心诉求。

如果能够实现转专业的诉求，自然是一件美事。但是，如果出于各方面的限制，无法达成转专业的愿望，我们也可以在以下几个方面为学生提供帮助。

第一，建议学生接受心理咨询，进一步处理改志愿事件带来的重大影响，帮助学生处理家庭层面存在的问题。

第二，为学生安排校内课业辅导，依靠同学之间的互帮互助，帮助学生应对学业问题。

第三，为学生提供职业生涯规划辅导，帮助学生规划自己的生活和未来，将自己的兴趣和能力放到终身发展的视野之中，争取在未来的生活之中，过上自己想要的生活。

03 发展问题

案例 13 “贫穷”的富家小孩

一、案例呈现

“好无聊，不知道自己究竟在做什么，想要做什么。”辅导员张老师（化名）看着大雄（化名）发的朋友圈，不禁陷入了思考。

张老师还记得初入大学时的大雄是一个充满朝气、活泼开朗的男孩。大雄的家庭条件好于一般同学，但是他从不会因为经济原因看不起其他同学，反而经常请大家吃饭，见谁需要帮助都乐于搭把手。然而随着毕业的临近，眼见着其他同学每天为了未来早出晚归，忙着考研、找工作，大雄却日渐消沉，不再和同学们结伴而行，经常自己一个人窝在宿舍里，频频在网上发出“生活很无聊”“找不到未来的方向”“觉得自己就是混日子”的感叹。

为了了解大雄变化的原因，张老师邀请大雄到办公室聊聊。来到办公室的大雄没有之前意气风发的样子，只是礼貌地向张老师打了一个招呼。张老师笑着打趣道：“怎么还没有经历社会‘毒打’，自己就蔫了？”大雄无奈地咧嘴笑了笑，说：“我倒希望可以接受社会‘毒打’呢。”

在交流中，张老师进一步了解到了大雄的家庭。大雄出生于一个富足的家庭，父亲是私营企业的老总，母亲是医院骨干，大雄从小衣食无忧，只要他想要的都会得到满足，最新款的手机和电脑，他也总是第一时间拿到手。虽然大雄有着丰富的物质生活，但是由于父母工作非常繁忙，陪伴大雄的时间非常少，幼年的大雄常常觉得很孤单。进入学校后，大雄才在同龄人的交往中体会到快乐，所以他特别愿意帮助同学，其他同学的需要让大雄感到自己非常有价值。

但是，随着毕业的临近，大雄感觉到自己和其他同学的生活轨迹渐行渐远。大家都在忙着考研、找工作时，大雄的未来已经被父母规划安排好了。白手起家的父母深刻体验过奋斗的辛苦，他们不想再让大雄吃同样的苦，从大雄进入大学的第一天就开始帮大雄安排起他后面的工作和生活。“我们也不需要你以后多么优秀，只要按我们给你安排的路走就好了”这是大雄父母常常对他说的话。

刚开始时，大雄觉得自己不用为未来发愁很轻松惬意。但是随着自己的成长和心理的成熟，大雄开始有了自己的想法，每当他兴致勃勃地和父母交流自己对未来的想法时，他们总是泼大雄一盆冷水，让他不要想七想八，当作爱好玩一玩可以，难道还真的能当成事业？大雄以后肯定还是要回家帮父亲管理公司的。大雄也曾经尝试过反抗，和父母有过激烈的冲突，但是最后都在他们的“经济制裁”下屈服了。

慢慢地，本来就和父母交流不多的大雄更不愿意和他们多说自己的想法了，甚至产生了“自己可能真的没有什么本事”的想法。大雄也曾试着和同学说过自己的感受，当同学们听到大雄羡慕他们在为未来工作、考研奋力拼搏的时候，同学们都觉得大雄这是在“凡尔赛”，不用为了以后的生活工作发愁，多么令人羡慕啊，还有什么可苦恼的。

大雄一方面觉得没有人可以理解自己，时常陷入深深的自我怀疑，一直成长在父母保护下的自己，虽然物质富足，但是却总觉得自己内心很贫穷，没有梦想，找不到目标，按照父母的规划生活，这样的生活真的有意义吗？另一方面大雄也不用像其他同学一样紧张地安排自己的生活，大雄越来越多的独自一人待在宿舍打游戏、发呆，很少和其他人交流，做什么事情也提不起兴趣。渐渐地，大雄又回到了过去孤独的状态。

二、案例分析

1. 问题表现

大雄的问题主要表现为以下三个方面：

（1）情绪方面：孤独、迷茫，缺乏意义感和价值感。

（2）行为方面：缺乏行动力，社交疏离。

（3）认知方面：自我评价较低，缺乏明确的人生目标。

2. 成因分析

在学生管理工作中，辅导员更容易将关注点投注于那些家庭困难、学业困难的学生，而家庭富裕的学生容易受到忽视。大雄的家庭经济条件优越，但是父母非常忙碌，除了给他足够的钱，他的情绪情感很少关心。从小大雄就在父母的安排下长大，从上什么学、学什么专业、毕业以后干什么，都帮大雄安排得明明白白。父母没有给大雄机会表达自己的想法和感受，这让大雄感到非常压抑。其次，虽然父母的成功给了大雄富足的物质基础，但是却让他的心灵非常地贫乏：一方面因为父母忙碌，无暇顾及大雄的情绪情感；另一方面，父母的控制，极大地剥削了大雄自我能力发展的空间，让大雄对自己充满了否定，觉得自己一事无成只能依靠父母。除此之外，大三时期的焦虑以及周围缺少有效的人际支持，都让大雄深陷情绪泥潭。

三、处理建议

1. 从日常状态的变化中了解学生的心理变化

大学时期是个体走向社会、开启人生新篇章的重要阶段，这也意味着学生们需要在大学时期转换身份、调整心态、迎接变化和挑战。在工作中，辅导员可以通过学生的外部行为、情绪表现及时发现学生的心理变化。比如，学生可以投入日常学习，积极参与各类活动可能表示学生的适应情况较好；而学习提不起兴趣，交往、活动兴趣减退，则可能表明学生遇到了困难或压力。

除此之外，作为网络原住民的“00后”，他们从小的生活与互联网紧密相连，习惯在社交平台记录自己的生活，分享自己的心情，也会倾诉很多日常不会与他人表达的想法与情绪。辅导员充分利用社交平台互动，一方面可以拉近与同学们的心理距离，另一方面及时浏览学生发布的动态，也能直接、全面了解学生最真实的生活状态和心理感受。

2. 家校沟通，引导家长与孩子共成长

学生的健康成长离不开家长的支持理解。而好的家庭教育不仅要能为孩子提供物质保障，也要能够在精神上理解孩子，在情感上陪伴孩子。特别是像大雄这样富裕家庭的长大的孩子，可能由于父母缺少对孩子心理发展的必要知识，更容易错误地将孩子的情绪困扰归因于“娇生惯养”“身在福中不知福”，因此一定程度的父母教育，是学生心理健康的必要保证。

在得到大雄的同意后，张老师联系大雄的父母。父母一开始觉得非常不理解，大雄生活条件这么好，连未来的工作都给他安排好了，还有什么不开心的呢？张老师首先理解了父母的良苦用心，随后询问他们知不知道大雄有什么兴趣。父母显然没有想过这个问题，一下子愣住了。张老师抓住这个时机，引导父母认识到孩子的成长需要自己的时间和空间去发展属于他们自己的兴趣、期望和价值观，而如果缺乏了这种发展，孩子就会失去自我发展的能力，丧失掉为自己争取权益和行动的期望，甚至丧失生命的活力。

3. 寻找资源，激活学生的行动力

学生来到校园学习生活后，就天然地拥有同学（尤其是室友、班委）、学长学姐等社交群体，这些年龄、兴趣、爱好、价值观、社会地位等方面较为接近的同辈群体也是大学生社会支持系统重要的组成部分。特别是在大学时期，同辈群体的影响甚至有可能超过父母和教师的影响，同辈资源的影响，学生心理上也更容易接受。

张老师联系了班级的心理委员，准备策划并开展一次心理班会。这次心理班会的主题是“我的另一面”，鼓励大家向其他同学分享自己不为人知的一面。在这次班会上，张老师鼓励大雄分享自己的故事和感受。听完大雄的讲述，同学们都说，他们平时就和大雄关系很好，大雄的性格也很好，只是以前真觉得他就是矫情，没想到他内心真的这么痛苦。他们很愿意喊大雄早起，跟他们一起自习，一起奋斗。在张老师的推荐下，大雄也尝试到学校心理中心与心理老师一起探讨自己真实的兴趣与未来的发展方向。

4. 注重开展心理健康教育活动

辅导员需要注意从大一新生入学之后就及时开展职业生涯教育，启发学生在大学期间对生涯规划进行探索，在大二的时候可以邀请已毕业的学长学姐来介绍自己的生涯规划探索经历，提供求职的信息和资源，大三大四的时候可以针对学生不同的生涯发展需求组织相对应的培训来帮助学

生提升具体的求职或升学技能。除此之外，辅导员就职业生涯规划的主题进行家校沟通也很重要。部分家长并不了解学生所学专业未来的就业方向，只是按照自己个人意愿向学生提出要求，不能认识到要给予学生自主探索的空间。家校沟通可以帮助家长拓宽对就业渠道的认识，并且帮助家长认识到要尊重孩子自身的意愿，充分地探索未来的职业发展之路，才能够帮助孩子充分认识自己想要的究竟是什么，能自主自发地追求自己想要的职业生涯。

知识窗

1. 社会支持系统

社会支持系统，也称为“社会关系网”，指的是个人在自己的社会关系网络中所能获得的、来自他人的物质和精神上的帮助和支援，简单来说，社会支持系统就是与我们分享快乐、分担痛苦的人所组成的整体。良好的社会支持系统有助于缓解消极情绪，增强心理弹性，战胜挫折，走出困境。

2. 富困生

优渥的家境并不能保证孩子的情绪、心理的健康，反而可能带来一系列的负面影响，造就高校中的富困生。美国近年来也将出身教育程度高、富裕家庭的青春期少年男女，新界定为心理与行为层面的“高风险人群”。心理学家玛德琳·莱文发现，这和家庭养育方式密切相关，“成就的压力”和“亲子间的疏离”是造成孩子情绪问题的两大原因。高成就的父母对成绩的过度关注会导致孩子压力与焦虑的泛化，并且当孩子成绩无法达到父母预期时，会引发孩子自卑、羞愧甚至绝望的感觉。除此之外，高成就的父母因为工作繁忙，很有可能在养育过程中存在更多情感忽视的可能。因此，当富裕家庭孩子出现心理健康问题时，更需要做好家校配合工作，家长可以增加对孩子的情感关注，减少控制，改变教育模式，可以极大改变孩子的内心感受。

案例 14　被童年困住的女孩

一、案例呈现

辅导员高老师（化名）正在办公室工作，看到门口有个人站在那里，好像犹豫着要不要进来，走出去一看，原来是学生小赵（化名）。小赵看起来垂头丧气的，高老师猜她可能是遇到什么事情了，就邀请她进办公室聊聊。

小赵一坐下来就开始掉眼泪，她告诉高老师从一上大学开始，自己就想交到好朋友，可是事与愿违，自己现在被舍友孤立，待在宿舍就会觉得压抑，曾经想过搬出校外租房住，但经济拮据无法实现。高老师询问宿舍里发生了什么事让她这么难过，小赵讲述了最近的一次宿舍冲突。当时，她觉得舍友的手机声音太大了，干扰到自己看书，就表达希望对方能把手机声音调低一些。但是，舍友并没有降低音量，反而生气地反问她多低才算低。小赵当下觉得很崩溃，觉得和舍友的关系算是完了，哭着离开了宿舍，当天直到很晚才敢回去。

高老师对小赵的处境表示同情和理解，也表示能看到她内心其实非常渴望拥有良好的人际关系。小赵说，从小到大自己的为人处事一直都是比较谨慎的，很担心得罪人，一直都很想交到好朋友，实际却感觉一个关系好的朋友都没有。小赵小时候生活在农村，父母一直在外务工，只有过年会回家，平时没有太多交流。父母外出务工时生了妹妹，一直带着妹妹在身边生活，小赵则一直待在老家。小学之前，她待在爷爷奶奶家，上小学后又在姑姑家待到五年级，后来就一直住校。小赵告诉高老师，她一直都很生父母的气，觉得相比较妹妹，自己一直是被扔在老家，是一个不被关心的孩子。父母常常教育小赵，作为老大要坚强，要能做好妹妹的榜样。她也曾经想通过努力学习来得到家人的称赞和关注，但努力了这么久，内心深处还是觉得不会有人喜欢和在乎自己。

高老师告诉小赵，她可以感觉到过去的事情对小赵的影响挺深，同时也关心了她目前的生活状态。小赵表示，冲突是一周前发生的，最近一周，她每天睡觉之前躺在宿舍的床上，就会开始想自己是不受宿舍同学欢迎的，自己是被排斥的，因此入睡要花比平时更多的时间；一回到宿舍，小赵就感觉很压抑，一直想要流泪，为了避免和舍友同处一室，她只有等晚上很晚才会回宿舍睡觉，因此白天几乎待在食堂或图书馆。小赵告诉辅导员，她觉得自己真的很失败，也对自己感觉到很失望。

二、案例分析

1. 问题表现

小赵目前的内心困扰主要是由人际关系中的冲突导致的，表现在以下四个方面：

（1）情绪方面：由于和舍友发生人际冲突，小赵每次在宿舍看见舍友都感觉害怕、绝望；由于认为自己不能够掌控未来的宿舍关系，而且无法脱离宿舍环境，小赵就觉得压抑又绝望；睡前有痛苦情绪。

（2）行为方面：在处理人际关系问题上，小赵有明显的回避行为，比如回避表达自己的负面情绪和相应的想法，回避面对和处理和舍友的人际冲突，缺乏人际沟通的技巧。

（3）生理方面：由于痛苦的负面情绪，在冲突发生后的一周内，小赵都出现了入睡困难的情况。

（4）认知方面：小赵的自我评价较为负面，认为在别人眼里自己是不值得欣赏的；小赵对宿舍关系的预期存在灾难化的特点，认为宿舍关系是无法挽回的。

2. 成因分析

（1）从小赵的人格特点来看，人际互动的负面反馈是小赵消极情绪的扳机点，因此，从这点可以看出，小赵可能具有高人际敏感性的人格倾向，也就是她对他人认知、情感和行为都很在意，尤其关注他人的消极评价，并因此而感觉到持续的焦虑，为了避免批评和拒绝，她会努力取悦他人。这可能也是小赵一直封闭自己，没有办法跟别人建立友谊关系的原因。小赵过于敏感，很难忍受身边人对自己有任何的批评，总是预期他人不认可自己，因此在人际关系中感受到长期而强烈的焦虑情绪。

（2）从小赵的成长经历来看，作为留守儿童的经历导致了她高人际敏感性的形成，但矛盾的是，留守儿童经历又让小赵极度渴望温暖而具有支持性的人际关系。因此，小赵总是很渴望交到朋友，但是又容易因为过度敏感的个性而疏远他人。父母的养育方式让小赵感到自己是不被喜欢、被忽视和被抛弃的，这也导致她形成了较低的自我评价，如养成了“我不可爱”“我没有价值”的核心信念。从小赵初高中的经历来看，她在成长过程之中似乎没有建立起外在的社会支持系统，当她遇到自己无法独立应对的重大挫折，就会陷入比较孤独无助的处境。

（3）从小赵的认知模式来看，小赵可能持有“我不能被任何人批评”“和别人发生冲突就意味着关系的破裂”“我必须要压抑自己的愤怒来维持人际关系和谐”这样的想法（中间信念）。因此，虽然小赵因为舍友的反应而感到生气，但她不知道如何处理自己的愤怒情绪，而是采取回避的策略，以此避免愤怒情绪、人际冲突以及宿舍人际关系给自己带来的焦虑。在消极信念的主导下，小赵面对和舍友的冲突，会瞬间产生“我们的关系完蛋了”的想法（灾难化自动思维），这也会导致她的情绪出现崩溃。

三、处理建议

1. 帮助梳理问题根源

在和小赵开展谈心谈话工作时，既要对她的处境给予共情和理解，又要引导她看到不合理的自我评价才是导致她和舍友发生矛盾以及感受到负面情绪的根本原因。辅导员在谈话时需要首先尊重和承认小赵目前所感受到的负面情绪，不要着急批评她，可以尝试在谈话中澄清一些细节，运用探索式提问的谈话方式引导小赵一步步地看到，不合理的自我评价如何使她更容易误解舍友，从而感到舍友对自己存在恶意，进而积攒负面情绪，对舍友也会有敌对和抵触的态度。

除了分析心理困扰的原因之外，辅导员老师可以肯定小赵对于和他人建立良好人际关系的渴望，并且鼓励小赵目前的人际冲突也是一次自我成长和学习处理人际冲突的机会，辅导员老师会给予她支持，比如“小赵，我其实很惊讶，因为你在遇到困难的时候，虽然有点犹豫，但还是来找我讨论这些问题。我知道，其实这对你来说是非常困难的。因为你在自己的家庭里面，从来都是自己处理问题，很少能够有人能够帮助你。求助对你来说真的是太困难了。所以，我真的非常惊讶，因为你的勇气，也因为你有这样的突破。小赵，你这样做是对的，你做得非常好，你应该来找我……我觉得，小赵，你成长起来真的是很不容易的。我并没有觉得你不如其他的孩子，相反，我觉得你身上有一种非常坚韧的力量，我觉得这种力量一直在支持你走到今天……这是很多人并不具备的品质……”

此外，由于小赵感到自身无法应对当前的人际处境，且感觉到非常痛苦和失败，所以辅导员需要了解小赵目前心理问题的严重程度，如果比较严重，可以建议小赵尝试寻求心理咨询，与专业人士商讨如何解决人际关系问题。辅导员老师也需要定期地和小赵进行沟通，关心小赵的人际关系状况和日常生活功能。

2. 进行心理问题严重程度的评估

辅导员老师需要敏感地觉察潜在的危机信号，比如小赵在宿舍矛盾发生之后有强烈的痛苦和绝望情绪；此外，该生有长期的寄养史，甚至可能存在不为人知的创伤经历。辅导员需要及时评估学生心理问题的严重程度，为后期的工作做铺垫。辅导员可以找到小赵做面对面的沟通了解其状态，主要有三个方面，第一是心理困扰是由什么事件引起的，第二是心理困扰反应的强度是否与事件本身匹配，第三个就是心理困扰的反应是否随着时间过去而消减。如果学生的反应持续时间较长，反应强度过高，且持续了一段时间但无法自行调节甚至更加严重，那就说明学生存在比较严重的心理问题，需要进一步地干预。辅导员需要对学生所面临的状态做进一步的区分，随后采取相对应的干预措施。

3. 开展宿舍人际关系工作

辅导员开展宿舍人际关系的心理健康教育是很重要的，宿舍人际关系冲突也是一个契机，如果处理得当，能够帮助学生建立以信任和良好沟通为基础的人际关系。除了跟小赵进行沟通，辅导员需要同舍友开展心理教育工作，让他们意识到解决宿舍矛盾的积极意义，邀请其舍友参与到问题解决之中来。当发生冲突的双方愿意坐到一起来面谈，辅导员需要引导双方不采用批评、指责他人的方式来表达自己的想法，请小赵能够真诚地表达自己想要和舍友建立友谊关系的渴望，表达对自己过去所做事情的反思，辅导员随后引导舍友对她的反思进行反馈。在整个过程之中，辅导员都需要关注小赵的情绪，并且对她表达支持、保护和理解。最后，辅导员邀请每个人表达自己今后在处理宿舍关系的时候会如何做。辅导员也可以在平时的工作之中开展有关人际沟通困扰或者人际沟通技巧的心理健康科普讲座，提升学生对于人际关系相处的认知和了解。

4. 改善家庭关系

小赵在家庭关系之中感受到被忽视和嫌弃，在后期的人际关系之中也重复获得了这种体验。一方面，辅导员需要和小赵建立温暖、支持、理解和接纳的关系，另一方面也可以联系小赵父母，告知学生目前的生活状态。辅导员可以尝试对父母开展心理教育，邀请父母改变自身的教养方式，多给予小赵心理支持，比如平时多关心小赵的情绪和生活状态等。

知识窗

1. **认知模式**

个体在成长过程中可能由于家庭环境、重大应激事件等因素导致某种认知模式的形成，此种认知模式是个体认识世界、他人、自我的独特方式。认知模式有助于理解个体痛苦情绪以及消极行为背后的认知因素。认知模式假设个人的消极情绪并非某种情境或者是事件导致的，而是对某种情境或者事件的认知导致的。因此在调节负面情绪时，需要觉察导致负面情绪的认知，通过检查认知内容的现实性和有效性来找到更多其他的看待当前事件的思维方式或视角。当不再执着于某一种消极想法时，负面情绪就会得到缓解。

面对刺激事件，大脑中当下无意识、迅速产生的想法就是自动思维，每个人自动思维的内容不同，这是由于个人信念不同导致的。信念主要分为两级，最深层的核心信念以及中间信念，核心信念影响中间信念的产生，而这些信念又进一步影响自动思维的产生。综合以上内容，认知模式的主要内容如图 14-1 所示。

2. **认知模式偏差**

当个体使用固有的、僵化的思维模式来理解不同的环境和他人时，可能就会导致认知的偏差、事实的扭曲，从而导致心理困扰。心理学家贝克提出几种典型的认知错误模式，如：①全或无思维；②灾难化；③去正性化或低估正性信息；④情绪推理；⑤贴标签；⑥夸大或缩小；⑦心理过滤；⑧读心术；⑨过度概括；⑩ 个人化；⑪“应该”和“一定”陈述；⑫ 管道视野。

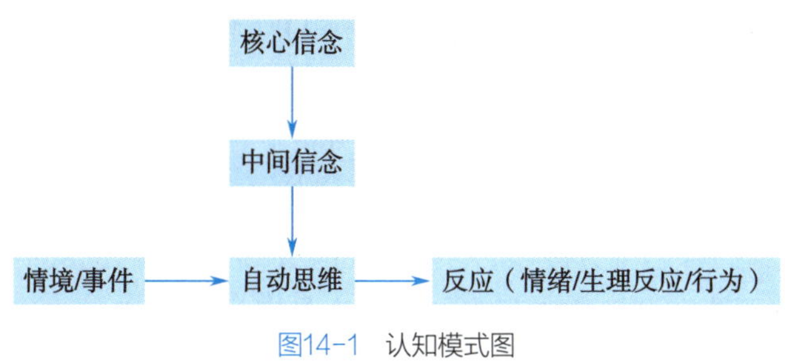

图14-1　认知模式图

参考文献

[1] 曹娜，杨素华，张锐．半结构式团体心理咨询技术构建大学生“和谐宿舍”——以大学生“一对多”冲突的宿舍矛盾解决为例[J]. 科技视界，2019(34)：49-50.

[2] JUDITH S B. 认知疗法：基础与应用[M].2 版．张怡，孙凌，王辰怡，等，译．北京：中国轻工业出版社，2013.

案例 15　用爱抚平成长创伤

一、案例呈现

“孙老师(化名),您现在有时间吗?”小新(化名)是一名大一新生,性格腼腆,不怎么爱说话,孙老师一入学就对小新特别关注,经常找她聊天。小新说自己不太擅长人际交往,和舍友关系不好,舍友都觉得自己不爱讲话,防备心重,有时候还会因为小事和舍友发生口角。小新对自己的评价也很低,她觉得自己十分冷漠,不会与人沟通,遇到问题也从不挑明,但是憋到最后就可能会和对方吵起来。今天来是因为周末和舍友吵了一架,自己很困扰,也很羡慕其他同学都有朋友相伴。

孙老师发现小新非常紧张,说话时甚至有点微微发抖,就首先肯定她主动求助是一个很好的行动,鼓励她再多说一点。小新说自己其实反思过自己的问题,觉得自己不擅长人际交往其实和自己的成长经历有很大的关系,一方面小新不想让大家知道自己的家庭背景,担心大家看不起她;另一方面自己在成长中总是不讨别人喜欢,自己也是充满防备心理,不知道要怎么和别人交往。

小新的成长背景十分令人心疼:她出生在一个贫困的家庭,因为经济拮据,出生后不久就被亲生父母送人了,从小和养父、奶奶一起长大。养父在小新二年级时被判入狱,此后她和奶奶相依为命。奶奶虽然不善言辞,但是待小新很好,有什么吃的、用的都会单独留下一份给她。全家除了奶奶外,只有一个表姐还会关心小新,而家里其他亲戚都觉得她是个累赘。而小新面对亲戚的冷嘲热讽一般都是默不作声,有时候忍不住也会和亲戚爆发冲突。

小新觉得自己不讨人喜欢,来到学校也时刻对同学们保持着“警惕”。入学一个月来,看着其他同学都三三两两地结伴活动,虽然羡慕,但是小新实在不知道要如何融入同学,内心非常孤独,总觉得自己独自出现在教室、宿舍很突兀,开始不想回宿舍,也不想去班里上课,小新对此很焦虑,甚至提不起兴趣吃饭,晚上睡不着,可是想到年迈的奶奶和关心自己的表姐,内心又充满了内疚。为了能让自己尽快地摆脱这种状态,小新最终鼓起勇气主动向孙老师求助。

二、案例分析

1. 问题表现

小新的问题主要表现为以下四个方面：

（1）情绪方面：在人际交往中容易焦虑和紧张。

（2）行为方面：不表达负面情绪和想法，习惯于压抑负面情绪，有时会最终爆发。

（3）认知方面：自我评价比较消极，认为自己不受欢迎和接纳，对他人态度敏感，觉得自己一个人行动很突兀。

（4）生理方面：说话时手抖，提不起兴趣吃饭，睡不着觉。

2. 成因分析

小新人际关系困扰的根本原因是成长过程中的创伤。亲生父母抛弃她、养父入狱、亲戚不接纳她，这样被抛弃和不被接纳的经历导致小新将自己看作一个不受欢迎、被嫌弃、给别人添麻烦的人，因此她在人际交往当中会天然地假设他人不喜欢自己，也担心麻烦其他人，对身边的人充满戒备和怀疑。奶奶作为小新的长期抚养者，对她关心有加，但是不善言辞的奶奶没有办法在人际交往方面给小新提供社交技能方面的指导和练习的机会。升入大学后，城市环境对小新来说很陌生，她羡慕同学们幸福的家庭但又不想让别人知道这份羡慕的心情，同时又极力掩饰过去的经历防止受到歧视，所以人际交往当中经常是紧张而焦虑的，不能够放松且自然地和他人相处。当与同学发生误会、产生冲突时，小新只会选择逃避冲突或激烈应对两种方式，这和她应对亲戚嘲讽的方式一模一样。

三、处理建议

1. 梳理问题，提升社交技巧

辅导员和学生良好的师生关系是心理健康教育工作的前提，而建立师生关系又有一定的技巧和方法。辅导员老师有大量接触学生的机会，能够赢得学生的信任、尊重的首先是作为老师的知识技能、优秀的个人品质以及待人接物亲和的态度，那么学生会愿意接近老师并且向老师求助。辅导员老师在面谈时，需要对学生保持尊重、无条件积极接纳和共情的态度，面对有心理困扰的学生，老师需要注重在谈话中发掘学生的优点，给学生提供充足的情感支持。

小新是一个自尊水平低，过度谨慎敏感的人，因此孙老师尝试在建立关系阶段给予她较多的支持、共情、理解和接纳，让小新开始愿意在老师面前敞开心扉。小新的自我评价较低，觉得自己性格不好，脾气很差，不讨人喜欢。虽然看起来她与舍友发生矛盾后满不在乎，但是内心充满了自责，暗自觉得是因为自己的嫉妒破坏了自己和舍友的关系。小新并没有意识到，自己的这种交往模式的根源是用一个强大的外在自我保护弱小的内在自我。因此孙老师使用了外化技术，让小新将自己的问题与自己分离开，而是看到嫉妒背后是自己对爱的渴望，而自己的坏脾气是在保护自己的“外壳”，这种方式可以帮助小新接纳自己。孙老师引导小新看到自己坏脾气背后的需要，帮助小新领悟到如何用表达需要来代替发脾气，比如尝试和他人真诚地表达自己的感受，看看他人的回应，鼓励小新和表姐通电话聊天。孙老师有时会和小新模拟与宿舍同学的对话。每次练习后小新对宿舍关系的理解都会更清晰一些，也松动了时刻准备反击他人保护自己的心态。

2. 搭建社交支持系统

小新目前可以尝试多去和他人社交来缓解自身的人际关系困扰，达到改善对自身或者社交关系的负面看法，以及练习社交技能的目的。孙老师可以鼓励小新尝试多参与班级和宿舍的活动，报名参与学生组织和社团活动，此外孙老师可以告诉班级心理委员和其他班干部，可以多邀请小新来参与集体活动，并且多关心她的生活状态，必要时提供一定的支持和帮助。

知识窗

1. 童年创伤

美国临床心理学家 Jongsma 根据 DSM- Ⅳ 中有关儿童虐待和疏忽的描述，将童年创伤做了以下描述：①报告童年曾受过肉体、性或情感方面的虐待。②讲述由于父母药物依赖、工作太忙、不在身边等诸如此类的因素，致使个体在躯体或感情上受到忽视。③讲述童年生活混乱，父母是物质滥用者或有心理障碍、有反社会行为，经常搬迁、乱交异性伴侣、频繁更换看护人、经济压力和或多继父母兄弟姐妹等。④个体将情绪压抑归咎于父母。这些父母是苛刻的、完美主义的、使个体感到威胁、经常贬低个体、批评过多和或过分虔心某种宗教或信条。⑤与早期痛苦生活经历有关的非理性恐惧、压抑愤怒、低自尊、统一性冲突、抑郁或焦虑不安。⑥由于童年情绪上的痛苦而产生适应不良的应对机制，个体表现出分裂现象多重人格、心因性的神游症或记忆缺失、恍惚状态或人格解体。

2. **共情**

人本主义学派罗杰斯提出的概念，也可以理解为同感或同理心，指的是可以设身处地地站在他人角度，感受和表达对方情感体验的能力。如果缺乏共情，学生会感到自己不被理解、接纳，情绪上会体验到失望，行为上就会减少甚至不再进行自我表达。

3. **外化**

是叙事疗法中的一项咨询技术，通过给问题命名，用一种拟人化的手法讲述问题的方式将问题与人分开。外化技术分为四个步骤，第一，命名，给问题起一个名字；第二，讨论问题带来的影响；第三，评估问题带来的影响，表达感受；第四，调整对问题的作用和影响力评估。

参考文献

JONGSMA A E. 成人心理治疗方案[M]. 傅文青，李茹，译. 北京：人民卫生出版社，2003：35.

案例16　世上只有自己好

一、案例呈现

小周（化名），女，是某高校文学专业的大一新生。入学一段时间后被同学反映其性格古怪，总是颐指气使地命令别人，从来不主动和其他同学打招呼，别人和她打招呼她也是爱理不理。最近因为舍友不小心碰掉了小周晾在阳台的衣服，小周甚至对舍友破口大骂。

辅导员老师得知情况后立即找来小周询问详细情况。小周长相漂亮，打扮得体，还化了精致的淡妆，没有讲话时感觉是一个讨人喜欢的小姑娘。但是一说起话来却让人感觉很不舒服：小周从来不与老师进行正面的眼神接触，语速很快，经常自问自答。

小周一上来先是仔细问了老师的学历、毕业学校和工作经历，然后评价道："我觉得你的水平应该还可以，我愿意和你聊一聊。"在接下来的交流中，老师发现，小周认为自己十分优秀，周围的同学都不如自己好，言谈举止中总是流露出对同学们的鄙夷之情。不仅这样，小周觉得同学们应该对她毕恭毕敬，言听计从，但是同学们却没有这样做，这让小周十分恼火。此外，小周觉得自己的一举一动都在被别的同学暗暗关注，所以她十分在意别人的反应，只要他人对自己没有表现出赞赏、青睐的态度，小周就会感到受到冒犯，觉得对方没有把自己放在眼里，内心十分愤怒，甚至会忍不住去攻击对方。"他有什么了不起的""也不看看自己的样子"是小周最常挂在嘴边的话。

当问到她进校以后有没有交到好朋友时，小周不屑一顾地表示：应该是别人来主动向她示好，自己怎么可能去主动交朋友呢？所以小周经常独来独往，其实内心也会感到非常孤独。当与小周回顾她与周围人的交往时，小周从不会反思自己的做法，也不会理解他人感受，只会从自己的角度理解他人的行为，仿佛别人的反应就是一面她内心感受的镜子。比如，当她不喜欢一个人，不与对方打招呼时，她会感到对方的窘迫。当她与舍友发生矛盾，她就会大骂舍友，看到对方都要被吓哭了，这让小周感到非常解气。

辅导员听到小周的人际关系现状后，告诉小周她好像对自己要求很高，并且其他人对小周的质疑会让她非常生气。小周告诉辅导员，家人就一直对自己高要求，很强调学习成绩的重要性，如果小周考试成绩很差的话，父亲就会指责小周把自己的脸都给丢光了，所以小周从家庭里学习到的学历是判断一个人很重要的标准，内心很鄙视成绩不好的人，也接受不了自己成绩差。小周提到人际困扰很早就开始了，觉得别人总是要跟自己争输赢，由此产生的愤怒情绪也让自己感到烦恼，有时会因为愤怒主动断掉和他人的关系。当小周把这样的困惑告诉父母的时候，他们会说小周每天考虑得太多，只需要学习就可以了，和同学相处人际关系不要在意太多，所以小周一直不知道如何调节愤怒的情绪，常常会直接发火。父亲是一个追求完美形象的人，总是批评小周不够聪明，不够漂亮。小周总觉得自己不够讨人喜欢，只有成为最漂亮、最聪明、最优秀的人才是有价值的，否则就毫无价值。她总是将努力将最好的一面“表演”给父母，久而久之，小周不敢将真实的需要和自己展示给别人，生怕会引发其他人的嘲笑，她用远离他人的方法维持着自己高傲、不可一世的虚假姿态，不知不觉间她自己也找不到那个真实的自己了。

二、案例分析

1. 问题表现

小周的问题具有自恋型人格特点，表现在以下三个方面：

（1）情绪方面：容易因为外界负面评价感到愤怒，缺乏对他人的共情能力。

（2）行为方面：出于愤怒会攻击其他人，比如用言语攻击对方。

（3）认知方面：夸大的自我价值，幻想完美的自我形象，但内在自尊水平低，对他人看法和评价过度敏感。缺乏自我反省的能力，拒绝承认自身缺点。

2. 成因分析

心理学家科胡特提出健康人格中都拥有健康的自恋，也就是一种“我是好的”的感觉。这种感觉可以帮助我们建立稳定的核心自我，相信自己拥有应对困难的能力。但是如果对于完美过分追求，无法接受一点“我不好”的可能，这就是一种过度自恋，甚至形成自恋型人格。自恋型人格的形成受到家庭因素严重的影响。一部分自恋型人格的形成是由于父母本身就为自恋型人格。这类父母对儿童的要求完美，只有儿童成为某个角色，完成某种任务的时候才能获得赞赏。一旦没有达到父母的要求，儿童就会被无情贬低，攻击。儿童慢慢形成了这样的感觉，展现自己真实的一面是危险的，不被接纳的。过度溺爱的父母也有可能培养出自恋型人格的孩子，孩子会感觉到被评头论足，会为了追求父母的夸奖，刻意做能引起夸奖的事情。同时如果夸奖不符合现实原则，孩子会怀疑自己的真实胜任能力。

小周对于完美的追求，似乎就来源于父亲对于完美的要求：只有当小周达到父亲要求时，才会受到赞赏。而当小周暴露自己的真实感觉时，会受到来自父亲的拒绝和否定。这样的成长经历，让小周形成了一个“虚假自体”。小周对自身的暴怒及其导致的人际关系困扰也有觉察，但是父母并未重视，没有采取正确的教育方式引导小周学习如何进行人际沟通，因此她带着这样的问题进入了大学，不断地重复以前的人际关系模式。

三、处理建议

1. 建立矫正性关系，松动学生固有模式

面对具有自恋型人格倾向的学生要特别注意关系的建立。这是因为自恋者和他人的关系会受到其自身固有的自尊困扰的连累。自恋者在与他人建立关系时，通常会将对方进行理想化或贬低，而难以对他人好的部分和坏的部分进行整合。所以这个时候就需要老师能在学生面前稳住自己：既能经得起学生的表扬，也能受得住学生的批评，还要能够以不含偏见的态度承认自己的缺点或失误，通过言传身教潜移默化地影响学生，让学生认识到自身的问题，体验到对人际关系的依赖。因此，面对这类学生老师要以自己为工具，重引导、轻说教，用自己的人格感染学生，用自己与

学生的关系矫正学生以往的关系体验。

在和小周交流的过程中，老师从来没有批评过她傲慢的态度，面对小周的批评甚至挑衅，老师也能坦然接受。小周逐渐受到老师的感染，意识到原来不是只有完美或高人一等人才能证明自己的价值，居然破天荒地开始反思是什么让完美变得对自己如此重要呢？小周联想到了自己的成长经历。

2. 定位学生问题，不盲目批评教育

在遇到小周这类同学时，我们首先要做好问题定位。小周人际问题的根源是自恋型人格倾向，要了解此类人格倾向所具有的特点，避免盲目批评教育。小周在人际关系当中的特点是把他人当作工具，总是和他人进行权力斗争；过分追求完美，害怕面对自身的脆弱，采用控制和暴怒作为一种防御机制，用来抵抗内心无法承受的情感，如恐惧、羞耻等。

辅导员在和小周进行谈话的时候，可以尝试直接反馈她的人际关系模式，促进她对自身问题的觉察和反省，在此基础上发展出更适应的人际关系模式。比如告诉小周她很期待来自他人的欣赏，很难容忍他人不关注自己、不对自己表示赞赏，并因此感到愤怒。辅导员也可以反馈给小周自己和她相处时的感受，比如感到小周在测试和评价辅导员是否足够资格和她进行工作，其实这样也会带给别人不是很舒服的感受，可能身边人也会有相同的感受，觉得小周待人接物有些居高临下，很容易引起和他人之间的隔阂，所以不愿意与她靠近，成为关系较为亲密的朋友。

3. 家校联动，建立良好的家庭支持

辅导员通过跟小周的父母进行沟通，能够收集到更多有关小周的成长史和父母教养方式的信息，从而分析出小周目前问题表现的根源。同时通过家校沟通，让家长了解小周的适应问题及问题根源，能够从家庭那里获取一定的社会支持，帮助父母调整不良的教养方式，帮助孩子成长。但是在进行家校联动的时候，需要首先征得当事学生的同意，并且需要在和父母是否是孩子问题的应激源，父母的沟通是否反而会刺激到孩子，进一步引发更大的心理问题。

知识窗

自恋型人格，是指个体需要不断从外部获得认可来维持自尊的一种人格。“自恋型人格”和“病理性自恋”这类术语适用于形容这种比例失调的自我关注，而有别于人们对赞扬或批评的普遍态度。

自恋者的教养环境与评头论足的家庭氛围相关。如果孩子设定的目标对父母的自尊至关重要，那么孩子一旦失利，必定招致非议和责难。与此相反也存在自恋儿童的家庭不乏过度表扬和夸赞，这种氛围同样不利于实现自尊的发展。尽管充满正性评价，儿童仍然会感到时刻被人评头论足。有时还可能引发孩子虚假的胜任感，因此经常担心自己不够称职。

参考文献

张继明，王东升．大学生心理危机干预辅导员手册［M］. 北京：北京师范大学出版社，2018.

案例 17　让人琢磨不透的大三女生

一、案例呈现

小华(化名),女,大三学生。近一段时间,其舍友向辅导员反映,小华情绪很不稳定,晚上经常毫无征兆地哭泣、酗酒。舍友们总会在小华心情不好或生活有压力时,发现她的头发被剪得参差不齐,手腕处也有新旧交替的累累伤痕,她饮食和睡眠没有规律,有时会一下吃很多东西,有时又几天不怎么进食,晚上通常很迟入睡,白天有时一睡一整天。

于是,辅导员李老师(化名)很快找来小华谈心谈话,表达了对她现状的关心,并表示:“如果你愿意的话,我非常想陪着你分担一些痛苦。”由于小华参加了学院的学生组织并担任部长,经常出入办公室,与李老师建立了较好的信任关系,她听了这番话后,渐渐讲述起了自己的一些经历。

经了解,小华 8 岁时父母离异,父亲的家族嫌弃她是个女孩不肯要她,她一直跟母亲生活,母亲总是想控制她。在母亲心情好时,会夸赞她是“世界上最好的女孩”,而当母亲心情非常糟糕时,动辄对小华恶语相向,甚至会在非常生气的时候骂她“就跟你爸一样不正常”,指责小华的父亲,甚至会动手打伤小华。上小学时,同学们知道了她父母离异的事情,开始孤立排挤她,她在学校的生活非常糟糕,自尊很低。她没有知心朋友,因为她的脾气实在是太阴晴不定了。有时因为一点小事,她就焦躁、易怒,会对朋友们大声斥责:“你怎么笨得像头猪一样!”有时又感到空虚、焦虑,会缠着朋友们,表示:“我没有你不行的。”

小华在过去的一年中谈了四次恋爱,每次都充满着热情,但最终都因为冲动、混乱和不稳定的情绪将恋爱关系处理得非常糟糕。她一面觉得自己在感情中受到很大的伤害,另一面又纠缠不休,不愿放手,祈求对方复合。她常常会觉得“这个世界上没有人会真的爱我,不管现在关系有多亲密,最终我还是会被抛弃的。”

鉴于小华开始出现自残行为,甚至会觉得“有时找不到活着的意义”,李老师报告学院领导,与学校心理中心会商后决定联系家长,希望家长能够赶往学校,一起商讨工作方案。但小华的父亲联系不上,小华母亲的态度也非常冷淡，以工作繁忙为由再三推脱，坚持认为小华没有问题。而此时，小华不稳定的情绪和行为已经严重干扰到了其他舍友的心理状态，宿舍关系非常紧张。

二、案例分析

1. 问题表现

小华在人格上存在“边缘”型倾向，她的行为、认知和情感等方面有别于他人，具体表现为：对环境变化的适应、处理具体事务的方式、人际交往的模式上都很不稳定，较为明显地偏离常态，对她自己的生活和周围人造成了严重困扰。小华目前的困扰或问题主要表现在以下五个方面：

（1）情绪方面：表现为情绪不稳定，冲动、焦躁、易怒、焦虑，对被抛弃的恐惧感。

（2）行为方面：哭泣、酗酒、自残，乱剪自己的头发，用语言斥责他人，用自伤的行为纠缠他人。

（3）生理方面：饮食上不规律，会交替出现暴食和厌食状况，睡眠时间不固定，通常入睡迟。

（4）认知方面：不稳定的自我形象，具有分裂、极端的认知倾向，觉得活着没有意思，总认为自己会被抛弃，不值得被爱，低自尊。

（5）家庭支持方面：小华缺乏能给予她安全感和支持的重要他人，在成长过程中被父亲忽视和嫌弃，成为母亲情绪的宣泄口，自己的真实存在从未被看到。

小华以上的问题持续时间长，主观上感到痛苦，对其自我认知、情绪情感、人际关系、生命安全均造成负面影响。

2. 成因分析

从目前了解到的情况看，小华的人格问题主要由两方面因素引起：一是自童年期以来的慢性创伤，她 8 岁时遭遇父母离异后被父亲家嫌弃，在她成长过程中几乎没有父亲的陪伴。母亲会因此指责父亲，也会把愤怒发泄到小华头上；心情好时母亲又像是换了一个人，对她有求必应，夸赞她懂事、善良，这种两极化的教养方式让她常常陷入自我怀疑和矛盾之中，导致其过度的自我贬低，空虚自卑，对家庭产生仇恨情绪，形成与他人之间的紧张关系。二是个体自身的心理因素，在小华的成长环境中，特别是跟母亲相处的过程中被极度控制，其希望得到认可和尊重，但客观上又无法实现，逐渐延伸出苦恼、愤怒、生气、伤害、攻击等，表现为小华情绪上的易激惹、行为上的不稳定、认知上的片面化，使她的人际关系很不稳定且反复纠缠。

在依恋理论中，依恋风格基于一个人与早期照顾者的关系，通常是他们的母亲。个人在童年早期形成的情感纽带成为我们发展人际关系的固定模式。因此，人们会以他们自己经历“爱”的方式去看一个人。对小华来说，她在童年期形成了一种不安全的依恋风格，在遭受被父亲家族遗弃后又长期忍受母亲极端的养育方式，逐渐发现为恐惧回避型依恋，在亲密关系中常伴有不值得、被利用和不安全的感觉，表现出推拉行为、反复纠缠，难以形成稳定的人际关系。

三、处理建议

针对小华的心理与行为问题，需要从四方面入手对其进行帮助。

1. 关爱学生生命安全

从生命安全的高度加强对小华的关注和管理。辅导员需要对小华自伤、自杀风险进行持续评估，必要时及时上报学院分管领导进行综合分析研判，将其作为重点关爱学生加强关注并制订具体的一对一帮扶办法，确保其生命安全和身心健康。

2. 给予心理援助

通过辅导员与她谈心谈话，建议小华主动寻求学校心理咨询师的专业帮助；在征得其本人同意的前提下，对其开展心理咨询并根据咨询评估的情况考虑是否需要进一步转介至精神专科医院。

3. 建立社会支持系统

辅导员积极稳妥做好小华身边舍友、同学、老师的思想工作，取得他们的理解与支持。要全面了解小华身边接触较频繁的师生，尤其是对其舍友要充分沟通、及时交流，做好他们的思想工作；在注意保护小华个人隐私的基础上，请舍友对其多一份关心与包容，发现异常情况第一时间告知辅导员。

4. 促进家校联动

辅导员要努力促进家校合作，将小华的真实情况和潜在风险告知家长，争取理解与配合。主动联系小华家长，通过反复沟通、不间断地与其家长交流，促进家长真正重视和理解女儿的心理与行为问题。明确告知家长可能存在的自杀风险，帮助小华取得家长的重视和支持，在必要时督促家长陪同就诊，对其治疗、陪护和康复担负起责任。

案例 18　报复性拖延拖垮了我

一、案例呈现

小清（化名），女，21 岁，是一所独立院校大三年级的学生，理工科专业，留着一头乌黑亮丽的长发，身材瘦削，皮肤煞白。大概两周之前，舍友发现小清有些不对劲，比如晚上宿舍熄灯之后小清总是唉声叹气、翻来覆去，甚至到了凌晨还是有动静，白天舍友询问是什么情况，小清也支支吾吾说不清楚，只说很困。舍友把这个情况告诉了隔壁宿舍的班级心理委员，心理委员和小清深入交谈了一下发现，小清已经近一个月入睡困难了，并且参加活动也不够积极，最近的作业也一直没交。

心理委员还发现，小清对待上课不是很积极，也不想和小组成员一起讨论汇报思路，小清只说自己最近心情不太好，觉得到了大三周围的同学都在努力，可是自己毫无目标，觉得倍感压力。心理委员和辅导员说明情况后，辅导员让小清来学院的谈心谈话室进一步聊一聊，这才得知原来小清的父母最近一直催她考研，导致小清学习压力变大，一听到考研就胸闷、头晕，现在做什么都在拖，执行力变得很差，晚上躺在床上想起课程、考研这类的事情就心烦，甚至让自己报复性熬夜，第二天又提不起精神。

小清的父母是普通的工人，希望女儿可以像某亲戚家的孩子一样考上研究生，可是他们没有关心过小清在学校真实的学习状况和生活情况。辅导员查阅了小清大一和大二的成绩单，发现其成绩大概在中等偏下的位置，小清如果按照父母的要求想要短时间提高成绩和准备研究生考试，是相当吃力的。小清说自己其实想要做很多事情，但又不知道如何下手，索性什么也没有做，拖延似乎变成了一种习惯。

小清还说每次下定决心制订了一整天的计划，要执行的时候就执行不起来，觉得事情太多，究竟要过多久才能达到目标？觉得每天一点点的努力根本得不到反馈，索性什么都不做了，到了晚上又开始疯狂刷剧、刷视频，人都变憔悴了。然而虚度时光带来的是更深的内疚和自责，小清不知道该怎么办才好。

二、案例分析

1. 问题表现

小清目前的困扰或问题主要表现在以下四个方面：

（1）情绪方面：表现为心情不好，压力大，容易自责、内疚。

（2）行为方面：表现为拖延，做事拖延，报复性熬夜，行为不积极。

（3）生理方面：表现为入睡困难、很困、胸闷、头晕。

（4）认知方面：表现为觉得事情很多，没有目标，对自己评价低，对未来充满不确定感。

小清的以上困扰已经持续了两周，主观比较痛苦，睡眠、学习已受到影响，初步考虑小清正在被学业拖延问题困扰着。

2. 成因分析

现从心理学的角度，对小清当前问题的成因做简要分析。

（1）小清缺乏合理的时间管理能力：时间管理是指通过事先规划和运用一定的技巧、方法与工具实现对时间的灵活以及有效运用，从而实现个人或组织的既定目标的过程。时间管理并不是要把所有事情都做完，而是更有效地利用时间。小清因为无法对自己的学习生活进行合理的时间管理安排，导致自己做什么都无从下手，从而开始拖延。

（2）学习动机和学习目标的缺乏：由于父母代她制订的考研目标弱化了她为自己学习的学习动机，让小清一想到考研就胸闷、心情不好，因为这个目标似乎太高了，而且在学习生活中，她很少享受到学习成功带来的快乐，也唤不起对所学的兴趣，产生了想到考研就胸闷，所以导致心情不佳、压力感倍增、不知道该做什么等情况。

做任何事都需要有明确的目标，个体需要在未来一段时间内达到什么样的目标，包括短期目标和长期目标，围绕目标进一步制订计划、做好时间统筹规划。小清对于学习的理解仍然没有认识到大学学习更重要的是学习目标的确立、学习能力的培养，因为对学习的吃力和父母施加的压力变得对生活也开始拖延，继而出现睡眠、情绪困扰，影响了小清正常的心理社会功能。

（3）父母与小清缺乏沟通：小清的父母并未考虑过小清真实的学习生活状况，一味地用自己的期待去要求她，且和孩子之间缺乏有效的沟通。

三、处理建议

1. 帮助学生取得家人的理解和支持

学校的工作人员无论是班级心理委员、辅导员还是心理咨询师，服务的对象是学生本人，所以如何引导小清去和父母真实表达想法是很重要的。案例中小清的父母"希望女儿可以像某个亲戚家的孩子一样考上研究生"是引起小清心理问题的一个主要刺激源，让小清把目前的情况告知其父母，帮助其取得家人的理解和支持，让父母清晰地了解到小清目前在学校的真实状态，包括生活和学习上的，暂时搁置劝说小清考研的事宜、保持和小清温情的沟通非常重要，如果父母可以站在理解孩子的内心的基础上再去做出一些判断，事实的走向往往是大不相同的。

2. 帮助学生厘清拖延背后的原因

小清拖延的直接原因是缺乏学习动机和学习目标的混乱，案例中"小清还说每次下定决心制订了一整天的计划，要执行的时候就执行不起来，觉得事情太多，究竟要过多久才能达到目标?"说明小清想要去实践目标，但是目标是需要长期和近期的结合，如果只关注远期的目标就会很容易懈怠，无法执行当下的计划。小清拖延的深层次原因也许源于她与父母的关系，父母完全不了解小清的学业状况，将自己的期待强加给小清，希望小清像亲戚家孩子一样考上研究生，这种控制与逼迫让小清很愤怒，但她没法表达自己的愤怒，只能通过拖延来攻击父母，帮助小清理解到自己的情绪，清楚自己拖延背后的动力是很重要的。

3. 引导学生树立科学的时间管理意识

持续关注小清时间管理上的问题，可以将行动细化和具体化，如设立明确目标、做好时间日志、学习列清单、严格规定完成期限，等等。也可就小清可以做到的调整作息时间开始，首先保证早上起床的时间能够回归正常的时间点、上课做到不迟到，待这些都做到以后进行正向强化，积极鼓励，再迈向下一个目标。当小清实践一段时间后，询问小清对于时间管理是否给自己带来了真实的帮助。

4. 寻求多方资源支持学生

辅导员可以邀请高年级学生给予小清学习上的指导与帮助，可以帮助学生进行学习目标的规划，也可以建议小清前往学校心理健康教育中心预约心理咨询。

5. 积极开展生涯发展规划课程

辅导员老师需要在学生刚刚进入大一时就树立其职业生涯规划的意识，让学生明白大学四年的主要目标之一是找到未来生涯发展的方向，要在大学期间树立自身的职业发展目标，并付诸行动。辅导员可以通过讲座、主题班会、职业生涯规划大赛等形式来帮助学生明确大学四年每年职业生涯规划上的探索任务，从一开始就了解自身的兴趣爱好和技能，并且结合环境资源来进行职业规划的决策。

案例 19　未来，路要怎么走

一、案例呈现

小胡（化名），男，某高职院校专转本大四年级，理工科专业，独生子，性格较内向。因开学选课有误导致情绪激动，心理委员发现并告知了辅导员。于是，辅导员找小胡谈话，询问最近状态不好的原因：“很希望能为你分担一些，只要你愿意跟我说的，我都非常愿意听”。通过了解后得知，小胡因为选课没有选好，最近一段时间都感到心情低落，加剧了学习焦虑。辅导员在表示可以帮忙解决选课失败的问题后，小胡情绪略微变得平稳。

通过小胡的叙述，辅导员得知，小胡近两个月来复习考研压力大，最近一个月，他每晚总是睡不踏实，容易惊醒。学业方面，小胡表示非常讨厌本专业，想立马学习心理学，心理学也是自己的考研方向，但是专业课的学习和考研复习让自己倍感矛盾和冲突，自己未来并不想从事与现在所学专业有关的工作，而是想要从事心理咨询工作，可当下又不得不面对专业课上即将到来的实训，为此郁闷、焦虑。一想到本专业的课程设计、见习就觉得不想面对，认为这个专业毕业了也不会有什么好工作，害怕本专业学习时间占用考研复习的时间，感觉做什么事情时间都比较紧张，一旦没跟上考研复习的进度就开始自责内疚，觉得自己能力不行，万一失败就惨了。小胡目前对社交失望，没什么朋友，和舍友关系也一般，感觉舍友和自己的思想不在一个境界上，最近在宿舍复习感觉总是被舍友打扰，导致自己复习不下去，和舍友关系的紧张直接导致了小胡只能在校园里独来独往，白天在图书馆自习，晚上一个人在操场散步，听音乐，有时候听比较悲伤的音乐就会陷入进去，情绪也变得越来越低落，甚至低落到整个人似乎脱离了现实世界；最近也休息不好，睡眠质量不佳，考研辅导班的老师不停地让自己加强复习，小胡感觉喘不过气来，舅舅赞助了 16 000 元让其报考考研辅导班，小胡怕自己考不上更加自卑、愧疚。

小胡自述小时候经常目睹父亲家暴的场景，父亲脾气很糟糕，一言不合就打自己和妈妈，初中时父母就离异了，自己一直跟随妈妈生活，住在舅舅家附近，自己上学一直靠着舅舅资助。小胡上大学后，和家人联系一直较少。舅舅一直是家族的核心，地位举足轻重，自己很害怕不能变得优秀，在家族中丢脸。小胡说自己一直有些自卑、内心充斥着不安全感，一旦亲友在聊天中没有及时回应他，就会觉得很失落，感觉被忽视，同时又极度在意别人的看法，尤其是家人。

学习压力让小胡感觉十分压抑，小胡非常想让自己变得优秀，但是对专业课的厌烦和考研的重压，着实让自己的生活“糟糕了起来”。

二、案例分析

1. 问题表现

小胡目前的困扰或问题主要表现在以下四个方面：

（1）情绪方面：表现为情绪激动、烦躁、郁闷、心情低落、焦虑，自卑、愧疚、压力大。

（2）行为方面：表现为动力不足，话变少，难以有效完成学业。

（3）生理方面：表现为睡眠质量不佳。

（4）认知方面：表现为对社交失望、讨厌本专业，担心自己无法完成学业。

小胡的以上困扰已经持续了两个月左右，主观矛盾痛苦感强，正常的生活、社交和学习均受到影响，初步考虑小胡目前属于学业职业规划相关的严重心理问题。

2. 成因分析

根据当前辅导员了解的信息看，小胡的心理困惑主要与三个重要因素有关，一是对本专业的厌恶；二是对未来学业职业规划的迷茫，且专业课学习与考研存在一定的冲突；三是他的家庭因素也会加重小胡内心的痛苦。

其实正常的学业压力和考研并非一定会导致心理问题的发生，正如并非每一位面临同样压力的学生都会出现问题一样。这与个体的认知模式和应对方式有关，也与小胡在个人生涯规划上的不确定性有关。

认知模式是指个体看待自己、他人和世界的习惯的方式。“这个专业毕业了也不会有什么好工作”“害怕本专业学习时间占用考研复习的时间”“害怕不能变得优秀，在家族中丢脸”等消极的认知方式影响了小胡的情绪和行为。这些存在偏差的认知模式让小胡的情绪和行为也变得消极，而消极的情绪和行为则反过来又会加剧原本就消极的想法，进而造成恶性循环。

应对方式是指个体处理困难和挫折的方式，常见的有解决问题、求助、逃避、情绪化、幻想等，小胡的应对方式比较极端，他认为不喜欢这个专业就可以不学，认为专业课和考研必须只能进行一件，但很显然效果不佳。

所谓生涯规划，即学业或职业生涯规划，指的是一个人对其一生中所承担的学业或职务相继历程的预期和计划。个人着眼于生涯发展，对自己的兴趣、爱好、能力、特点和客观环境进行综合分析与权衡的基础上，面对各种抉择情境学会界定问题，通过恰当的规划为自己确立职业方向和目标，确定教育和发展计划，制订行动策略，实现个体的全面最优发展。显然，案例中的小胡并未对自我形成一个清晰、全面的认识，他认为目前的专业毕业了也不会找到什么好工作、考心理学的研究生就一定会做心理咨询，在一定程度上这些完全是不切实际的主观臆断。

小胡生长的家庭环境塑造了他过分在乎他人评价的个性，维持成绩优秀是他获取他人认可的一个途径，所以考研成功对他来说非常重要，而失败则意味着自己会被其他人忽视和看低，所以是否能够通过考研成功来证明自己是一件非常重要的事情。

三、处理建议

1. 寻求专业帮助

鼓励小胡寻求学校心理咨询师的专业帮助，通过持续的心理咨询，小胡的睡眠、情绪到达一个合理水平之后，可以和小胡继续探讨引起目前生涯规划迷茫的深层次问题。

2. 鼓励学生与亲朋积极沟通

征得小胡的同意后，辅导员还需将小胡目前的情况告知其家人，帮助其取得家人的理解和支持。小胡和家人联系较少，说明小胡妈妈和舅舅对小胡的困惑并不知情，如果小胡能够鼓起勇气，把真实的想法和感受向家人传达，那么家人能够在此时提供必要的亲情上的包容、理解与支持，对小胡的恢复无疑是很大的帮助。

3. 帮助学生做好职业生涯规划

小胡用对心理学的兴趣作为逃避现实的理由显然是不明智的。辅导员需帮助小胡了解职业生涯规划的重要性，在生活和学习上进一步了解自身的性格特点、优劣势，帮助小胡在生活中对自我能力及角色、未来职业进行探索促使其在生涯探索阶段能够对自身有明确的认知，辅导员需要给小胡提供心理学以及本专业未来职业发展的相关信息，了解自己想要做的事情是什么，以及目前自己和目标之间的距离，还需要做出哪些努力；并适时关注小胡心理健康状况，在其咨询、学习和生活上给予关心、理解、支持与鼓励。

4. 汇聚多方资源

邀请学院老师、同专业学长或学姐给予小胡学习上的指导与帮助，如辅导员老师在平时可以多组织一些考研就业的交流会，邀请学姐学长交流经验，请他们多给小胡一些指导。辅导员老师可以邀请单位或者企业前来学校进行宣讲，介绍工作的相关情况，帮助小胡做职业规划。

案例 20　前方的路在哪里？

一、案例呈现

小美（化名），女，19 岁，播音主持艺术专业大二学生，中等个子，纤细身材，柔顺的长发过肩，显得格外清秀。与大一刚入校时比，大二开学后的这一个月左右时间，她显得有些忧心忡忡、敏感多疑，总是愁眉苦脸，心神不宁，没什么胃口，时常会独自一人，远离人群，多次跟父母表示很想家，对升入大二的学习生活很不适应，甚至想要请假回家。同宿舍的一个女生来辅导员办公室请假时无意中提及小美的变化，这引起了辅导员的关注，辅导员在例行走访宿舍的过程中与小美谈心，进一步了解情况。

原来小美在大一阶段的新鲜感和兴奋感逐渐消退后，慢慢发现自己周围的同学性格大多都很活跃，思维敏捷、非常外向，原本她认为自己是个活泼开朗、爱说爱笑的女生，可现在觉得自己好像并不是这样，特别是跟身边的同学相比，自己反而显得很安静、乖巧，不够青春活力，关键是经过这一年，她认为自己这样的性格对于专业学习并不适合，对今后的专业学习从满怀期待到充满怀疑。

于是小美开始变得很敏感，周围人的一举一动总会使她很不舒服，在课堂上同学们积极展现自己的专业能力，跟老师互动频繁，而自己却显得过于内敛，不能充分地展示自我。在班级群里，同学们时不时聊聊天，相互交流，自己刚开始也会在群里表达，觉得还挺有意思，但时间一长好像自己也并不是很喜欢在群里聊天，只是为了迎合大家而不得不说点什么。在宿舍里，小美有一个比较谈得来的室友，但那个女生特别喜欢交朋友，性格很活跃，总有其他同学主动来找她一起玩，小美觉得跟室友的差距越来越大，认为自己早晚会被这个室友遗忘和抛弃，最终成为一个“隐形”人，想到这些，小美会非常难过，有几次一个人偷偷在被窝里抹眼泪。

据了解，小美在高中阶段有偏科现象，理科成绩不理想，在跟父母商量后决定学习播音主持，参加艺考。由于高中学习压力大，学校管理严格，参加艺考培训期间让小美感觉自己跟其他同学比起来还是挺有优势，似乎也更愿意表达和展示自己，这一度让她觉得播音主持就是自己今后的职业目标，自己一定要学这个专业，也有信心能学好这个专业。为此，小美在高中的最后一年多时间里非常努力，最终如愿第一志愿录取，开始真正学习播音主持专业。可如今在学习过程中发现自己跟班上同学相比，在专业上并没有什么优势，而且自己的个性比较安静，反应速度较慢，表现欲也不是很强，她认为这些跟专业要求并不匹配，开始怀疑自己的专业选择，对未来的专业学习乃至大学生活都充满不安和怀疑，认为自己再这样下去会越来越跟不上同学，专业学不好，未来也没有希望。

二、案例分析

1. 问题表现

小美目前的困扰或问题主要表现在以下四个方面：

（1）情绪方面：表现为情绪低落、敏感、烦恼，容易伤心、难过。

（2）行为方面：表现为回避他人，话语减少，在校学习生活、人际交往上受到一定影响。

（3）生理方面：表现为食欲下降，注意力不集中。

（4）认知方面：表现为消极的自我评价，悲观绝望、产生过度的负面联想。

小美的以上困扰已经持续了一个月左右，主观上感到痛苦，觉得自己难以适应大学生活，周围的同学和老师也能观察到她的变化，其认知、情绪和行为均有不同程度的影响。她在专业学习和未来规划方面存在较明显的负面认知，片面地看待专业要求，个人的生涯探索不够全面深入，一味贬低自己的性格、能力、兴趣等。

2. 成因分析

从目前了解到的情况来看，小美的问题主要由三方面的因素引起：一是对专业学习存在困惑，由于在艺考阶段对专业的了解有限，小美仅仅从备考的层面学习了一些基础的专业知识，在大一阶段尚未接触到太多的专业学习，并没有从更多维度全面认识和理解这个专业；二是对自我探索不够深入全面，小美在和同学相处的过程中发现身边有不少同学性格外向、善于表现，就认为自己在性格方面是有所欠缺的，处处不如别人，甚至觉得自己会被老师和同学排斥，从而产生失落、自卑、焦虑和烦恼的情绪；三是遇事消极悲观，在学习生活和人际互动的过程中习惯性地关注负面信息，一旦发生矛盾或遇到问题就陷入消极的思维模式和应对方式，比如小美在发现要好的室友爱交际、性格活跃，有其他同学会来主动找她后，没有选择主动与室友交流，分享自己的心事，而是独自担心、默默承受，甚至偷偷哭泣。

对于大学生来说，专业学习是其个人生涯规划的重要内容，在专业学习的过程中不仅需要对所学专业的内容、要求、从业者特点有所了解和掌握，也要对自我的性格、兴趣、能力、价值观等特征进行探索。只有通过认识自己、分析环境、确立目标、制订行动方案并实施计划等一系列阶段才能更好地进行职业规划。小美对自己的专业存在困惑是正常的现象，对待专业的学习需要其全面分析和深入探索，但她片面地选取“性格外向、善于表现”的同学作为参照对象，认为只有这样的同学才能学好播音主持专业。可见，她对专业的了解还不全面，对自己的分析也不够深入，因而产生了从高中阶段对专业的热爱和对自己的认可到进入大学后对专业的困惑和对自己的否定这样明显的变化。

三、处理建议

1. 助力生涯发展与规划的探索

辅导员需要帮助学生树立正确的职业生涯规划观念。首先辅导员可以帮助小美对播音主持专业的从业要求，以及从业需要具备的能力做一个全面的了解，纠正她错误的、认为“性格外向，善于表现”才能够从事播音主持专业的观念，可以请教班主任或者任课教师来了解相应的信息。其次辅导员帮助小美分析自身兴趣、性格、能力和价值观，帮助她看到自身的从业优势，比如学习能力很强，帮助小美增强信心；同时分析她真正需要提升的能力有哪些，在大学四年里可以为了提升这些能力做出哪些努力，有哪些资源可以提供给小美，帮助小美收集相应的信息，可以找到已毕业的学长学姐来了解信息。这些做法都可以帮助小美激发其对大学学习生活的美好向往，促进她更好地适应大学生活。

2. 鼓励学生寻求专业心理援助

小美表现出明显的消极思维模式，经常自我否定，专业的心理咨询可以帮助小美意识到自身的消极思维模式带来的阻碍，同时也能帮助她看到自身资源和优势，重新在生涯规划、学业、人际交往方面建立起信心。辅导员可以告知小美学校个体心理咨询的预约方式，鼓励其通过与心理咨询师的深入探讨和交流，学会正确的社会比较，客观地评价自己、认识自己，多去发现自己的优势和长处，学习用更加正面、积极的思维方式考虑问题。小美也可以尝试参加学校心理健康教育中心开展的生涯规划团体、自我探索团体，多人参与的团体心理辅导可以让小美得到同龄人的支持，并且从他人身上看到自己困扰的普遍性，这也能够帮助她提升自信心，更加接纳自己当下的状态，并且帮助小美进行生涯规划。

3. 增进家校合作

从家校合作入手，主动与小美的父母取得联系，进一步了解小美大学之前的学习、社交及生活情况，及时向其父母介绍小美近期的困惑和变化，争取父母的理解和支持，家校形成合力，共同助力小美的大学学习生活。

案例21　真的好想赶快“脱单”

一、案例呈现

小郭(化名),男,22岁,大四学生,一年前通过专转本考试进入本科院校学习,新学期开学不久他就主动来到学校心理咨询室寻求专业帮助。据小郭自己介绍,他来自一所艺术类专科院校,之前学习的专业是影视表演,以前上艺校时是没有谈过恋爱的,进入现在的学校之后,周围的同学都不太能相信小郭的经历,会说一些让小郭很难受的话,诸如“你是不是正常的男生啊,怎么在艺校都找不到女朋友”“你真是太丢我们艺校生的脸了,这么大还没谈过恋爱”“是不是周围漂亮女生太多,你都挑花眼了,到现在还是单身?”为此,他感到很苦恼,近几周容易对周围人的一言一行很敏感,对班上的女生爱答不理,容易生气,对专业学习和社团活动也提不起兴趣,常常会一个人在宿舍发呆,感觉浑身没劲,晚上入睡困难,多梦易醒,白天很难集中注意力去做事情。

小郭对本科院校的学习生活充满了期待,认为自己已经经历过一次大学生活,能够更得心应手适应校园生活,自己一进校就是大三的学长,又是专转本考试的佼佼者,周围有这么多低年级的学妹,想找个女朋友应该不成问题。可如今一年过去了,自己也顺利升入大四,眼看毕业在即,在这近两万人的学校里,自己还是孤苦伶仃、形单影只。对他而言,大学生活已经进入倒计时,自己一直以来都努力上进,还当上了班长,因为自己唱歌方面的特长,顺利加入校合唱团,代表学校参加了几次全市大学生合唱比赛,深受辅导员和专业老师的青睐,怎么会连个女朋友都没有。

通过与小郭的谈话进一步了解到,小郭出生在一个中等收入家庭,父亲是一名文艺工作者,母亲是一名出纳,小郭从小与父母生活在一起,成绩一开始很好,但到了高中进入叛逆期,学习成绩一落千丈,为了读大学走上艺考之路。作为家里的独子,父母对他倾注了很多心血,也有着非常高的期待，从小学习音乐、书法等，课外辅导班安排得满满当当。在小郭的印象中，二年级以后就不给出去跟别的小朋友一起玩了，课余生活不是在各种辅导班度过就是被关在家里，练钢琴、写书法、完成校内外的各项学习任务，即便全部做完后也只能在家里玩，不能出去跟别的小朋友“疯玩”。小郭的妈妈对他要求严格，每天都会有详细的计划安排，总是对小郭说：“你要听话，做妈妈的乖孩子，只有读书学习才能长本事，以后长大了才会有出息。”

二、案例分析

1. 问题表现

小郭目前的困扰或问题主要表现在以下四个方面：

（1）情绪方面：表现为闷闷不乐、烦躁，容易生气、感到苦恼。

（2）行为方面：表现为兴趣降低，不愿跟女生沟通，在学业和社团活动上有一定的退缩行为。

（3）生理方面：表现为乏力、多梦、睡眠质量下降。

（4）认知方面：表现为注意力难以集中、对自己评价偏低，缺乏自信。

小郭的以上困扰已经持续了数周，主观上感到痛苦，正常的学习、社交和生活均受到影响，尤其在恋爱情感方面长期未得到满足，对自我价值缺乏肯定。

2. 成因分析

自我价值是一个人对内在自我的认可程度，其形成主要受家庭教养、后天环境和认知因素的影响。小郭从小生活在严格的家庭氛围中，总是被要求参加各种兴趣班、辅导班，从小学二年级就不被允许跟同龄人一起玩耍，更多的时候都是在家完成学习任务。妈妈对小郭有很强的控制和很高的期待，要求小郭听话懂事，按部就班，一切以学习为重。后天环境中，小郭专科三年在艺术类学校求学，校园氛围比较开放，身边不少同学都顺利找到男女朋友、成双成对，而小郭却一直单身，周围同学的言论让他感到自己被否定、没有价值，处于长期受挫和被打击的环境中，伴随而来的是深深的自卑和自我否定，让他的内心枯萎，体会不到自我的价值，自我怀疑充斥着他的生命。从小郭的认知看，他内化了外界的评价，认为自己没有谈恋爱就是丢脸的、不正常的；没找到女朋友就等于自己是个不受欢迎的失败者，是没有价值的；在大学里单身的人就是不够优秀、缺乏能力的人。这些认知偏差让小郭反复体验到自我价值受到负面评价，似乎不恋爱就是不优秀，没有爱情就等于没有价值，因此对自我充满怀疑和否定。

依据马斯洛需求层次理论，在生理需求、安全需求得到满足的基础上，归属与爱的需求会成为主要需求。对小郭来说，他从专科学校进入本科院校就读的这一年多来，尚未真正融入新的环境，尤其是在恋爱情感上没有丝毫进展，使其更高层次的需求得不到满足，从而产生压抑、苦恼的情绪。此外，人际关系与自我价值往往存在一定的相关性，无论是从小郭童年时期缺乏良好的同伴关系还是从当下小郭对恋爱亲密关系的求而不得来看，在人际关系上受挫对其自我价值亦带来负面影响。

三、处理建议

1. 充分理解小郭的情感需要

根据埃里克森的人格发展八阶段理论，大学生目前处于寻求建立亲密关系，克服孤独感的阶段，寻找恋爱对象是这个阶段的重要任务，而实际情况是有大学生过去花了较多的时间在学业上，但缺乏学习和锻炼社交技能的机会，因此在建立亲密关系上会遇到阻碍。辅导员需要在这个阶段面向大学生普及正确的恋爱观。恋爱的前提条件是个人的生理成熟和心理成熟，而且建立亲密关系是一种能力，需要每个人付出努力去学习，首先要了解亲密关系的相关知识，并且在真实的恋爱关系中探索如何建立和维持一段亲密关系。辅导员可以通过讲座、团体辅导等形式的心理健康教育活动来帮助学生了解相关知识以及应对关系冲突的方法。小郭亲密关系困扰的原因之一可能是毕业给他带来的紧迫感，觉得都要毕业了自己还没能谈恋爱，辅导员可以对此进行心理教育，让他意识到建立亲密关系并不是一件容易的事情，是一件需要长期探索的事情，所以需要他积极地行动起来，一定有希望养成这样的能力。

2. 促进小郭与家人有效沟通

小郭的亲密关系困扰最初来自身边人对他的评价，这和他的家庭教养方式有关。母亲对小郭的严格管教让他缺乏机会去探索和建立自我认同，反而学会通过行动换取他人对自身价值的认可。辅导员可以尝试在小郭家庭的因素给他带来的影响方面做工作。辅导员可以询问小郭是否想过为什么要去建立一段亲密关系，这个是否是自己真正想要做的事情，让他领悟到自己现在的困扰来自认同了他人对自己的评价。辅导员也可以和小郭讨论建立亲密关系的难处是哪里，引导他看到过去的生活充斥着父母对自己学业上的安排，达到父母对自己的期望是主要任务，但缺乏对于人际关系的探索。辅导员可以鼓励小郭在新的更加自由的环境里尝试去做除了学业以外其他方面的探索，多发现自己想要去成长的地方有哪些，多和老师以及同龄人沟通，并且也要辅助实践去尝试。辅导员可以在征得小郭同意的前提下，找到他的父母去告知小郭目前的亲密关系困扰，并且引导家长看到要给小郭更多的空间去做独立的探索，才能帮助他建立自我认同，学习社交技能。

3. 寻找成长资源，建立社会支持

辅导员可以建议小郭寻求心理咨询的帮助，进一步了解如何建立亲密关系。同时结合小郭的个人意愿，请他多与同学、朋友探讨和交流，获取人际交往特别是与异性交往的一些基本原则和方法，可以从不同的视角真诚开放地与其探讨这方面的话题，提供资讯、分享经验或是倾听他的内心并给予及时适当的反馈。具体来说，辅导员可以通过组织人际交往主题班会、恋爱心理读书会、大学生单身交友沙龙等活动为小郭及有类似情况的同学提供切实有效的帮助。

在以上工作中需要注意保护小郭的隐私和自尊心，在尊重其个人意愿的基础上循序渐进地开展工作，尤其是作为辅导员，可以多给他提供实践和锻炼的机会，及时地赞扬和肯定，帮助小郭更全面地看到自己的优点和长处，增强自我价值感。

知识窗

1. **自我价值**

自我价值感是指一个人通过对自我重要性的评估和判断而产生的情绪和感受，个人自我价值感高的表现就是一个人可以充分全面地认识自我的优缺点，能够在此基础上做到自我悦纳，对周围的环境和他人也能做到更加地开放和包容。自我价值感是人格的核心成分，培养较高的自我价值感对于一个人的人格完善是非常重要的。家庭教育是培养自我价值感的重要途径，父母需要养成尊重、支持孩子的教养方式，不要过度控制、过度保护，或者过分苛刻、否定打击孩子，要有较强的规则意识，帮助孩子养成良好的现实感，能够客观地评价和看待自身的特点，引导他自主地进行自我探索，建立未来的发展目标。教师在培育学生的过程中，要给予适当的鼓励、支持，引导学生在认识自身客观情况的基础上发扬长处和优势，逐渐养成良好的自我价值感。大学生自身则要提升抗挫能力，养成良好的应对挫折的方式。

2. **非理性信念**

理性情绪行为疗法提出者 Albert Ellis 对非理性信念的定义是对自己、对他人、对自己周围环境及事物的绝对化要求和歪曲的看法，往往会导致个体的负面情绪。Ellis 提出了 11 条常见的非理性信念：①在自己生活环境中，每个人都需要得到每一位重要他人的爱和赞许；②一个人必须能力十足，在各方面都有成就，这样才是有价值的；③有些人是坏的、卑劣的、恶意的，因为他们的恶行，那些人应该受到严厉的责备与惩罚；④假如发生的事情不是自己所喜欢的或自己所期待的，那是很糟糕可怕的；⑤人的不快乐是外在因素引起的，一个人很少有（或根本没有）能力控制忧伤和烦恼；⑥对于危险或可怕的事情，一个人应该非常挂心，而且应该随时顾虑到它会发生的可能性；⑦逃避困难、挑战与责任要比面对他们容易；⑧一个人应该依靠别人，而且需要一个比自己强的人做依靠；⑨一个人过去的历史对他目前的行为是极为重要的决定因素，因为某事过去曾影响一个人，它应该会继续（甚至永远）具有同样的影响效果；⑩ 一个人碰到的种种问题应该都有一个正确、妥当、完善的解决途径，如果无法找到一个完善的解决，那是糟透的事；⑪ 人可以从不活动和消极的自我享乐中，获得最大的幸福。

参考文献

龚艺华，黄希庭．试论良好自我价值感的培育——学生健全人格教育的有效切入点[J]. 当代教育论坛，2004(3): 36-39.

案例 22　选择男朋友？还是选择女朋友？

一、案例呈现

小林（化名），女，某 211 本科院校大一年级学生，19 岁，长相清秀，黑色长发，独生女。进入大学，小林满怀期待，加入了学生会和社团，不过近期因与异性交往问题向辅导员求助。小林向辅导员提出自己的困惑：自开学以来和同性朋友都处得不错，上个月和数位同学去公园玩，路过一条小溪，没有桥，只有几块形状不规则的石头，小林踩到石头上的时候，其中一个男生为了安全拽住了她的胳膊，当时小林觉得非常尴尬，脸和脖子瞬间就红了，非常不适应，且小林说在此之前没有和男生有过肢体接触。后来回想这一幕越发难受、难以接受，甚至觉得反胃恶心。

相反，小林和女生在一起觉得特别舒服，无话不谈，并近期开始对一位女生小娟（化名）产生好感，觉得她们能够互相体贴，互相照看，大脑中出现了一些“不太好”的想法，自己以后会不会是同性恋了？最近一个月以来都和小娟保持着较为密切的关系，她是小林的同班同学，又一起加入了某社团，小林觉得和小娟在一起很是幸福。

辅导员还了解到，小林有个弟弟，在初中时父母离异，之后和弟弟一同跟随父亲生活，父亲之后娶了继母。继母对小林和弟弟都不错，她和弟弟都喊继母叫做妈妈，反而跟亲生母亲不常联系。高中后父亲和继母有了自己的孩子，对小林的关注变少了，所以小林经常会跟朋友在一起，但是其异性朋友一直很少。小林在高中时曾经谈过一次恋爱，具体没有详说，只是说性格不合就很快分手了。辅导员尝试让小林去比较前男友和现在这位男生之间的区别，小林也说不出来为什么。小林对于自己的困惑也不愿意跟任何人说，更不愿意和父母提起，她反馈说父母和好朋友都比较传统，害怕自己万一是同性恋的话会被他们否定，甚至是耻笑。

小林最近两周的睡眠不是很好，晚上刷剧会比较晚睡，但是可以睡着，平均每天可以睡 6～7 个小时，胃口也还行，可以正常地上课、参加社团活动和进行人际交往。只是对于自己性取向存在一定的困惑、纠结。最近几天总是忍不住思考这个问题，遇到有男生一起的社团活动就想回避，甚至在上课时走神思考这个问题，睡前也在翻来覆去思考这个问题，并且会不停联想到公园里肢体接触的这部分记忆。

二、案例分析

1. 问题表现

小林目前的困扰或问题主要表现在以下四个方面：

（1）情绪方面：表现为难受、困惑、纠结。

（2）行为方面：表现为异性社交回避。

（3）生理方面：表现为晚睡、睡眠不是很好。

（4）认知方面：表现为总是忍不住思考、注意力不集中。

小林的以上困扰已经持续了一个月左右，主观痛苦，睡眠、学习已受到影响，初步考虑小林属于一般心理问题。

2. 成因分析

从当前辅导员了解到的信息看，小林的“取向困惑”主要体现在两个层面：

首先认为同性恋“不太好”，其次就是必须马上确认这件事情。同性恋和异性恋、双性恋、无性恋一样，只是一种性向，各种性向之间并无优劣之分，不应该歧视或者污名化同性恋群体。

其次，在谈恋爱之前关于感情的疑惑或是思考不一定会导致心理问题的发生，“同性恋是不是不太好”“必须马上确定性取向”这种有偏差的认知方式影响了小林的情绪和行为。让小林困惑的点是她认为同性恋不好，会被父母和朋友们否定，但又拒绝将自己的疑惑、担忧和亲友分享。消极的思维方式让小林的情绪和行为也变得消极，而消极的情绪和行为则反过来又会加剧原本就消极的想法，进而造成恶性循环。另外一点需要注意的是，不同的文化背景对待性取向的态度是有一定差异性的。有些文化背景下，对于“同性恋”的偏见是根深蒂固的，这也是案例中小林存在一定困惑和矛盾的根源，学生是否可以承受文化背景对同性恋的偏见，这显得尤为重要。

最后，关于性取向的确定需要经过时间、实践去认证，并非一朝一夕就可以去确定的事情。小林出现了取向上的困惑，来找辅导员似乎是要马上寻求一种“正确答案”，这就加剧了小林的困惑程度和担忧情绪。

三、处理建议

1. 通过倾听和共情建立工作联盟

案例中提到“小林对于自己的困惑也不愿意跟任何人说，更不愿意和父母提起”，小林遇到性取向方面的困惑，不想让别人知道，一定是忍耐不了才来找辅导员，辅导员首先要做的是保密和真诚地对待小林的问题，通过积极地倾听、专注地共情让小林觉得自己不再是一个人，一旦如此，会有效缓解小林目前的担忧和情绪上的不适，这对之后的谈话将会有很大的帮助。

2. 树立正确的性取向价值观

“大脑中出现了一些‘不太好’的想法，自己以后会不会是同性恋了”是一个不太正确的认知，辅导员需要向小林传达同性恋和异性恋都是正常健康的性取向，并没有任何不符道德的判断。并且需要向小林介绍正常的逻辑应该是顺其自然，遇到谁、选择和谁在一起应该都是个体自主的选择，并没有外在的性别上的标准对错。对于小林对公园里的肢体接触有不适感，这方面需要详细和小林探讨，之前真的没有和异性有过肢体接触吗，平时和爸爸、弟弟是如何相处的，这部分“心理上的不适感”背后一定是有某种原因的。

3. 发展面对困难的勇气

小林对于自己性取向存在一定的困惑、纠结。最近几天总是忍不住思考这个问题，遇到有男生一起的社团活动就想回避，甚至在上课时走神思考这个问题、睡前也在翻来覆去思考这个问题，然而现实是并非所有事情都可以“马上”得到解决，如果小林接纳自己目前的情绪状态，允许自己在“矛盾中”继续思考和探索，也不失为一种解决办法。

随着时代的进步，在许多文化背景下“同性恋”是被接受的，但也有相当一部分人群对于“同性恋”的偏见是根深蒂固的。辅导员需要和小林探讨是否可以承受文化背景的偏见，是坚持自己的想法还是符合大众的眼光，需要自身去做出选择；另外鼓励小林遇到困惑的时候和亲友适当交流，了解亲友们的真实想法也很重要，现在小林认为的亲友的想法是“想出来的”，也许并不真实。

知识窗

性倾向，简称性向，又称性取向、性指向、性位向、性定向等，指一个人和自己不同性别（异性恋）、相同性别（同性恋）或不仅限于一个性别（双性恋或泛性恋）的个体具有深度情绪、情感和性的吸引，以及与之建立亲密关系和性关系的能力。常见的性倾向有4种，分别为异性恋、同性恋、双性恋和无性恋。各种性倾向并无优劣之分。

性取向是流动的，异性恋和同性恋者相较于双性恋者来说更加不易转变性向。是否有留守经历、性别、是否独生子女、家庭居住地、儿童期的情感虐待经历都是个体性向的显著影响因素。留守经历和儿童期的情感虐待会导致个体缺乏安全感和支持，因此有留守经历的大学生和儿童期经历过情感虐待的大学生为了避免承受社会压力，都更不容易转变性向；独生子女较少顾及他人眼光，更重视自身感受，离开家庭进入大学之后有更多探索的机会，因此更容易改变性向；城市居民和女性个体更容易转变性向。

参考文献

赵久波，滕姗，张小远，等．大学生性取向变化及其影响因素［J］．中国公共卫生，2018，34（4）：563-566.

案例 23　不能长大的“男孩”

一、案例呈现

南枫（化名），某理科专业重点班的大三男生，面白无须，很朴素，喜欢穿类似中学生棒球服的运动套装，见到老师都很有礼貌，班级事务和社团工作都很积极。但是，近期南枫的几位舍友一起来找辅导员反映南枫的问题，辅导员在和南枫的三位舍友详细交流后，想找南枫谈谈心，也确认下舍友说的过激行为是否属实。南枫承认自己在生活中的确如此，但当他听到辅导员要求自己适当作出改变时，顿时火冒三丈，坚持认为自己没有任何问题，有问题的是舍友，还非让辅导员给个说法，要求舍友跟自己道歉。辅导员是位非常温柔的女老师，多次耐心地跟南枫交流讲解人际交往策略的问题，但南枫完全听不进去，坚持要求辅导员组织一场“道歉会”，这让辅导员很是头疼。于是，辅导员试图找来全宿舍的同学一起坐下来谈心，但是四人一起坐在谈心室后，冲突加剧，差点就动手了。这次冲突后，南枫经常报告心慌、心动过速、胸腔有压迫感，去了市里的三家大医院查过，身体没有异样，但依然经常会发生这样的情况。当辅导员建议南枫寻求心理咨询师的帮助时，南枫告诉辅导员，他其实已经在学校心理健康教育中心找了一位口碑最好、对学生最有耐心的女心理老师做了一年的心理咨询了。

南枫从小学习成绩优秀，小学的时候和玩伴们的关系还挺好，到了中学阶段，人际关系就没有那么顺利了。总的来说，因为成绩突出，经常给同学讲题和分享资料，虽然有点磕磕碰碰的小矛盾，但也不算太糟糕，直到上大学后，南枫人际关系的问题才变得非常突出。比如，南枫常常直接指出其他舍友偶尔熬夜打游戏的生活方式十分不健康，影响了自己极其规律的作息，导致其他几位舍友认为南枫以自我为中心和不近人情，但南枫认为他们的方式才是不健康的，即使不是天天熬夜打游戏，熬夜的行为本身就是错的，他的作息才是对的。这些都只是小矛盾，一开始还能够勉强相处，真正的导火索是和性话题有关的冲突。宿舍里其他男生喜欢一起讨论南枫非常厌恶的“成人”话题，每到这个时候，南枫就感觉非常无聊和厌恶，好几次都没有忍住，发生了激烈的口角。南枫认为他们“低级趣味”，舍友们则认为这是正常年轻人的行为，南枫反应过度，无端指责舍友，才真的让人不适。

南枫的父母都是高级知识分子，爸爸工作忙碌，南枫在读幼儿园到小学的时候，爸爸正好在事业的关键期，一直很忙，妈妈一边工作一边照顾南枫，南枫很依恋妈妈，但妈妈很注重孩子的独立教育，很早就让他自己睡一个房间，学习自己做饭、整理书包、检查作业。小学低年级的一天夜里，南枫醒来看到自己房间窗户上有阴影（应该是某个物品的影子），当时觉得很像鬼，很害怕，就跑到父母房间，想睡在他们中间搂着妈妈，但是被爸爸斥责了，说他迷信，并要求他大胆一点回去自己睡。妈妈也没有留他，他只好回自己房间睡了，但是因为害怕一直没有睡着。南枫现在也很依赖妈妈，情绪不好时经常深夜给妈妈打电话，要求妈妈给建议，比如如何处理宿舍矛盾。妈妈最近经常不接他的电话，甚至申请去了公司海外分部的一个岗位工作一段时间，并以有时差不方便为由，要求他不要随时打自己的电话，多给爸爸打。但南枫不喜欢跟爸爸沟通，认为爸爸只会讲道理，更不理解自己。

南枫最初找心理咨询师咨询的其实就是关于性方面的问题，南枫是喜欢女生的，但是他对女性并没有任何性冲动，只想和她们拥抱、贴面，他希望能谈一场纯洁的恋爱，没有性关系，只有拥抱和相互支持的美好关系。他多次邀请同班的女生一起自习和出游，但都被拒绝了，原因是这些女生都有正在相处或了解的对象，既不想也不适合跟他单独相处。南枫至今未能成功和异性谈恋爱，看到别人都出双入对，自己和舍友关系也不算好，感觉很孤单，也感受到自己的人际关系越来越糟，比自己成长中的任何一个阶段都要糟糕，甚至完全被孤立了。

二、案例分析

1. 问题表现

南枫目前呈现的问题和困难有：

（1）情绪和身体反应方面：南枫感到焦虑、孤独，不被理解，有明显的躯体性焦虑的表现，经常心动过速或呼吸困难。

（2）人际关系方面：南枫缺乏维系关系的社交技巧，难以理解和共情他人。而他性格中偏执的一面，以及焦虑情绪又加剧了他人际关系的困难。目前南枫缺乏适当的人际支持，同伴关系较差，也无法和异性建立亲密关系。

（3）人格发展方面：南枫停滞在了少年期，像个大“男孩”，没有获得和生理年龄相匹配的心理发展水平，缺乏自己已经是一个成年人的自我认同，总是希望老师和权威给自己一个说法，帮助自己处理人际冲突，依赖教师和长辈，不能独立建立同伴关系和处理关系中的冲突。

（4）性心理方面：南枫的发展水平与实际年龄不符，发展迟滞，也因此与同龄伙伴产生了很大的隔阂。

2. 成因分析

南枫似乎不允许自己成长为一位和生理年龄相符的“男人”，执着地停留在“男孩”的自我认同上，对异性的亲密需要也仅限于类似男孩子和妈妈的互动上，更需要异性的安慰、爱抚、拥抱，而不是成年的两性关系。这和南枫早年与父母的互动关系有着很大的关联。

男孩性别认同发展的关键期在心理学上所说的“俄狄浦斯期”，也就是3～6岁的时候。如果这个阶段男孩能够通过和爸爸竞争妈妈的爱，获得对男性性别角色的模仿和认同，就能顺利获得男性的性别角色特征。比如男孩子们通过在学校里玩过家家的游戏练习角色认同，通过跟爸爸玩射击游戏练习和实践“竞争”，就能获得对男性性别角色的体验和认同，也能享受竞争后成功的喜悦，从而不惧怕竞争的冲突。但是南枫的爸爸在这段时期工作忙碌，常常缺位，不能陪伴南枫通过游戏或者有趣的生活互动，有效地练习和体验这种俄狄浦斯的竞争，偶尔在家的时候，又以非常严厉的方式禁止了这种竞争，比如斥责南枫夜里害怕想要跑去和妈妈睡的行为等。这就使得南枫对“俄狄浦斯竞争”充满了恐惧和禁忌，不能享受同性之间的正常竞争，对冲突敏感又缺乏技巧，也因为害怕这种竞争，不敢真的长成一位顶天立地的成年男性，停滞在少年期男孩的穿衣打扮、性格举止中，希望通过“纠缠”“撒娇”等与年龄不符的行为继续依赖和控制母亲、女辅导员、女心理咨询师而获得抚慰，回避和惧怕通过成年男子的方式来解决冲突，比如面对面沟通等。并且他总是能无心却精准地找到一位其实有相处对象的女生发出约会邀请而引发不必要的尴尬和冲突，也是俄狄浦斯情结在现实中的一种“活现”。除了成长史中被俄狄浦斯竞争惩罚的早期经历外，南枫爸爸的不近人情和过于严苛的道德教育，妈妈在教养方式上的刻板也是南枫偏执、缺乏人际技巧等问题的重要成因。

三、处理建议

1. 给予理解和鼓励

针对南枫过于依赖老师和长辈的情况，面对南枫的“纠缠”和“紧追”，辅导员可以有觉察地意识到这是一种比较停滞的人格发展状态。如果把南枫当成一位 21 岁的大学生来期待他的人际互动，一定会失望和厌烦。所以，当辅导员能觉察和意识到他其实是停滞和困顿在“男孩”的阶段，就可以减少一点对他的无奈和回避，将其当作一个“男孩”来鼓励，理解他的困难，教给他基本的互动技巧，只要他有一点进步，就及时肯定和鼓励他的独立。不管是给他讲道理还是帮他摆平问题，都只能导致南枫继续依赖和停滞。

2. 寻求专业帮助

鼓励和支持南枫继续做心理咨询，获得稳定的专业支持和帮助。

3. 加强家校联动

增加家校联动，辅导员可以致电南枫的父母进一步了解他的家庭情况，鼓励父母增加和儿子的情感沟通，多看见儿子的情绪需要，提升家庭支持系统的质量。尤其在妈妈出国工作有时差的情况下，鼓励曾经情感缺位的爸爸给予儿子更多的情感支持、增强父子间的情感联结，这将有利于南枫修复和爸爸之间的隔阂，发展出更多对“男人”“父亲”角色的认同。

4. 发动同伴力量

在保密和自愿的情况下，邀请心理委员和学生干部适当关心南枫，尽管由于南枫的偏执和不近人情，其他学生骨干也很讨厌南枫，但辅导员可以通过基于保密的沟通，帮助自愿支持南枫的学生骨干或心理委员理解南枫的困境，也避免南枫因为人际关系过度恶化、支持系统的缺乏而使得情况变得更加糟糕。

5. 关注积极资源

帮助南枫整合和使用已有的资源，比如学习好、擅长整理资料、对待班级工作态度认真等，获得更积极的自我认同。不能因为人际关系不好而忽视了南枫其他方面的努力。

案例 24　不可言说的性

一、案例呈现

小韩（化名），男，24 岁，研究生二年级学生。到了“男大当婚”的年龄，每次聚会时，父母和亲戚朋友都会热情地关心询问“有女朋友了吗？”每到这个时候，小韩都会心头一紧，他不清楚自己是否可以像正常人一样谈恋爱，建立一段亲密关系。因为在过去体验到的“同性”的恋爱关系让他高兴不起来，而一直苦于没有机会与异性有更多的相处和交流，使得他面对感情的时候会采取回避的态度和行为。

小韩从小生活在农村，在家排行老大，还有一个弟弟。父母文化程度都不高，因为是家族中的长子长孙，所有的人对小韩呵护备至。升入初中后，迎来了青春期的萌动，以及对性的懵懂憧憬，他却发现自己对同性充满着希冀、渴望，对异性没感觉，甚至讨厌某些女生。然而进入大学后，潜伏在脑海里的对同性的爱恋和渴望蠢蠢欲动，看到同性赤裸的身体，会有生理上的悸动，但是小韩深知在自己所处的生活环境中，同性之间的感情并不被大众接受。但身边有同学加入同性恋的网络圈子，出于好奇，他也开始与同性有了接触。周围的同学也都开起了小韩的玩笑，因为他文静、随和，女性化特质比较明显，有的同学甚至当他的面就问他是不是喜欢男生。每次这个时候小韩都非常难受，既不敢承认，又不敢反驳。小韩曾经有一段非常短暂的同性恋爱关系，但在相处的过程中却处处小心。当对方明确约他出去的时候，自己并没有准备好与对方进一步发展关系，他非常害怕周围人认为自己是性变态，更加笃定身边的人肯定不能接受自己的性取向，自己的行为会给父母带来耻辱，父母也无法接受别人的议论纷纷。因此，这段同性关系相处不到两个星期就无疾而终了。

目前小韩大部分时间是在课题组和师兄师弟们做实验，学术方面有较大的进步，他很期待自己在情感上也可以有所依靠，有属于自己的“二人世界”和亲密关系。但在日常的生活中，他不敢与男性深入交流，一方面害怕他人的“闲言碎语”，另一方面不能正视自己被男性吸引的真实需求。另外，他又无法说服自己像其他男生一样去发展一段异性恋爱关系，他觉得自己没有能力给对方想要的幸福。所以小韩最近有点心不在焉，情绪低落，一个人总是郁郁寡欢。

二、案例分析

1. 问题表现

案例中小韩的性取向问题给他带来了不小的压力，主要体现在情绪上的紧张、担心和害怕，以及行为上的回避。

性取向指一个人和自己不同性别（异性恋）、相同性别（同性恋）或不仅限于一个性别（双性恋或泛性恋）的个体具有深度情绪、情感和性的吸引，以及与之建立亲密关系和性关系的能力。部分学者认为性倾向是流动的，即在人的一生中性倾向可能会发生变化。同性恋属于性倾向的一种，指对同性产生情感、爱情或性的吸引。1974 年，美国精神病学会投票表决将同性恋从性障碍中删除，国际疾病分类第 10 版（ICD-10）精神与行为障碍分类中也取消了同性恋的诊断。《中国精神障碍分类与诊断标准》第 3 版于 2001 年出版发行，在新版诊断标准中明确提出同性恋并非一定是心理异常。由此，同性恋不再全部划为病态，只有当其因同性恋导致心理矛盾、焦虑，严重影响正常的学习和生活时，才被认为是性心理障碍。

小韩处在青年期，亲密关系是其发展的重要议题，在性方面的认知偏差带来的情绪波动将其卷入对自我的负性评价中，影响了其学习和人际关系。

2. 成因分析

性是人类社会生活中重要的话题和衡量社会文明的标准，体现了人类社会发展的文明程度，也体现了人生不同阶段的美好内涵。然而，在一些社会文化背景下，性及性健康一直没有受到人们应有的重视和正确对待。性取向是一个复杂的问题，各种性取向并无优劣之分。关于性取向的产生有很多种理论，心理学界、医学界、生物学界存在大量的争议，并无定论。目前，科学家认为性取向是基因、激素和环境相互作用的结果，并非只受一种因素的影响。

大学生思维活跃、受社会价值观多元化影响，青春期是人一生中性欲最旺盛的时期，性心理的发展有着以下特点：性心理的本能性和朦胧性、性意识的强烈性和表现上的掩饰性、性心理的压抑性和动荡性以及性心理的性别差异性。他们存在着性心理的矛盾冲突：成熟的性生理与不成熟的性心理存在矛盾，性意识的强烈性与表现上的隐蔽性之间存在矛盾，性的社会性、道德性要求与性压抑、开放性之间存在矛盾。小韩在面临性取向与大多数不一致的时候，对性取向的探索不够，对性取向的认知偏差使得其与周围同性、异性的交流沟通不畅，引发了紧张、焦虑，回避的状况。因此科学认识、理解性，都不能脱离生理、心理和社会三个层面。

（1）生理层面：性成熟是个体发育的一个方面。男性性成熟年龄约为18岁。随着性生理的成熟，常伴有强弱程度不同的性冲动。性欲会随着个体的年龄而发展变化，这与其生殖系统发育及性激素的分泌相关。一般来说，男性在20岁左右表现出较强的性欲，一直到40岁左右，随着性激素水平下降，性欲相比之前有所下降。

（2）心理层面：性心理是在性生理的基础上与性征、性欲、性行为有关的心理状态与心理过程，也包括了与他人交往和婚恋等心理状态。性心理涉及与性有关的一切心理活动。青春期是一个性心理倾向比较混乱的时期，性心理和性生理的萌动是一种自然的力量，无论是固有的，还是环境影响所造成的同性倾向，在几年内都会是迫切和强烈的。

（3）社会层面：小韩在成长过程中，无论是在家庭还是学校中，关于性的话题无人提及，也未对其有适当的引导，对于性的认识和理解局限于自己的揣测，无法正确看待自己的性意识，对性心理的发展特点及个人的性倾向更是客观、科学认识和理解，走进认知的误区，也给自己造成困扰。

三、处理建议

1. 加强性心理健康的教育

性心理健康是整体心理健康的重要组成部分，指个体在性方面的情感、认知、行为和社会适应处于积极、协调的状态。它不仅涉及生理功能的正常，更强调心理与社会层面的和谐。在性认知方面，有正常的性态度与性欲望，没有性心理障碍与性行为变态。在性情感方面，具有正常的性爱感情和性人格。在性意志方面，对性需求能恰当满足与控制、能摆正性在人生目标中的位置。小韩需要认识到性取向是流动的，能够接纳当下的性取向，不能因为性取向，将自己隔离在他人之外，用苛刻的标准来批评自己，回避人际交往，而是应该善待自己，合理面对性方面的冲动，在性的方面保护自己，不伤害他人。研究生阶段往往正处在婚恋的准备期，小韩根据自己的实际情况，可以通过自我反思、与朋友讨论或者寻求心理咨询的方式等对自我成长方面多一些探索，深入理解自己现在的状况，为自己的成长发展树立科学的目标，寻求周围的资源为其保驾护航。

2. 加强研究生心理健康教育

面向全体研究生开展心理健康知识普及教育，倡导健康生活方式，培养自尊自信、理性平和、积极向上的阳光心态，提升研究生心理调适能力和自助互助求助意识，强化每个人是自己心理健康的第一负责人。学校围绕研究生婚恋、学业、就业、人际关系等方面的现实困扰，广泛开展各种有益于研究生身心健康的主题教育活动、文体娱乐活动和心理素质训练，提升研究生导师开展心理健康教育工作的意识和能力。在班级、实验室、科研团队或各类研究生组织中设立心理委员，加强研究生心理委员预警、助人等能力的培养。

3. 为学生提供专业的服务

导师、辅导员要及时关心学生急难愁盼的问题，经常深入学生当中，了解学生情况，与学生开展谈心谈话。在本案例中，老师们不仅需要尊重小韩讨论性议题的个人意愿，也要评估自己是否能胜任在性议题上与学生进行沟通和指导，必要时可提供学校心理咨询及其他专业途径的有效信息，全程注意保护小韩的隐私和自尊心。

案例 25　以“痛”之名的思念

一、案例呈现

潇霄（化名），研究生三年级，某理学专业研究生会的主席。外表风度翩翩，谈吐清晰有条理，智商情商都很高。一直担任学生骨干，能力又强，为人又不世故，处事既真诚又很稳重，深得同学和老师们的喜爱。他所带领的研会、班级和支部都非常棒。每天早晨 5 点，他就会起床处理各种报表，分配好部长和干事们各自的工作，再在老师上班后及时对接新一天是否有新的变化和通知。在做好各项行政和社会工作的同时，他也兼顾着自己的科研，论文进度领先。导师、辅导员、同学都对他很放心。

经过了两年多的努力，最后一学期前，潇霄就已经提交了毕业论文的初稿，也得到了导师的认可，基本上不用什么修改，就可以答辩了，跟同学的进度相比，潇霄相当于喜提了小半年的假期。最后一个春季学期开学后，潇霄返回学校，床单被套虽然是刚换过的，但也不知道是粉尘过敏还是宿舍很久没有住过，他起了各种皮疹，过敏严重，靠吃抗过敏药维持。在这个万物复苏、草长莺飞的春天里，潇霄先后出现了肠胃炎、胸痛、背痛、腿痛、鼻炎、皮炎等身体不适，连自己都惊讶于可以同时“集齐”这些不适。尽管不太舒服，潇霄还是没有休息，他依旧忙着申请各种项目，以及班级、研会、支部大大小小的事情，还以“我论文进度快”名义多揽了不少活儿。在大家的关心下，潇霄去医院系统检查了一次，但没有查出任何问题。辅导员觉得他看上去非常有“活力”，再加上检查结果没事，对他经常提到的身体不舒服也没有放在心上，直到潇霄拨打学校 24 小时心理热线，主诉多种躯体疼痛至深夜睡不着，心理老师反馈辅导员多关心潇霄，辅导员才知道潇霄这学期其实过得并不容易。辅导员回忆，潇霄刚入学时，将他带大的大姑因病去世了，那次潇霄因为没有能赶回去见到姑姑最后一面，深夜在楼道里嚎啕大哭，辅导员对此记忆深刻。大姑年纪比潇霄爸爸大很多，在潇霄小时候因为其父母工作忙，大姑办理了提前退休，几乎是住在潇霄家里照顾他。大姑去世的时候癌细胞已经有了多处转移，家人都知道很疼，但是大姑很少呻吟，一直忍耐。每次潇霄给大姑打视频和电话，大姑都表现得非常坚强和轻松，还叮嘱潇霄不用想着回来，好不容易考上研究生，一定要专注学业。所以，未能临终陪伴大姑，错过见大姑最后一面的潇霄当时情绪低落了很久。心理老师得知潇霄曾经有突然失去亲人的这段经历后，也提醒辅导员关心潇霄的情绪，给他的工作适当减负，多和他聊天互动。

二、案例分析

1. 问题表现

潇霄目前的困扰有：

（1）情绪躯体化。潇霄虽然全身不适、多器官疼痛，但经过医院的诊疗，排除了器质性病变，全身的疼痛和发炎系情绪和创伤导致。

（2）失去重要亲人的哀伤反应。潇霄因为错过和大姑见最后一面，也没能进行临终陪伴，有着深深的内疚感。而内疚感的影响在所有哀伤反应中又最为突出，在本案例中，潇霄的大姑还另有自己的子女照料，作为侄儿，他不适合也不方便表达过多的内疚和自责，只能将这些感受全部压抑到内心深处，导致哀伤事件后的抑郁、内疚情绪进一步加重，哀伤反应难以消解。

2. 成因分析

潇霄的自我要求和道德标准非常高，几乎赢得了所有人的尊重和喜爱，因而潇霄建构出的自我形象是近乎完美的。基于利他的自我要求，担心给他人增添麻烦，潇霄很少允许自己在他人面前表达低落的情绪，最后常常只能以躯体疼痛的方式表达。

潇霄出生在一个大家庭，和家人尤其是从小带大他的大姑感情深厚，不是母子却亲如母子。大姑的去世对潇霄来说是亲密关系的重大丧失，潇霄无法通过传统的丧礼充分哀悼姑姑，有许许多多未尽的遗憾和哀伤。在外求学和工作的忙碌并不能减少这些哀伤的反应，反而因为过于忙碌而压抑了很多原本应该得到表达的悲痛。这次潇霄突然闲下来，就像一个扳机，打开和激活了潇霄的这个伤口。

潇霄的大姑癌症患病时，因为担心刚研究生入学的潇霄来回奔波和牵挂，在日常交流中强忍病痛，这是一种深厚的亲情之爱。但潇霄并非真的不担心和不心疼，他常常只能靠想象去体会大姑的病痛，并且这些想象因为缺乏具体的事实和交流而变得越来越多。由于大姑在潇霄还未放假回家的时候就离世了，使得潇霄因错过见大姑最后一面和未能给予大姑最后的陪伴而更加内疚、自责。所以，这段时间里潇霄通过全身转移的疼痛，和他对大姑病痛的想象发生联结，认同了大姑的经历和感受，这也是哀伤反应的一种形式和表现，通过身体的疼痛来减轻和表达对大姑去世的内疚感和无力感。

三、处理建议

1. 肯定学生的自我照顾和求助行为

潇霄主动打24小时热线求助，是对自己情绪躯体化的身心互动模式已经有了一定的觉察，辅导员老师可以鼓励他这种觉察和改变，支持他继续寻求心理老师的专业帮助。

2. 帮助学生寻找社会支持系统

从这次潇霄的身体反应来看，潇霄大姑去世对潇霄的影响比他呈现出来的要大很多，可以邀请其家人、朋友、同学支持和帮助潇霄走过这段艰难的丧亲哀伤旅程。指导潇霄的家长和好友支持潇霄通过可行的、更适合的悼念方式表达对大姑去世的哀伤。协同潇霄的老师同学，理解创伤后可能产生的抑郁情绪和功能损害，在工作和学习任务的分配上尽可能照顾潇霄，减轻原有的工作量，促使潇霄有更多工作学习之外的时间觉察和表达情绪。

3. 对学生的哀伤反应予以心理教育

帮助潇霄理解哀伤反应是一种爱的联结。潇霄虽然用身体疼痛这种病理性的方式表达了哀伤和想念，但这种联结依然是大姑对他的爱在生命中的体现。姑姑在去世前对潇霄隐瞒疼痛的初衷是希望潇霄更好地学习和生活，以爱和生命力的方式延续两人之间的亲情纽带，而非痛苦和内疚。只要家人、朋友或者心理老师能够帮助潇霄发展出更具有生命力和爱的方式去和姑姑联结，那么潇霄就可以更好地从只能通过疼痛来体验和共情姑姑去世前的病痛以加深和姑姑的联结的哀伤模式中走出来，从而拥有更加可持续的、有生命力的哀悼方式。

知识窗

哀伤是丧亲者丧失挚爱亲人后的反应。哀伤反应往往涉及情感、认知、行为、生理、人际关系和精神层面六个方面。其中，情感反应指的是与哀伤相关的情绪，如悲伤、愤怒、孤独、恐惧等；认知反应指的是与丧亲相关的想法，包括无价值感、羞耻感、自我身份认同困难等；行为反应指的是丧亲后的一系列行为表现，如哭泣、心理社会功能失调、社交回避等；生理反应指的是丧亲所带来的躯体化症状，如睡眠问题、身体疾病、躯体疼痛等，尤其是不明原因的浑身疼痛，案例中的潇霄就是以这种反应为主；人际关系反应指的是丧亲后与人交往的过程中的问题，如回避社交、不信任他人等；精神层面的反应主要是丧亲后在灵性、信仰层面发生的变化，如信仰的改变或者寻求信仰作为寄托。

案例 26 双重“焦灼”的毕业生

一、案例呈现

小陈（化名）是某大学三年级研究生，进入研究生最后一年了，小陈感受到了就业和学业的双重压力：一方面，因为家庭经济条件比较差，小陈一直特别努力上进，打算今年多找几家单位积累实习经验，争取毕业后找份好工作，早点缓解家庭经济压力；另一方面，毕业在即，导师希望小陈把心思多放在毕业论文上，不要因为找实习导致最后论文完不成，影响毕业。

这些压力让小陈有些喘不过气来，最近几天他一直很焦虑，对自己的未来很担忧，学习效率也变低了，晚上总是翻来覆去难以入睡，一闭上眼睛就是各种糟糕的画面。在小陈的想象中，自己找到了一份大家都很羡慕的工作，但是因为毕业论文没有顺利通过答辩，到手的工作也泡汤了，导师对自己很失望，自己也沦为了老师们教育学生的反面教材。小陈还忍不住想象另一种糟糕的情形，就是毕业论文虽然顺利完成了，但是耗费了大量时间，错过了好几个不错的实习机会，这几年的就业形势不佳，自己的简历无法脱颖而出，最后找不到心仪的工作。“研三生活怎么如此糟糕？自己的能力真是太差了！”小陈逐渐开始自我否定。

这样的状态持续了一段时间，这位原本积极阳光的大男生就像是被霜打了的茄子，整个人都无精打采。舍友发现了他的不对劲，建议小陈去做心理咨询，寻求帮助。小陈听从了舍友的建议，找到了学校心理健康教育中心的咨询师李老师（化名），想通过心理咨询帮助自己缓解一下内心的纠结和焦虑。李老师接待了小陈，让其谈谈自己遇到了什么问题。小陈坦言，他从小就知道自己家庭条件比较差，所以性格一直很要强，学习也很努力，父母对自己寄予厚望，期待自己可以出人头地。原本本科毕业就想找工作了，但是由于自己成绩一直不错，也想通过提升学历找到更好的工作，所以考取了本校的研究生。研究生阶段，导师对自己的要求比较高，一直教导小陈要把心思放在科研上，对其毕业论文也提出了很高的要求。研一和研二，小陈感觉时间比较充裕，可以先做科研，等到研三再开始找工作，可是到了研三才发现时间非常紧张，根本不够用。想到家里的经济负担比较重，自己如果找不到一份好的工作，还会给父母添负担，辜负了父母这么多年含辛茹苦的培育。如果是毕业论文没有顺利完成，影响了毕业，他又辜负了导师这三年的培养和信任。想到这些，小陈很是自责。

李老师通过专业的倾听和共情，充分了解了小陈内心的冲突和困惑，肯定了他寻求专业帮助的做法，并鼓励小陈，向他解释说明这种心理状态是毕业生常见的心理困扰。

二、案例分析

1. 问题表现

小陈目前的困扰主要表现在以下四个方面：

（1）情绪方面：表现为情绪焦虑、担心、自责。

（2）行为方面：表现为动力不足，学习效率变低。

（3）生理方面：表现为失眠。

（4）认知方面：其职业认知水平被社会需求、个人喜好、就业形势所左右。

小陈的心理困扰与现实因素紧密相关，毕业生因面临着学业和就业的双重压力，加之对自身的要求比较高，在重重压力下产生了一定的心理困扰。

2. 成因分析

小陈的心理困扰是毕业生常见的心理困扰，他们要完成从“学校人”到“社会人”的身份切换，要同时面临人生的两件大事：毕业和找工作。在有限的时间内面对如此高压情境，不少学生会觉得力不从心。其心理困扰的成因可能有以下几个方面：

（1）就业心理压力：近年来，中国高校毕业生数量逐年增多，大学生面临严峻的就业形势，一些公司招聘名额缩减或者不招聘，或者提高准入门槛，如何应对就业压力已经成为目前大学生所面临的重大课题。小陈正在面临这种心理压力，如若不能很好地调整，便会出现焦虑、抑郁、自卑、嫉妒等负性情绪问题。

（2）时间管理和统筹协调能力不足：在有限的时间内要同时完成几件重要的事情，是对时间管理能力和统筹协调能力的考验。在繁琐的任务面前，如果没有对自身能力的准确认知和明确的规划，容易出现一盘散沙、无从下手的情况，正如小陈面临毕业论文压力的同时，又要花时间找工作，缺乏系统的规划会导致分身乏术的困扰。

（3）自我期待过高：有的学生对自我期待比较高，当事情没有按照自己预想的方向发展时，就可能产生焦虑、无助的情绪，如果不能及时疏导这些情绪，又会反过来加重自己的心理负担，形成恶性循环。小陈从小比较优秀，父母对自己的期待高，希望把所有的事情都能兼顾好，达成最满意的结果，这会导致心理压力过大。

三、处理建议

针对小陈目前的心理困扰，建议要帮助其认识特殊阶段自己出现心理困扰的正常性，学会调整自身的不合理认知、改善情绪、激活动力，做好对未来的规划和准备，还可以通过团体心理辅导等多种形式进一步帮助小陈缓解心理压力。

1. 不良情绪正常化

要帮助小陈看到，自己最近出现的情绪困扰是非常正常的心理现象，毕业生普遍都会面临这样的压力，鼓励小陈接纳自己的情绪。

2. 调整不合理认知

帮助小陈看到自己的不合理认知，了解事实和想法之间存在一定的距离，情况可能并没有自己想象得那么糟糕。试着从更加客观的角度分析、解读自己遇到的问题，可以帮助其缓解不良情绪。

3. 分解目标并做好规划

帮助小陈对所面临的任务和目标做好规划，将一个大目标拆分为一些小目标，规划好完成的时间节点，逐个突破。在不同阶段侧重不同的任务（如春招秋招节点、论文开题和答辩节点），根据完成时间重点发力，阶段性的成就感可以激发信心，帮助小陈找到动力。

4. 通过团体辅导建立人际支持

可以通过组织“毕业心理压力调适”等多种主题的团体心理辅导，招募有共同心理困扰的团体，在团体中借助团体互动和人际支持，共同出谋划策，面对存在的心理困扰，帮助减轻个体压力。

5. 家校联动共建支持系统

学校要加强和家长的联系，及时沟通小陈的动态，帮助小陈取得家庭成员的理解，在毕业季的特殊时期给毕业生提供必要的家庭支持，帮助小陈进一步缓解就业心理压力。

04 安全问题

案例27 不满为何要在网络说?

一、案例呈现

小林(化名)是某大学二年级的学生。最近学院正在组织一年一度的奖学金评选工作,身为班长的小林主动承担起了协助工作。可是本来信心满满的工作,却让小林遇到了不小的困扰。

在评选工作中,班主任老师请小林带领几个班干部帮助收集全班同学的评奖支撑材料,并对同学们提交的材料进行初步的梳理和核对。在梳理学生综合素质测评分的环节,班上的学习委员小莉(化名)因为自己填报的"社会实践项目"中有几项加分没有被采纳,感到非常不满,认为小林在评选过程中徇私舞弊,为了自己的排名故意打压排名靠前的其他同学,严重影响了此次奖学金评比的公平公正性,因此对小林产生了很大的意见。

回到宿舍后,小莉把自己的不满告诉了周围的同学们,并指责起小林:"我填写的几条社会实践项目明明是可以加分的,但是班长就是说不符合相关规定,初筛不能采纳。我看她就是故意的!想着自己能拿更高的奖学金,故意打压我们,太自私了!"大家听了,纷纷为小莉抱不平,觉得班长以权谋私,滥用职权,越想越气。于是,大家轮番在微信朋友圈、微博等平台对小林发表了多条声讨,内容包括:"有些班干部真是尸位素餐,占着位置不干实事,有好事都是想着自己,借着别人往上爬……""某些人真是老师的狗腿子,不要以为自己当个班干部就了不起,看不起别人,简直小人得志……”“某些人当班干部真是专制，以权谋私，只会给自己谋利益，视公平公正何在？在这样的班干部管理下的班级还会好吗？”不仅如此，还有同学在网络上发表了一篇要求罢免班长的长文，痛斥班长的种种“罪行”，并联合班上好几位同学签字，交给班主任老师，要求更换班长。

于是，班主任老师找来小林了解事情的详细情况。走进办公室，小林的面容明显憔悴了不少，两眼发红，无精打采，人也瘦了一圈。老师连忙上前关心小林，通过耐心的倾听和共情，小林哭诉了自己的伤心和委屈：她坦言自己因为被网络暴力，心情很糟糕，既生气又难过，觉得很丢脸，网络传播力量那么大，肯定很多人都看到那些声讨自己的言论了，自己有理也说不清了。这几天小林吃不下饭，睡不着觉，只能以泪洗面，都不敢出宿舍了，就怕遇到班上的同学们，觉得现在班级同学肯定都很讨厌自己，大家还集体写申请罢免自己的班长职务，感到特别委屈。另外，自己在奖学金评选工作中，并没有存在不公正的做法，没有像同学们说的那样“为自己谋利、打压同学”，自己在工作中一直恪尽职守，却被同学们这样误解、冤枉，心里很是委屈，既然大家都不相信自己，小林也不想再担任班长的职务了。

经班主任老师查实，小林在此次工作中并没有存在违反规则的行为，但是在跟同学的沟通中存在条例没有解释清楚的疏漏，因此造成了同学对她的误解。

二、案例分析

1. 问题表现

小林目前的困扰或问题主要是由网络暴力引起的心理困扰，具体表现在以下四个方面：

（1）情绪方面：表现为委屈、生气、伤心、低落、羞耻。

（2）行为方面：表现为行为退缩，回避交往。

（3）生理方面：表现为食欲下降、失眠、哭泣。

（4）认知方面：表现为认为所有人都讨厌自己、很多人都在看自己的笑话，自我怀疑。

小林因为班级奖学金评选工作的一些做法，引起了同学们的不满，产生了一定的误会，并受到了同学们在网络上的攻击，产生了一些负性认知和负面情绪困扰，造成了一定的心理困扰。

2. 成因分析

小林的心理困扰由现实因素引起，主要的应激事件为：在奖学金评选工作中，班级同学认为小林的做法不公正，有“以权谋私”的嫌疑，小林被班级同学怀疑。班级同学在网络上对小林进行人身攻击，小林觉得受到了很大的心理伤害，也很担心网络舆论的进一步发酵。

从外因上分析，小莉和同学们对班长小林的工作有意见，没有当面进行沟通交流，也没有找班主任协调解决，反而是通过网络攻击对方，对同学造成了心理伤害。这是因为网络暴力具有以下特征：①感性化、非理性。网络上针对小林的言论并没有经过详细的调查，而且同学因为自己的负面情绪产生的情绪推理，往往不够客观理性。②盲从性大。在从众心理或者朋友义气的影响下，同学们没有了解事情的原委，只听信一方之词，就对小林展开了攻击，且群体行为中也存在责任分散的现象，因而导致部分同学不假思考地传播负面信息。③危害性大。网络传播的速度之快，会让信息进一步发酵，引起许多新的误解，本来很小的矛盾就会冲突升级，问题变得更加复杂化，且信息的扩散会让当事人进一步产生心理压力。

从内因上分析，小林在奖学金评选过程中，没有向同学进行合理的评选规则上的解释，导致同学们对其产生了误解，其工作水平还有待提升，工作方式方法有待优化。当她受到同学的网络攻击时没有及时澄清问题、和同学做好解释沟通，而是采取了回避的应对策略，这本身是一种较为消极的处理问题的方式。小林受到网络暴力后，其思维中产生的一些消极想法，如“大家肯定都看到那些负面言论了，所有人都一定都很讨厌我”“大家写请愿书要罢免我的班长职位，我以后真是没脸见人了”会让小林产生委屈、伤心、羞耻等情绪，这些想法和情绪又会影响小林的行为，让她更加没有勇气去面对问题。

三、处理建议

针对小林的目前心理困扰，在工作过程中需要注重对其进行充分倾听、理解和保护，并尽快介入处理，减少网络发酵可能产生的不良影响。

可以从以下几个方面着手。

1. 尽快调查核实事情真相

班主任老师应该立即查实此次事件的原委，还原事件真相，给双方学生一个合理的解释，帮助双方学生平复情绪，更加理性地面对问题。做好网络暴力同学的引导工作，如涉及违纪违法应依法依规予以处置。

2. 请学生删除不实言论，做好舆情应对

与发布网络不良言论的学生进行面谈，倾听学生的诉求，帮助学生缓解不良情绪，并请其立即删除相关的言论，以防在网络上进一步发酵。同时，要形成网络舆情处理机制和预案，避免同类事情再次发生。

3. 做好学生的心理安抚工作，加强家校联动

请发布网络言论的学生对小林进行当面道歉，做好小林的心理安抚工作，帮助其改变“所有人都讨厌我”的不合理认知。如有需要，在征得其同意的基础上，帮助其前往学校心理健康教育中心寻求心理咨询师的帮助。同时，加强家校联动，和家长配合共同进行学生的网络教育。

4. 进行班级网络心理教育工作，加强网络舆情监管力度

在后续班会上加强对学生的网络心理教育，说明网络的两面性，强调网络暴力可能对他人造成的危害及不良影响，鼓励学生们更加理性地通过面对面的方式化解矛盾，同时加强网络舆情监管力度与干预预案的制订，谨防类似事件的发生。

5. 加强班干部工作技能培训

后续对班干部加强工作技能和人际交往能力等相关培训，小林和小莉在此次事件中的表现反映了一些班干部的工作方式方法有待优化，特别是在与班级同学沟通的技巧有待提升，应通过相关培训进一步提高班干部为班级同学服务的能力。

案例 28 我的“王子”竟是骗子

一、案例呈现

小丽（化名）是某学校研究生二年级的学生，平时性格内向单纯，家庭经济条件一般，在校表现一直不错，和同学们相处得都比较融洽。可是这天，班干部跟辅导员反映，小丽已经连续两天没有来上课了，给她发信息也不回复，据舍友透露小丽最近好像“失恋”了。

于是辅导员来到小丽宿舍查看情况，发现小丽正一个人躺在床上，神情落寞哀伤，没有精神。辅导员老师连忙给她倒了一杯热水，在细心的安抚下，小丽说出了自己的遭遇：上了研究生以后，小丽觉得自己年纪不小了，应该谈个男朋友了，本科的同学们有的都结婚生子了，自己还没谈过恋爱，奈何自己也没有遇到特别合适的男生，所以一直有点着急。前不久小丽终于遇到自己的“桃花”了，在打游戏的时候认识了一位男生小辉（化名），小辉在游戏中对小丽很照顾，带着小丽连赢了好几局，小丽很感激，也对其有了好感，于是两个人加上微信聊起了天。小辉称，自己是一所重点大学的研究生，学经济专业，还给小丽发了自己的照片，小丽一下子就被手机上这个男生吸引了，照片里的男孩长得又高又帅，笑起来很阳光。随后几天，小丽通过与小辉聊天和在他微信朋友圈了解到，小辉单身，兴趣爱好很广泛，爱运动、爱游泳，还很会做饭，简直就是小丽心目中的完美男神。更让小丽觉得惊喜的是，没过多久，小辉说被自己的温柔和单纯所吸引，竟然跟小丽表白了。于是两个人很快就坠入了爱河，小辉对小丽很贴心，因为不在一个城市，小辉经常给小丽点奶茶、甜品，还承诺放长假的时候来小丽的城市看她，小丽也因此沉浸在爱情的甜蜜中无法自拔，心想终于遇到了属于自己的白马王子了！

有一次，小辉神秘地告诉小丽，自己是学经济的，对理财颇有研究，最近在股市中赚了不少钱，想带小丽一起赚钱。小丽有些心动，但是手头仅有的 1 万元是爸妈让她换电脑的。不过在小辉的持续劝说下，小丽还是决定试试，毕竟赚了钱就可以换更好的电脑了。小丽在小辉的指导下用 1 万元开了账户，结果第二天晚上小丽的账户上就收到了 12 500 元，这让小丽很激动，也更加信任小辉了。后续几天，小丽以报公务员的培训班为名又问父母要了 3 万元投入这支股票，正当她满怀期待地等待胜利的“果实”时，却发现自己无法提现了，接着当她焦急地寻找男朋友想办法之时，小丽发现自己被小辉拉黑了。

小丽这才从美梦中惊醒，感觉晴天霹雳，过去这段时间有多甜蜜，此刻的自己就有多痛苦。没想到自己遇到了新闻中的“网络诈骗”，钱和感情都被骗了。小丽整日以泪洗面，难过自责，没有食欲，觉得自己愚蠢、没脸见人，也不敢告诉自己的父母，生怕父母责骂，认为父母知道了也一定会被自己气死，感觉自己糟糕透了，人生陷入了黑暗，不愿意出宿舍门，课也不上了。

二、案例分析

1. 问题表现

小丽的问题主要是由网络诈骗引起的心理困扰，目前其困扰或问题主要表现在以下四个方面：

（1）情绪方面：表现为情绪悲伤、内疚、自责。

（2）行为方面：表现为活动减退，不愿出宿舍，不去上课。

（3）生理方面：表现为不停流泪、没有食欲。

（4）认知方面：表现为对自己评价低（愚蠢、没脸见人），过度自我归因（认为都是自己的错，自己糟糕透了）。

小丽遇到的情况是网络诈骗中典型的“杀猪盘”，指的是诈骗分子通过网络渠道和受害者建立“恋爱关系”，待获取一定信任后诱导受害者进行投资赌博的诈骗。此案例中，小丽受到了经济和情感上的双重欺骗，产生了一定的应激反应和心理困扰，影响到了其正常学习生活。

2. 成因分析

小丽的心理困扰由现实因素引起，主要的应激事件可分为以下两点：①情感伤害。小丽还沉浸在爱情的甜蜜喜悦中，却发现一切都是谎言，对方并没有真正付出感情，情感层面不能接受。②网络诈骗。家庭经济情况本不富裕，拿来“投资”的钱是通过欺骗父母所得，且父母至今还不知情，不敢告诉父母真相，自己承受了巨大的心理压力。

具体成因包括以下几点：

（1）社会认知偏差。在“杀猪盘”诈骗中，诈骗者往往以美化后的形象出现在受骗者面前。小丽和小辉连一次见面都没有就坠入爱河，且相信对方所说的都是真实的，小丽其实一直在用自己脑海中假想的那个完美男生的形象包装对方，失去了对事情客观的判断。

（2）贪利心理。在第一次“投资”成功后，小丽就顺利上钩了，感觉自己真的掌握了赚钱的秘诀，不惜欺骗自己的父母，也要再次铤而走险，反映了其想走捷径、快速致富、贪图利益的心理。

（3）防范意识不足。尽管很多高校已经进行了防网络诈骗的宣传和教育，但部分学生仍然缺乏防范意识，认为诈骗离自己很遥远，肯定不会发生在自己身上。此案例中，小丽缺乏社会经验和恋爱经验，一直相信自己的网络男友，对其提出的投资一事深信不疑，防范意识薄弱。“杀猪盘”正是利用了一些女性渴望爱情、在恋爱中对于另一半的盲目信任，在信任关系建立的最高峰下手。

（4）思维方式误区。小丽在发现自己被骗后，没有及时采取行动追回自己的损失，反而沉溺在悲伤和自责中，不敢出宿舍门，也不敢寻求帮助。其思维中“我实在太蠢了，我太糟糕了”“我对不起父母，我一定不能告诉父母事情的真相，他们一定会被我气死的”等消极的思维方式又会加剧其悲伤的情绪，引起小丽行为的进一步回避和退缩，形成恶性循环。

三、处理建议

针对小丽的目前心理困扰和现实困扰，在工作过程中需要注重对其隐私的保护，加强关心关爱，做好家校沟通，并落实好后续的安抚工作。可以从以下几个方面出发。

1. 联系警方形成合力

辅导员应立即上报学院分管学生工作的领导，按照学校突发事件处理流程协助保卫处，与警方取得联系，并形成合力，争取通过警方的力量挽回经济损失。

2. 帮助学生取得父母理解

小丽不敢告诉父母，是因为自己欺骗了父母，又造成了经济损失，内心自责愧疚。辅导员应在与小丽达成一致的基础上，帮助小丽与家长进行沟通，讲清楚事情的原委，并由辅导员告知家长孩子目前的心理状况，帮助其取得家人的理解和支持。同时也要注意做好家长的情绪安抚工作。

3. 做好学生的心理安抚工作

帮助小丽看到此次事件中自己也是受害者，减轻对自己的责备，改变"我实在太蠢了，我太糟糕了""我对不起父母，我一定不能告诉父母事情的真相，他们一定会被我气死的"等不合理认知。做好小丽的心理安抚工作，在工作中要注意保护小丽的隐私和自尊心，如有需要，在征得其同意的基础上，帮助其前往学校心理健康教育中心寻求心理咨询师的帮助。

4. 做好后续反诈安全教育

后续要对学院的全体学生进一步做好反诈安全教育，通过召开主题班会、邀请警方开展讲座等多种形式帮助学生识别网络诈骗，建议全体学生下载反诈 APP，敲响警钟，谨防类似的网络诈骗事件再次发生。

5. 加强大学生正确恋爱观的教育

学院可以适当开展联谊等活动减轻学生的交友婚恋压力，解决现实问题从而帮助学生缓解恋爱心理问题。还可以通过开展恋爱心理讲座等形式，帮助同学树立正确的恋爱观。

案例29 在网络“福利”中迷失的小念

一、案例呈现

大三学生小念(化名),男,20岁,家庭条件一般,平时喜欢在QQ上和朋友聊天。有一天,因QQ好友的邀请,进入了一个QQ群,群中大家经常讨论刷单赚钱的小妙招,看到群里的小伙伴都轻松赚到钱,小念动心了。他按照对方提示点开一链接后,注册了软件,按对方提示开始刷单,开始获利后就用银行卡给对方提供的银行卡转账,结果被骗了1万元。而这些被骗的钱还是小念一直以来通过多年兼职赚取来的,是用来支撑这一个学期的学费和生活费。

最近学校催缴学费,小念非常焦虑不安,不想让家人为自己操心,满脑子想着怎么凑到钱交上学费。有一天小念无意中听同学说网上有“小额贷”可以轻松贷款,有的同学的手机就是贷款买的,贷款可以分期还,每个月还的也不多。于是,小念就试着贷款1万元交了学费。

小念原本心想着等自己兼职挣到钱就可以还完贷款了。但是,还没等到小念找到兼职,还款账单就来了,当看到要偿还金额时傻了眼,贷款时也不知道逾期利息那么高。催款人一直给小念打电话发短信,说话不仅难听,有的时候还带有威胁的意思。小念不敢和家人及同学们说,怕同学知道这件事会笑话自己很笨很傻。自己就像风箱里的老鼠,急得不行。原来小念还和同学有说有笑的,现在怕同学知道自己的情况也有意躲避和疏远大家,也不经常和家里联系了,开始独来独往。慢慢地小念发现同学干什么事也开始不叫他,他更担心是同学们故意疏远自己。最近心情很差,睡不好觉,吃饭也没有味道,上课也不能集中精力,看着周围的同学每天忙着上课,参加社团活动,自己越发郁闷,萌发了退学回家的念头。

小念家在偏远山村,家里的父母常年有病在身,没有什么经济来源。小念从小就懂事,很少让父母操心。一直以来都是自己利用寒暑假,辛辛苦苦打工挣钱,既要照顾家里的父母,还要照顾正在上初中的弟弟。好在家庭里关系很融洽,父母一直也为两个懂事的孩子感到骄傲。

二、案例分析

1. 问题表现

这是一例因网络诈骗和借贷引发的心理问题。案例中的小念因为网络诈骗和借贷叠加事件的影响，在学校正常学习和生活受到干扰，给他造成了负性的影响。

小念目前的困扰或问题主要表现在以下四个方面：

（1）情绪方面：表现为情绪低落，自责、郁闷、难过等。

（2）行为方面：不能集中注意力，回避社交和人际关系。

（3）生理方面：睡眠受到干扰，食欲下降。

（4）认知方面：对自己负性极低评价，认为是自己笨和蠢才会遭遇诈骗和借贷；还认为是自己太轻信他人，社会经验不足，充满自责和后悔。

小念的困扰已有一个月有余，网络诈骗和借贷所造成的经济压力，对其在校的学习、人际和生活造成一定的影响，认知、情绪和行动均受到较大干扰，自己不能够主动调节。

2. 成因分析

（1）社会因素：小念当前出现的困扰起因于网络诈骗和网络借贷事件。在面对经济压力时，小念受到周围环境的影响，对网络中的“陷阱”认识不足，随大流选择了通过网络刷单和借贷来缓解自己经济状况，没有考虑到此行为可能带来的负面影响。家庭经济状况是影响大学生的生活、学业和发展的重要因素，经济贫困大学生比一般学生承受更多生活、学业的压力。由于以往经历限制，经济困难学生通常缺乏一定的兴趣和爱好，与周围人相处时会产生自卑、敏感的心理，缺乏与人沟通和交流的方法和技巧。

（2）心理因素：小念当前主要是情绪困扰，面对发生的网络诈骗和借贷事件，因为认知偏差、社会经验不足导致情绪卷入过多，无法客观看待整个事件。对于网络诈骗和借贷，没有意识到“天上掉馅饼”实际上是“烫手山芋”，网络安全的意识不足。

此外，当事情发生后，出现自责、郁闷、情绪低落等情绪也是正常反应，需要从教训中吸取经验。但一味地将“同学们知道会笑话自己”“同学们开始疏远自己了”等个人想法等同于“事实”，不关注事实本身，比如同学们大三都有自己的人生规划和目标，会关注自己的学习、个人发展，每天忙于上课或者参加社团活动。小念在意自己被骗的经验，觉得是自己在处事上不如别人，从而产生同学“看轻”自己的被诈骗和网络借贷的行为，这样的“以偏概全”的思维陷阱只会让他走进“死活同”，从而陷入情绪的沼泽中不能自拔。

三、处理建议

1. 寻找资源解决现实问题

辅导员、班主任等了解小念的实际困难后，要及时做好帮扶工作。首先，可以通过走访宿舍、当面约谈的方式进一步了解具体情况，主动与小念谈心谈话，做好情绪安抚，并协助小念报警处理。其次，通过谈话引导学生理性看待网络上的诈骗，强化其网络安全意识。另外，辅导员应向学院汇报学生情况，争取通过恰当的方式为小念提供经济支持或者勤工助学岗位，帮助其解决现实的经济困难问题，减轻网络诈骗和借贷的不良影响。

2. 多方力量介入，强化社会支撑

加强家庭力量的介入，多角度守护学生安全，辅导员及时与学生家长联系沟通解决方案。通过家长侧面关心的方式对小念进行心理疏导和陪伴，提供家庭方面的社会支撑。同时辅导员与小念家长建立家校联动机制，每日定期沟通小念心理与情绪状况，进一步强化线索传递与反馈。辅导员可以通过多次走访宿舍、谈心谈话的形式对小念表示关心，并建议其前往学校心理健康教育中心进行专业心理咨询评估。

3. 组建学生互帮互助朋辈支持系统

发挥宿舍长、心理委员、党员及班级干部等朋辈力量，主动发现、识别同学中出现负性生活事件、有负性情绪的同学，及时关心同学，并及时把相关信息报送给辅导员或班主任。在本案例中同学可以及时将小念的情况告知辅导员，辅导员应第一时间协调相关资源进行帮扶，辅导员也可以经常性地鼓励学生积极寻求朋辈支持。

4. 增强学生网络安全意识、提高金融反诈意识

随着经济的增长，网络技术的发达，手机等电子产品充斥着我们的生活，在给我们带来便利的同时，也带来了许多网络安全问题。案例中的小念社会经验不多，在经济困难的情况下对极具诱惑的网络刷单诈骗没有丝毫防备，且没有意识到网贷是有很多风险的。因此，自身应加强对网络安全法制方面的学习，积极参加学校的网络安全讲座，了解网络诈骗的手段，做到防患于未然。同时，可通过书籍等其他方面了解到网络法制知识，维护自身的权益，学校、班级也需要开展相关的知识活动，让大学生认识并了解到网络安全相关知识，增强对学生的保护。

案例 30　恐艾的小刘

一、案例呈现

小刘（化名）是一名护理专业的学生，在听完学校组织的艾滋病预防讲座后，近两周惶惶不可终日，失眠、吃不下饭、有心慌、胸闷的表现。小刘的舍友、同时也是班级的心理委员——小许（化名），向辅导员表达了担心。小许反映，小刘这两周不参加集体活动，回避和舍友、同学的相处，观察到在深夜 2、3 点他的床帘后依旧还亮着手机屏幕的灯光，可以听到啜泣声。舍友担心、关心他，他却说没什么，别多问。邀请他一起去吃饭、自习均遭到了拒绝。

辅导员找小刘了解情况，小刘表示听完防艾讲座中老师关于疾病传播途径的介绍，他突然想起来在之前护理实操课中，在对假人模型进行皮下注射练习时，曾不慎扎到自己，因为并没有出血，他当时不以为意，将注射器放回，继续供小组成员练习使用。在听完防艾讲座后，小刘突然想到扎过他的针头在之前会不会也同样扎到过其他同学，而他们是否也同样将注射器放回，反复使用，想到这他就坐立不安……“老师，我不了解其他同学的健康状况，我非常担心他们把 HIV 病毒传染给我，我也担心……他们会不会也被传染呢？”

辅导员在和其他组员核实确认情况后向小刘解释，即使是确诊患者，在未出血的情况下，针头上病毒载量和病毒存活状况都不足以造成艾滋传播，请小刘放心。但小刘却依旧非常恐惧和痛苦，担心自己被感染，也害怕感染其他人，要求辅导员为自己申请单间宿舍，并再三强调不能让其他人尤其是家人知道。意识到小刘或许是有什么难言之隐，出于某些顾虑不敢说出实际情况，辅导员承诺，在保护小刘隐私的前提之下，陪他一起想解决困难的办法。在终于取得小刘信任之后，辅导员得知，小刘一个月前，在无保护措施的情况下发生了性行为。当时没有太多顾虑，没有意识到做安全措施更主要的目的是疾病预防。因此在防艾讲座后突然意识到自己有很高的感染风险，这两周都在百度艾滋相关的信息，看到感染者发病期的很多介绍和图片，越看越怕，觉得自己一定感染了。想到人类免疫缺陷病毒（HIV）一旦感染是终身不愈的，小刘就陷入更深的绝望，因为家境一般，小刘担心家庭的经济条件无法支撑自己的终身治疗。

“这辈子废了，没有希望了，所有人都将唾弃自己。”小刘陷入了深深的恐惧和绝望之中。

二、案例分析

1. 问题表现

小刘目前的困扰或问题主要表现在以下四个方面：

（1）情绪方面：恐惧、焦虑、绝望。

（2）行为方面：哭泣、回避正常活动与社交、上网检索艾滋病相关消息。

（3）生理方面：胸闷、心慌、失眠、胃口不好。

（4）认知方面：“认为自己一定感染了 HIV 病毒，且感染意味着绝境”“所有人都将嘲笑、唾弃自己”“人生已经没有希望了”。

小刘的上述困扰持续了半个多月，正常的生活、学习均受到影响，主观痛苦感极强。

2. 成因分析

小刘在意识到自己处于较高的暴露风险后，灾难化地预测了自己一定感染了艾滋病，以及感染后一定会进入发病期，且无力支付终身的治疗费用，自己将受到身边环境的排挤和唾弃，错误认为感染艾滋病就等同于世界末日。若把以上想法当成事实，小刘必将体验到恐惧、绝望、焦虑、痛苦等情绪体验，在这些情绪的驱使下，小刘回避社交、自我隔离孤立、不眠不休检索艾滋病相关信息，强化了小刘认为自己已是感染者的认知，进入恶性循环。

三、处理建议

1. 帮助学生了解艾滋病相关政策并评估风险

辅导员可以建议小刘尽快和当地的疾病预防控制中心取得联系，可带小刘去就近的区疾控中心进行免费的艾滋病检测，若高危行为 3 周后的检测结果呈阴性，就意味着小刘并未感染 HIV 病毒。辅导员要让小刘明白，在未经医学检验的情况下，并不能判断自己是否已感染 HIV 病毒，目前的恐慌和焦虑更多来源于自己的想象。即使感染 HIV 也不代表世界末日，不要恐惧定期检测，及时发现、及时治疗，体内的病毒就不会发展成艾滋病。国家的“四免一关怀”政策保障了感染者的免费检测、免费提供抗病毒治疗药物，以及每个月 $CD4^{+}T$ 细胞免费检测。即使确诊感染，小刘也无需担心后续的检测和治疗费用的问题。虽然目前还没有能完全治愈艾滋病病毒感染或艾滋病的特效药物，但是目前的抗病毒联合用药，可降低血液中病毒量，提高人体免疫力，从而延缓发病或减轻症状，能够提高生活质量，延长生命。重在早发现，在病毒载量较低，免疫受损程度较低，$CD4^{+}T$ 细胞水平较高时，及时治疗，治疗后免疫功能更容易恢复。

2. 通过心理安抚减少学生过度恐慌

在评估无危机风险的情况下，辅导员可以通过定期谈心谈话安抚学生，也可以征得小刘同意，陪同前往学校的心理健康教育中心寻求专业心理咨询师的帮助。基于小刘之前也出现过高危行为，需向小刘做性安全方面的心理教育，否则，即使已经感染 HIV 病毒，也有可能遇到另一个 HIV 阳性而不自知的人，这个时候的高危性行为，会发生不同毒株的交叉感染，造成病情的恶化。

另外，要告知小刘正常的生活相处不会传播艾滋病，不必引起过度恐慌。HIV 感染者的隐私受法律保护，一切工作皆应在保护其隐私的基础上开展。

知识窗

发生高危行为后，怀疑自己可能感染 HIV，何时可检测 HIV？

现有诊断技术检测 HIV 抗体、抗原和核酸的窗口期分别为感染后的 3 周、2 周和 1 周左右。如果欲尽早检测 HIV，可到医疗机构或疾病预防控制中心做其他检测。

常采用暴露后紧急阻断药(PEP)治疗。简单来说就是在高危性行为之后，可以通过服用阻断药物来防止感染 HIV。若处于发生高危行为后的 72 小时内，请尽快前往当地的传染病防治院或疾病预防控制中心寻求 PEP 治疗，以防止 HIV 感染。阻断作用有效时间：高危行为后，1～2 小时内服用药物，效果最佳。72 小时内服用，阻断依然有效。超过 72 小时，艾滋病阻断的成功率降低，阻断药物的效力降低，但是依然可以有效地抑制 HIV 病毒，对于艾滋病的早期治疗有帮助。

第二篇

心理障碍篇

篇首语

根据2013年5月1日正式施行的《中华人民共和国精神卫生法》的规定，虽然心理障碍的诊断应当由精神科执业医师作出，其他人员不具备诊断权，但是心理咨询人员发现接受咨询的人员可能患有心理障碍的，应当建议其到符合规定的医疗机构就诊。因此，对于高校从事学生工作的老师而言，不管是辅导员、心理健康中心老师，还是班主任、导师、学工管理人员，一方面需要避免给学生贴“心理障碍”标签，另一方面也需要具备识别学生异常心理的能力。因为心理异常的学生不仅存在更高的心理健康风险，而且在处理时除了常规的心理健康教育、家校合作，可能还需要精神科医师的介入。

那么，如何区分正常和异常心理呢？其实人的心理与行为的正常与异常是相对的，即便是有心理障碍的人，他们的心理活动也并非完全异常，而且心理的异常与正常之间的差别也是相对的，两者之间在某些情况下可能有本质的差别，但在更多的情况下可能只是程度的不同。所以判断一个人心理是否异常，目前还没有一个完全统一和简洁的标准，但是一致的看法是正常和异常心理可以看作是一个从纯白色的完全正常到纯黑色的严重精神障碍之间的连续谱。

虽然目前还没有区分正常和异常心理的统一、简洁的标准，但是我们在日常生活当中，会基于自己的生活经验，来判断一个人的心理是正常还是异常的，这实际上是常识性的区分标准，一共有四条。

一、常识性区分标准

1. 出现离奇怪异的言行

当一个人出现离奇怪异的言谈、思想和行为的时候，我们就会推测这个人可能会存在着一些心理问题。比如在川流不息的车流中，一个女子站在了车顶上，很显然这是一个存在严重安全隐患的行为，是离奇、异常的。

2. 出现明显过度的情绪体验和表现

在生活中，我们总是会遇到这样或那样的事件来引发我们的情绪。但是，当情绪体验和表现与所经历的事件之间存在着严重不匹配的时候，就可能存在一些心理异常。比如当一位学生提交了一个作品，老师提出了意见，如果有些人认为老师的意见是在批评、指责自己，进而情绪崩溃，大吼大叫，很显然他的反应与他所经历的这件事之间存在着明显不匹配，我们就会推测这个人的心理可能出问题了。

3. 影响心理社会功能

成长的烦恼每个人都有，但是当烦恼已经比较影响我们心理社会功能的时候，就需要关注了，比如没法完成学习任务，没法跟周围人进行正常社交等。

4. 影响到他人

当一个人的行为持续影响到别人，并且在别人的提醒下，依然无法调整和改变时，我们就推测这个人的心理可能出问题了。

以上介绍的是区分正常和异常心理的四条常识性的标准。虽然这些是基于日常的生活经验，也不够严谨，但是它不失为我们在日常生活当中，对自己和他人的心理作出判断的一个简单、粗糙的标准。除此之外，还有区分正常和异常心理的四条专业判断标准。

二、专业判断标准

1. 内省经验标准

内省经验标准包括主观不适的体验，比如说有不舒服的情绪、身体的感受等，或者他人观察到异常。但是，这条标准会存在着一些不足。有的时候在一些特定的情境下，没有主观不适感，反而是一种异常。比如，很多重性精神障碍患者在发作期也意识不到自己存在心理问题。另外一个不足是同样的行为，不同的人观察可能也会存在着一些分歧。比如有人从不允许别人去碰他的桌子、床铺，如果一个非常爱干净的人，就很能理解该行为，但一个人平常对卫生要求比较低的人，可能就很难理解该行为。

2. 统计学标准

心理特征通常是正态分布，居中的大多数人属于心理正常，而远离中间，超过一定的标准，就被视为异常。即当一个人的心理和行为跟绝大多数人的表现明显不同的时候，可能就提示存在一些心理异常。这个判断标准也会存在一些不足。比如有些心理特征并不一定是正态分布，远离平均值也不代表一定是异常的。例如，智力超常并不代表异常。

3. 生物学标准

生物学标准主要是对大脑的生理功能和结构进行检查，如果发现了阳性的证据，同时有相应的心理异常表现，那么就基于此来判定心理异常的存在。这个判断标准也存在着一些不足。比如，心理障碍存在哪些特异性的大脑生理结构和功能的异常，还在探索当中，并不明确。因此本标准仅适合躯体器质性疾病伴发的心理障碍的判断。

4. 社会适应标准

如果一个人不能很好地适应社会，那么我们就会推测这个人可能存在一些心理异常。该标准的不足在于，人的心理行为与社会常规模式不相符，并不一定代表是异常，极具开拓精神和创造力的人，通常就会做出一些与社会常规不相符的一些行为。

以上提到的每一种标准，对于判断心理正常或异常都有一定的使用价值，但是并不能单靠某一个单独的标准来解决全部问题，因此应该互相补充，必要时需要寻求精神卫生工作者的帮助。

本篇章共有 13 个案例，由精神科医师、医院心理治疗师、高校辅导员、高校心理健康中心老师合作完成，涉及的心理障碍包括抑郁障碍、焦虑障碍、双相情感障碍、进食障碍、强迫障碍、网络成瘾和睡眠障碍等大学生常见的异常心理问题。希望通过这些案例的呈现，可以帮助大家更好地了解大学生常见心理障碍的临床表现和病因，提升异常心理的识别和处理能力。

01 抑郁障碍

案例31 想要改变命运的抑郁少女

一、案例呈现

班级心理委员向辅导员反映，最近一个月，发现同学小金（化名）经常在朋友圈发一些悲观厌世的图文，比如“生活是一种极可怕的苦役，人终有一死，又何苦这么痛苦地活着？”“我的身体居住着两个灵魂，白天看上去是个人，晚上是个躲在被窝里流泪的废物。”“看不见的伤痕最疼，难过，一个人承受就好。”同时，心理委员从小金的舍友处了解到，小金最近总是无精打采的，看上去很不开心，话也明显少了，曾经对其中一位舍友说道：“整夜失眠，想去医院开安眠药。”心理委员去关心她，她却总是说：“谢谢你的关心，我没什么。”

于是，辅导员邀请小金到学院的谈心室谈话。看到一脸忧愁的小金，辅导员表达了对她的关心和担心，并告诉她：“我感觉到你现在很难过，很希望能为你分担一些，只要你愿意跟我说的，我都非常愿意听。”小金渐渐开始愿意跟辅导员诉说一些自己的苦恼。

从她的叙述中，辅导员得知小金家庭贫困，母亲身体不好，父亲打零工，自己读大学的费用主要靠国家助学贷款。小金从小学习非常刻苦，成绩优异，也常主动为家庭分担家务活，她不希望父母在为生计辛苦奔波的时候还操心自己的学习和生活。同时，小金很想通过自己的努力来改善家庭的经济状况，从而改变命运。

上大学后，小金不想申请助学金，感觉这样低人一等，她想通过自己的努力获得奖学金，靠自己的劳动减轻家庭的经济负担。所以，即便大一的学业重，小金在完成学业的同时，仍在学校图书馆的勤工助学岗兼职，并在校外做家教，对家里也是报喜不报忧。本来大一上学期一切都很顺利，但下学期专业课排得较满，课程难度加大，小金学起来有些吃力，多次作业的评分都不高，她开始担心自己成绩下滑。为此，在照常兼职的情况下，小金每天早起 1 小时去教室学习。由于睡眠不足，小金经常觉得身体疲惫，有时上课也难以集中注意力，学习上更是没有起色。因此，小金更为焦虑，认为自己肯定拿不到奖学金了。

起初，小金只是认为自己压力太大了，于是她特意请假，停了两周的兼职，想放松一下，做一些感兴趣的事情，比如运动、看电影之类。但是事与愿违，小金发现即便暂时没有了兼职的压力，自己晚上也很难入睡，白天没精打采，根本不想动，连看电影也觉得提不起精神，更别提运动了。最近一个月，小金越来越觉得力不从心，白天不想与人说话，自感记忆力下降、反应变慢。虽然勉强能去上课，但明显效率低下，她感觉自己像一头笨重的、走不动路的老黄牛，为此郁闷、焦虑，甚至担心自己无法完成学业，进而会被周围人耻笑。小金对自己也越来越不满意，认为自己变成现在这个样子都是无能的表现，深感自责、内疚。她觉得对不起父母，更不愿意将自己的痛苦告诉父母，怕他们担心，而让父母为自己操心是小金最不想看到的。小金对自己目前的处境很着急，但又不知道该怎么办，有时甚至想过不活了，但考虑到父母又很犹豫。

二、案例分析

1. 问题表现

小金目前的困扰或问题主要表现在以下四个方面：

（1）情绪方面：表现为情绪低落、焦虑，容易自责、内疚。

（2）行为方面：表现为动力不足，话变少，难以有效完成学业和兼职。

（3）生理方面：表现为失眠、易疲惫。

（4）认知方面：表现为注意力不集中、记忆力下降，对自己评价低，对未来充满担心，有不想活的念头。

小金的以上困扰已经持续了一个多月，主观痛苦感强，正常的生活、社交和学习均受到影响，且存在不想活的念头，初步考虑小金目前处于抑郁状态。

2. 成因分析

抑郁发作的病因和发病机制尚不清楚，大量研究提示与遗传因素、神经生化因素和心理社会因素等有关，这需要精神科医生进一步询问病史和进行医学检查。现从心理社会学角度，对小金当前问题的成因做简要分析。

从当前辅导员了解到的信息来看，小金的抑郁发作与以下两个社会应激事件有关：一是小金家庭贫困，维持学业和生活的经济来源难以保障，面临很大的经济压力；二是学业任务加重，课程难度加大，学业压力增加，且学业与兼职存在一定的冲突。

经济压力和学业压力并非一定会导致抑郁的发生，正如并非每一位面临如此压力的学生都会出现抑郁症状一样。这就跟个体的心理学因素有关，常见的包括个体的思维方式和应对方式。

思维方式是指个体看待自己、他人和世界的方式。“申请助学金会低人一等”“自己现在这样就是无能，会完成不了学业，会被别人耻笑”“父母知道了自己现在的状况会担心自己，而自己不能让父母操心”等消极的思维方式影响了小金的情绪和行为。例如“申请助学金会低人一等”的想法会让小金拒绝使用申请助学金的方式来缓解自己的经济压力。“自己变成现在这个样子就是无能”的想法会让她感到焦虑、沮丧和悲伤。“自己不能让父母操心”的想法又会让小金深感内疚、自责，并拒绝将自己的境况告诉父母。消极的思维方式让小金的情绪和行为也变得消极，而消极的情绪和行为则反过来又会加剧原本就消极的想法，进而造成恶性循环。

应对方式是指个体处理困难和挫折的方式，常见的有解决问题、求助、逃避、情绪化、幻想等，其中解决问题和求助是相对比较积极的应对方式，其余则是比较消极的应对方式。如果个体能通过积极的方式来应对困扰，那么其出现心理问题的可能性就会降低。小金的应对方式起初是想解决问题，希望继续兼顾学业和兼职，但很显然效果不佳。随后，小金开始出现情绪困扰，逐步陷入了消极情绪的“黑洞”，这影响了小金解决问题能力的发挥，也阻碍了其寻求帮助的步伐。

三、处理建议

针对小金当前的心理健康状况，需要在对其予以理解和共情，保护好其隐私和自尊心的同时，做好以下四部分内容，从而为其走出困境保驾护航，具体如下。

1. 促进其对疾病的认识

由于小金对“抑郁症”缺乏认识，错误地认为“自己变成现在这样都是无能的表现”，因而有很强的自责感，也不知如何帮助自己，这严重阻碍了其疾病的治疗和康复。因此，需要先对其进行疾病相关的心理教育，帮助她对自己目前的心理健康状况有更科学的认识，以减少其自责、无助，明确解决问题的方法。

由于学校老师（如辅导员）无法诊断其是否患“抑郁症”，故心理教育时可以笼统以“情绪生病”来概括。心理教育的主要内容包括以下三点：

（1）向小金解释其目前情绪低落、动力不足、注意力不集中等问题均是“情绪生病”的表现，而不是自己“无能或不努力”导致的，减轻自责感。

（2）向其介绍“情绪生病”的常见性，减少病耻感、给予希望。

（3）进一步向其介绍“情绪生病”的可治疗性以及常见的治疗方法（心理治疗及必要时的药物治疗）。

2. 鼓励其与父母沟通

“小金不愿意将自己的痛苦告诉父母，怕他们担心”类似这样的想法阻碍了其从父母处获得帮助，让自己变成了“独自承担痛苦的人”，不利于疾病的康复。此时，可以尝试让小金“换位思考”，即如果父母生病了，小金是否希望父母能主动告知？并想象“如果自己把目前的处境告诉父母，会发生什么？对自己的好处和坏处分别是什么？坏处如何尽可能避免？”若小金还是难以决定是否要告诉父母，也可以对每个选择进行利弊分析，帮助其梳理，并做出决定。

同时，由于处于抑郁发作期的小金存在一定的生命安全风险，所以辅导员需要明确告知小金，考虑到她的生命安全及健康状况，老师会联系其父母来校沟通。

3. 寻求专业帮助

（1）在征得小金同意的情况下，陪同其前往学校心理健康中心寻求心理咨询师的帮助。

（2）将小金目前的情况及可能发生的生命安全风险告知其父母，并对其父母进行相关的心理教育，陪同家长及小金前往专科医院就诊，请家长承担起孩子的治疗和安全陪护工作。

4. 汇聚多方资源

（1）在征得小金同意的情况下，邀请学院老师、同学在其生活和学习上提供力所能及的帮助，予以心理支持。

（2）鼓励小金与自己信任的亲朋好友沟通交流，寻求心理支持。

（3）适当鼓励和带领小金参与班级建设，以及学校组织的文体活动、社团活动等，在活动中提升情绪，重获希望与信心。

（4）在征得小金同意的情况下，帮助她熟悉大学生医保政策，协助其申请助学金或困难补助金，寻找合适的兼职，减轻经济压力。

知识窗

抑郁症的临床表现主要包括三个方面：心理症状群、躯体症状群和核心症状群。其中，心理症状群包括认知、情绪和行为三个层面，如注意力不集中、记忆力下降、思维反应慢，对自己、他人和未来存在着一些消极的、悲观认知，情绪低落、焦虑、内疚、绝望，不想说话、不想出门、回避社交、缺乏动力，出现自杀想法和行为等。躯体症状群表现在睡眠、饮食、身体不适等方面，如失眠或睡眠过多、胃肠道的紊乱、食欲下降、慢性疼痛、心慌气短、头昏脑涨、性欲减退等。不同抑郁症患者在心理症状和躯体症状上会有所不同，但都存在情绪低落、兴趣减退和精力下降，这三种症状被称为抑郁症的核心症状。

抑郁症的治疗包括药物治疗、心理治疗和物理治疗等。治疗方案视抑郁症状的严重程度而定。对存在自杀风险的患者，需要及时采取预防自杀措施，必要时住院治疗；对轻到中度的抑郁症患者，可以考虑心理治疗，或者心理治疗合并药物治疗；对于症状严重的患者，首选药物治疗。

案例 32　护航复学之路，重塑美好未来

一、案例呈现

期中考试结束后，大二年级辅导员张老师（化名）特地查询了小琳（化名）的成绩，发现小琳几门课的成绩基本都是班级末游水平，心中有些担心。小琳是这学期开始时新加入的学生，原本在上一个年级就读，因为抑郁症休学了一段时间，休学期间经历了药物治疗和心理治疗后好转进入康复期，经学校心理中心评估后复学。

张老师先从班干部处了解情况。班干部反映，小琳平时都准时出勤了所有课程，只是每次都坐在教室角落，"可能是她在咱们班上也没有室友吧，一般大家都是和室友坐一块儿的。""我有一次课堂分组讨论时刚好和小琳分到一组，讨论时她不怎么爱说话，确实跟大家不太熟悉，别的同学都已经相处了一年了。"另一位班干部说道。听完班干部们的反映，张老师感到对小琳的关心还是不够深入，忽视了她复学后进入新班级的心理感受。

其实张老师在学期初时曾经约谈过小琳，关心她开学以来有没有什么困难，生活是否适应，当时她的回答是"还好""还行"之类的词语。这次，张老师决定再次找小琳好好聊聊。坐在办公室里的小琳看起来文静腼腆，张老师用最温和的语气说道："新学期已经过去两个多月啦，这段时间过得怎么样，有什么我可以帮到你的地方吗？"小琳沉默了一会儿回答说："谢谢老师关心，都还可以。"

小琳的回答在张老师的意料之中，但这次，张老师做了功课。张老师通过入学材料和小琳以前的老师了解到她的兴趣爱好是小提琴，高中时还曾经是班级的文艺委员。于是，张老师从兴趣爱好入手，请教了一些小提琴方面的问题。渐渐地，小琳的话匣子打开了，状态也放松下来，和张老师的距离也慢慢拉近了。在张老师的鼓励和引导下，小琳开始讲述复学之后的经历。

由于长时间脱离学习状态，小琳复学后感到有点力不从心，上课时经常容易分神，课后学习效率也很低，有时前一节的知识还没来得及消化，下一节课的疑难问题又来了，疑难越积越多，学习就越来越吃力。小琳想，

会不会和服用的药物有关系？于是，在一个月前悄悄停止了服药，结果停药后的学习状态并没有得到好转，反倒情绪上变得不大稳定。

停药以来的这段时间，情绪的反复让小琳害怕抑郁症会再次发作，担心再次经历之前的那段痛苦时光。那时候小琳每天精神不振，情绪低落，什么事都不想做。小琳有些失落地说道："听说抑郁症很难完全治愈，而且我也没法和朋友分享这些令人纠结和难受的事，如果让同学知道我是因为抑郁症休学的，一定会用有色眼镜看我，会觉得我是个脆弱的人，感觉有点丢人。"

因为复学后学校没有安排换宿舍，小琳还是和以前的室友们一起住。小琳担心室友会因为自己休学而看不起自己，所以会避免和室友们有过多交往，慢慢封闭了自己。"她们好像和我很客气，每当我在宿舍的时候，她们都比较安静，关灯睡觉、洗漱有声音时都会特地先询问我意见。"小琳的脸上浮上一层愁云。她认为室友是怕刺激到自己、刻意回避自己，好像自己被特殊对待了，心里更加不舒服。

二、案例分析

1. 问题表现

小琳因处于抑郁症康复期，复学后表现出学业困难、人际关系适应不良、病耻感、情绪波动等问题。

（1）学业困难：小琳感到注意力不集中，效率没有以前高，学业上存在压力，成绩也不理想。

（2）人际关系适应不良：小琳复学后进入到新的班级，没有熟悉的同学和朋友，在融入新环境时出现人际关系适应不良，室友关系呈现出客气和疏离，与他人建立深层次关系时感到困难。

（3）病耻感：小琳认为患有抑郁症很丢人，害怕他人知晓，避免与他人谈论休学原因。

（4）情绪波动：在康复期间，小琳经历了情绪的起伏，时常会感到伤心和悲观。

2. 成因分析

由于小琳曾确诊抑郁症，目前未完全康复，复学后表现出明显的不适应情况，包括学业上的困难、人际关系不良、私自停药后导致情绪波动、滋生病耻感等问题。究其原因有以下四点：

（1）抑郁症本身症状的影响：首先，抑郁症本身具有复杂性、反复性和长期性，康复期间，小琳感受到情绪波动是一种符合抑郁症患者情绪特点的体验，但这不一定意味着抑郁症的复发。其次，抑郁症状可能会导致患者自信心和自身内驱力的下降，影响学习兴趣和学习意愿，进而增加学业困难。

（2）个体心理过程出现偏差：许多抑郁症患者往往会将患有抑郁症视为自己的“错”，自我认知出现偏差，注意力不集中、记忆力减退等表现又会使其出现更多的自我否定，进而产生负面情绪。这种自我指责和负面情绪最终会加剧病耻感，病耻感又会影响小琳在人际交往中的表现。

（3）药物影响：抑郁症康复期间维持一定剂量的药物治疗是十分必要的，除非医生建议患者可以完全停药。所以，小琳私自停药无疑会给她带来症状复发的风险，影响康复效果。

（4）环境变化：小琳在复学后加入了新的班级，作为一名新成员，与班级中的同学本身就不熟悉，客观上有一定社交难度，加之小琳本身缺乏一些社交技巧，从而难以与同学建立良好的人际关系。

三、处理建议

1. 主动约谈，充分共情，建立信任

对于抑郁症康复期的学生，辅导员需要随时关注该生的学习和生活情况，通过询问小琳的班级同学、室友等了解情况，对小琳目前所处的身心状态做出预判。针对周围同学反映的情况，总结小琳所面临的主要问题，制订与小琳谈心谈话的策略。约谈中可通过充分共情，营造无压力感的交流环境。只有充分建立起师生之间的信任关系，才能深入了解小琳在复学后遇到的困难。

2. 客观分析，明晰症结，给予帮扶

（1）提供心理教育：辅导员需敦促小琳遵从医嘱，了解药物治疗的必要性和私自停药的危害性，劝服学生继续服药。辅导员还可以联系学校心理老师对小琳开展抑郁症相关的心理知识普及，帮助小琳认识到抑郁症的

特性，减轻对抑郁症复发的恐惧和担忧。

（2）开展学业帮扶：在征得小琳同意的前提下，辅导员可以与专业课老师、学业出色的学长学姐、班干部等联系，开展结对子帮扶活动。引导小琳在复学后把握好学习的节奏，根据自己的实际情况进行适当规划，同时提供一些学习方法的指导。

（3）助力人际交往：辅导员可以引导小琳多与身边同学接触，多参加集体活动，鼓励她多参加音乐类的社团和文艺活动，展示小提琴特长，在活动中促使小琳主动与人沟通并培养自信。辅导员还可以充分利用朋辈群体力量，发挥朋辈互助，深入班级和宿舍，积极鼓励和引导寝室室友和班级同学正确理解小琳的处境，多关心、多支持、多陪伴，帮助小琳接纳同学的帮助。情感的联系、流动和支持可以有效促进小琳的情绪稳定，帮助她更顺利地度过康复期。

3. 持续追踪，家校联动，多方推动

针对抑郁症康复期的学生，辅导员需定期追踪学生动态，了解小琳后期在学习生活中的变化，关注其在集体活动方面的参与度，以及与他人沟通交往方面的状态。作为辅导员，需做好倾听者、陪伴者、支持者，同时也需做好家庭、学校的联络员，积极发挥班级心理委员和寝室长的信息反馈作用，用好家校联动机制，建立寝室 - 班级 - 学校 - 家庭多方帮扶体系，充分调动和运用家长对抑郁症康复期学生的情感支持作用，汇聚各方力量，共同为小琳的复学和康复保驾护航。

02 双相情感障碍

案例33 滔滔不绝的小钱

一、案例呈现

一天，辅导员马老师（化名）接连收到了三位学生的短信，反映的都是与同寝室的小钱（化名）的矛盾。有的说小钱经常在宿舍玩游戏，而且边玩边口吐脏话，如果加以制止，他会非常激动，骂人甚至砸东西；还有同学说小钱最近变得很容易发脾气，遇到类似不小心把他的书碰到地上之类的小事，都会大动肝火；另一位同学说小钱经常趾高气扬地指挥舍友们做事，不按照他的想法来做，便会甩脸色，甚至骂人。马老师觉得很意外，因为在他的印象中，小钱是一位服过兵役、学习认真、性格内向、比较沉默寡言的孩子，但是，三名舍友同时反映小钱的问题，不得不引起马老师的重视。于是，马老师约了小钱的三位舍友当面了解情况。

三位舍友在见到马老师之后，更是对小钱怨声载道。他们反映，这学期在专升本考试成绩发布后不久，他们就发现没有通过考试的小钱变得跟以往不太一样，尤其是情绪，很容易阴晴不定，常常因为鸡毛蒜皮的小事情发脾气；喜欢指挥其他人，比如听到外面防空警报演习，要求所有人默哀缅怀先烈，没有默哀便大声指责；花钱多且随意，看到什么就想买什么；还经常无故请客吃饭，吃饭时喜欢吹嘘自己多么的了不起，认识很多军队的大领导。马老师在听到舍友们的反映后，首先安抚了大家的情绪，并且承诺会立即跟小钱以及他的父母沟通、处理此事，并建议大家在与小钱相处时，尽可能避免激化矛盾、冲突，有问题随时告知自己来处理。

随后，马老师联系了小钱。小钱一见到马老师，就热情地与他握手，还没等马老师说话，小钱就开始说他未来的规划，想毕业后考军校的研究生，研究高科技在现代军事中的运用，认为自己在这方面有非常高的天赋，现在很有干劲，每晚睡 3～4 个小时就够了，自己肯定能成为一名伟大的军工人才，还手舞足蹈地说自己是钱学森的后代，获得"国家杰出贡献科学家"是早晚的事。马老师试图打断小钱的"滔滔不绝"，但还没说两句话，小钱又开始讲他之前在军队服役时的"光辉事迹"。马老师见小钱全程都非常兴奋，也就没有再打断他，在小钱终于感到口干舌燥时才嘱咐他回去好好休息。

通过小钱舍友的反馈，以及与小钱谈话时观察到的异常兴奋的表现，马老师赶紧联系了小钱的父母到校。在与小钱父母的初步沟通中得知，小钱除了要钱，平时很少与父母联系，父母反映他这学期花钱比往常多了很多，稍微多问几句，就对他们大发脾气。小钱父母还补充说，小钱是家中独子，他们是生意人，文化程度都不高，从小在学习上对小钱要求很严格，花了很多钱给他补课，但成绩一般，除了学习，他们不太管小钱。小钱服兵役期间觉得军队气氛压抑，纪律管理严格，曾出现两个月左右的情绪不好，具体表现为：情绪低落，高兴不起来；反应慢，脑子像生锈了一样转不动；不想见人，不想做事，觉得自己适应不了军队生活，担心自己完成不了军事训练；对前途感到悲观，不知道以后怎么办，觉得生活无趣没有意义。这种情况持续两个月后也就好了，所以没太关注。

会谈过后，马老师将了解到的信息向心理中心的老师进行了匿名咨询，心理老师建议小钱父母带其到专科医院进行进一步的诊断治疗。

二、案例分析

1. 问题表现

小钱在部队期间存在思维迟缓、情绪低落、意志活动减退"知情意三低"症状，其中情绪低落体现在做事没有愉快体验，没有兴趣做事，没有能让其心情放松的事情；思维迟缓体现在反应慢、思考问题困难、犹豫不决；意志活动减退多表现为悲观消极、觉得活着没意思等体验。而小钱近期的状况与服役期间相反，表现为思维奔逸、情感高涨、活动增多“三高”症状，其中情感高涨体现在兴高采烈，情感体验丰富，过分的愉快体验；思维奔逸体现在觉得脑子反应快，联想快、语速快等；活动增多体现在忙忙碌碌、精力旺盛、管闲事等。

以上症状符合双相情感障碍的特征。正常人也会有情绪低落或兴奋的体验，并且可能也会有波动，但内心体验的程度和持续时间远不及双相情感障碍那样强烈和持久，正常人的情绪体验对工作、生活、心理社会功能不会有较大的影响，而双相情感障碍的心理社会功能会受很大影响。

2. 成因分析

双相情感障碍目前病因不明，既往研究显示遗传因素、生物学因素、社会心理因素都会对疾病的发生、发展产生影响。一级亲属患有双相情感障碍提示个体的患病风险增高。研究显示，脑内5-羟色胺缺乏可能是双相情感障碍的发病基础，在此基础上，如果脑内去甲肾上腺素功能低下则会出现抑郁症状，去甲肾上腺素功能亢进则可能会出现躁狂症状。另外，多巴胺功能低下也与抑郁相关，多巴胺功能升高则与躁狂有关。社会心理因素如缺乏社会支持、家庭环境不良、日常生活作息不规律、负性应激事件等是疾病的危险因素。本案例中小钱专升本考试未通过，父母对小钱在学习上的过于严格以及生活上的过于宽松，亲子沟通较少等均是小钱出现问题的危险因素。

三、处理建议

1. 做好心理障碍相关的心理教育

双相情感障碍作为一种严重影响患者心理社会功能的精神疾病，在治疗中需要精神科医生的介入。学校在保护小钱隐私的前提下，应对其父母，知情的同学和老师进行与双相情感障碍相关的心理教育，帮助他们了解疾病的症状、治疗方法以及与其相处的方法。双相情感障碍在治疗中以药物治疗为主，首次诊断的患者，建议服用2～3年的药物，多次发病的患者建议长期服药，服药期间应监督治疗依从性，定期门诊随诊。在平常相处中，应避免激惹小钱，激化矛盾冲突。同时，在整个过程中，相关人员应最大限度保护好小钱的个人隐私。

2. 建立家校联盟，积极处理拒绝就医问题

双相情感障碍患者在就医中普遍难点问题是受疾病影响，患者对自身问题的认识不足，通常不肯就医。小钱情绪不稳定，容易出现冲动行为，也会引发人际冲突，存在伤到自己及他人的风险。辅导员及心理老师应与小钱的父母充分沟通，告知小钱目前的具体情况，可能出现的风险，以及父母应履行的监护义务，建议其来校做好监护和陪诊工作，并以书面等痕迹化形式做好记录。如小钱及其家属经反复经劝说后不肯就医，且小钱有危害他人安全的危险，必要时学校可以联系公安机关送诊。

3. 予以心理支持

对于处于躁狂状态的个体，此时多数情况下难以进行心理干预，早期还是以药物治疗为主，等情绪稳定后再行相关康复治疗。因此，在小钱已经接受了精神科治疗，病情稳定时，若其愿意，学校心理老师也可以提供以心理支持与心理健康教育为主的心理辅导。心理健康教育的目的是帮助小钱了解到双相情感障碍是一种生理功能的紊乱，认识到药物治疗的重要性，建立规律的生活作息行为习惯。心理支持的目的是给予小钱理解与支持，尤其是帮助其应对生病后可能会出现的病耻感。另外，在小钱处于抑郁期时，也可以进行认知行为干预，包括认知重建，目的是减轻抑郁症状，纠正功能不良性认知，探讨不良的应对方式，并可以联合行为激活、社交技能训练等行为技术减轻环境应激和增强适应性。

知识窗

双相情感障碍是一类既有躁狂或轻躁狂发作，又有抑郁发作的一类重性精神障碍。双相情感障碍病程一般呈发作性，发作间期正常或接近正常。躁狂和抑郁常常交替出现或反复循环，躁狂和抑郁也可以混合形式存在。药物治疗是双相情感障碍治

疗的传统方法，包括心境稳定剂如碳酸锂、丙戊酸盐、拉莫三嗪等，抗精神病药物如奥氮平、喹硫平等。社会心理因素在双相情感障碍的发生、发展和转归方面起到了重要作用。双相情感障碍疾病复发率很高，首次急性发作后，1 年内的复发率 40%，2 年内的复发率 60%，5 年内的复发率 75%。

03 焦虑障碍

案例34 持续担心的女同学

一、案例呈现

临近期末考试，大家都在努力复习，班级心理委员连续几天发现舍友刘同学（化名）每天都在唉声叹气，晚上很晚不睡，接连几天在QQ空间里发表一些负能量的图文。例如“累的时候，就想躺下来摆烂”“医学虐我千百遍……”“猝死的第二大病因是什么？外科学。猝死的第一大病因是什么？内科学”“学医很轻松，就是头冷”等。心理委员将刘同学的情况汇报给辅导员，辅导员找到刘同学谈心谈话，了解情况后，帮她预约了心理中心的李老师（化名）。

李老师了解到，刘同学是一位有完美主义倾向的女生。刘同学在每节课上课前和下课后都会很焦虑，课前担心上课听不懂，课后总是担心老师布置的作业内容做不好，她认为永远都有做不完的内容，同时她还要兼顾学院的社团活动，经常让自己很辛苦。刘同学表示高考没有发挥好，调剂到了一个不是很喜欢的专业，所以大一时期更加努力地准备考试，才转专业到现在的学院。

刘同学反映在转专业前，自己的备考过程就很煎熬，每天都很内耗。如果早上起来晚了一点，看到舍友都出门去图书馆了，自己就会非常自责，后悔没有早起，顿时陷入慌乱，担心自己落下了进度。如果在图书馆坐上半天看不进去，效率低下，就会更加焦虑，脑子里都是担心自己考不好、转专业失败等想法。那时候自己常常休息不好，晚上也会担心得无法入睡，会逼迫自己不能休息，常常过度复习，考试时胸闷、缺氧、想吐，后来又有了突发性耳聋，而现在会有耳鸣的后遗症。

刘同学原本想要放弃转专业了，感觉对自己造成了过大的压力，但是没想到坚持去参加考试竟然成功了，所以有一阵子自己心情非常愉快，之前的焦虑都缓解了很多。但是现在来到考试月，那种强大的压力感和担心考不好的状态又回来了。自己有时候坐在书本前很久，也没看几行，注意力不够集中，常常就有“考不好怎么办？自己拿不到奖学金了怎么办？现在专业的同学都学得那么好，他们本来就是这个专业的，自己后面进来的吃亏，不如别人怎么办?”等想法萦绕在脑海。

刘同学说自己走在路上的时候，如果看到垃圾桶或者脏的东西，就非常难受、恶心，所以常常避开不敢看。如果看了，就会难受很久，后悔看了马路上的阴沟。家里人也是这样，他们好像都常常担心自己的身体状况。比如爷爷经常失眠，常常跑到医院门诊去看病，每天担心自己生病，还经常怀疑自己得了严重的病，但其实他体检没什么大毛病。她的父亲是其所在中学的老师，父母从小就对她的学习有着较高的期待。父亲常常会因为一点小事就说个不停，严厉批判在他看来不对的事情。她深刻地记得有一次自己拿着 92 分的试卷回家时，从父亲脸上还是看到了失望的表情，对于扣掉的 8 分，刘同学战战兢兢，也伤心不已，既自责又难受。回忆中最开始感到焦虑和担心是在初中开始，升学后所学习的科目增多，成绩不稳定，自己一方面感到学业压力大，一方面担心父亲给予的否定评价。

刘同学很在乎别人对自己的看法，认为别人的想法和评价对自己影响很大，有时候会担心周围的朋友误解自己，认为自己不好。近期在学习和生活中常常感到担心、不安和紧张，会害怕一些不好的事情发生，比如自己忽然感冒或者生很严重的病，比如上课前自己准备得不好，上课听不懂，课后不能完成老师安排的任务，不能复习好，准备不好考试……常常会思前想后，放松不下来。

二、案例分析

1. 问题表现

刘同学目前的困扰或问题主要表现在以下四个方面：

（1）情绪方面：表现为持续的担心、慌乱、多种忧虑。

（2）行为方面：表现为过度复习，追求完美，不敢看脏东西。

（3）生理方面：表现为胸闷、缺氧、想吐，突发性耳聋，入睡困难，早醒。

（4）认知方面：表现为注意力不集中、记忆力下降，对自己评价低，过度关注自己的身体，害怕一些不好的事情发生，持续担心未来。

刘同学以上的困扰已经持续了好多年，她从初中开始就有这样的担心和焦虑情况，主观痛苦感强，正常的生活、社交和学习均受到影响，初步考虑刘同学可能患有广泛性焦虑障碍（generalized anxiety disorder，GAD）。

2. 成因分析

患有广泛性焦虑障碍的个体会表现出极端和/或慢性忧心忡忡的担忧，个体难以控制这种担心，同时也表现出相应的躯体症状，经常主诉疲劳、心神不定、坐立不安、心悸、多汗、容易激惹、肌肉紧张和失眠。GAD患者不仅仅担忧一个特定的刺激源或问题，他们通常报告是逐渐缓慢发病，而且从童年起就感到焦虑了。GAD与一些具体的人格特质有关，比如神经质、抑郁、挫折耐受力低。

刘同学的父亲是其所在中学的老师，父母从小就对她的学习有着较高的期待。刘同学也认同并内化了父母的期待，认为自己就应该是个学习好的好孩子，不应该犯错。刘同学记忆中的父亲是对自己失望、不肯定或者否定自己的。当自己拿着92分的试卷回家时，父亲流露出失望的表情，因此导致刘同学对扣掉的8分既自责又难受，也学会否定自己。过往经历对于刘同学的认知有着至关重要的影响，在刘同学的认知里如果学习不好就不被人喜爱，而且对自己制订了相对完美的标准，如果达不到，自己就是愚笨的。这样的评价标准往往会导致刘同学经常处于焦虑的状态，担心自己的成绩，某个时刻又衍生出担心其他的事情做不好，其实是在担心自己不被人所爱，不能成为一个很好的自己。

三、处理建议

1. 耐心倾听与理解

医学院校学生的学业压力确实相对大一些，对于大多数学医的同学来说都较难轻松应对。一般来到考试月，大家都会持续一段时间紧张地备战多门课程考试。同样的压力情境对于一些易感性强的同学来讲确实会倍感压力。刘同学的压力已经影响到她的心理社会功能和睡眠作息，辅导员可以耐心倾听并理解刘同学的难处，告知出现一定的紧张和焦虑属于正常的情绪反应，帮助她先接纳自己的焦虑情绪，了解她的情绪发展动态，给予关心和帮助。

2. 引导其寻求专业帮助

辅导员可以鼓励并引导刘同学到学校的心理咨询室接受专业的心理评估，以确定是否需要去精神卫生专科医院寻求医学帮助。专业人员往往处理过大量的类似个案，能从专业的角度，为刘同学提供更有效的帮助。可以给刘同学讲解“倒U形假说”，也称为“耶基斯和多德森法则”，即动机水平与行为表现的关系呈倒U形曲线，行为表现随着动机水平的增加而变得更好，但是增加到某一点时，若动机水平再增加，行为表现反而会变得更差。所以，保持适度的动机水平会使得行为表现更优，过低或过高的动机水平都会影响行为表现。

3. 发动朋辈力量缓解学业压力

学院或班级可以定期组织学业压力调适、学习方法、考试心态等方面的交流分享，邀请有经验的学长和学姐分享自己的学习经验。针对考研以及相对较难的科目，也可以专门设定专题辅导和培训，鼓励同学们科学备考。校心理中心可以专门组建朋辈团体心理辅导，给需要的学生提供一个交流和互助的平台。

4. 家校联动，帮助其获得家人的理解与帮助

在征得刘同学同意的情况下，学校老师有必要联系其父母，让他们了解孩子目前的心理和学业状况，对家长进行一定的心理教育和问题科普，鼓励父母给予刘同学更多的理解和认可，从家庭层面缓解刘同学的状况。

5. 开展学习方法类和心理类的讲座

可以在全院层面针对各个年级，开展学习方法类讲座，以及常见情绪问题的心理科普，帮助学生们了解自己的情绪，提升处理情绪的能力。

知识窗

DSM-5 中广泛性焦虑障碍的诊断标准

在至少 6 个月的时间里，对于诸多事情或活动表现出过分的焦虑和担心，个体难以控制这种担心。至少存在以下 6 种症状中的 3 种：①坐立不安或感到紧张或激动；②容易疲倦；③注意力难以集中或头脑一片空白；④易怒；⑤肌肉紧张；⑥睡眠障碍（难以入睡或保持睡眠状态，或休息不足、睡眠质量不满意）。这种焦虑、担心或躯体症状引起临床意义的痛苦，或导致社交、职业或其他功能的损害。这种障碍不能归因于物质或其他精神障碍来解释。

GAD 的核心认知特征是担忧，缺乏容忍不确定感的能力是 GAD 认知加工的特点。心理社会治疗方法尤其是认知行为治疗（cognitive behavior therapy，CBT）已被证明对于 GAD 有较好的效果，比非指导性治疗方法、安慰剂或苯二氮䓬类药物更加有效。经过 CBT 治疗后，77% 的患者有效缓解，能够维持疗效的改善。

参考文献

美国精神医学学会 . 精神障碍诊断与统计手册[M].5 版 . 张道龙，等，译 . 北京：北京大学出版社，2015.

案例 35 急诊科拒诊的真相

一、案例呈现

晚上九点，辅导员林老师（化名）刚刚结束了加班，因为刚接手孕期同事的 2 个班级，所以事务变得更繁忙。这时候手机响起，是新接手班级里的一位女生，她急切地说："老师，你能快来一趟医院吗？小言（化名）呼吸困难，心跳特别快，一直说自己快要死了，但是我们来急诊科，医生却拒绝我们入院接受治疗。"

林老师赶紧让女生再次和医生沟通，因为医院离学校不远，林老师抓起外套马上赶往医院，心里疑惑重重：医生都是以救死扶伤为使命的，怎么会把出现紧急情况的学生挡在急诊科外面呢？

急诊科的一位年轻医生好像知道林老师要来，在科室门口迎接了林老师。林老师刚要说话，医生拿手往急诊室外面的座椅上一指，只见三个女生坐在座椅上，其中一个女生身材瘦小，面色苍白，正拿着一个牛皮纸袋，罩在口鼻上呼吸，虽然身体还有一些颤抖，但是好像已经恢复了一点平静。她的眼神迷离，似灵魂出窍。

"医生，这是怎么回事呢？她现在情况怎么样？好像已经没有呼吸困难了？"林老师急急忙忙地问。医生低声和林老师说："老师，这是我在急诊第三次遇到这位女生了，我们科的几位医生都认得她。在前几次就诊中，我们已经给她做了全面的身体检查，其中包括心血管和呼吸系统的检查，排除了几乎所有的病理变化，她的身体可以说是基本正常的。但她一直跑来我们急诊科，每次都要我们给她检查一遍，这让我们十分为难。"医生摊摊手，显得有点无奈。

林老师心里的疑惑一个接着一个，她转身安抚了三位女生，询问了小言的状况和感受，陪伴了一小会儿，然后又回到医生身边问道："医生，既然她身体检查是没问题的，为什么她会出现心跳加速，呼吸困难的情况呢？而且不止一次？"医生回答："根据我们主任的判断，她这个应该是惊恐发作，最好能去找一下精神科的医生看一看。"

林老师虽然还是觉得很疑惑，但是她至少得到了"惊恐发作"这个线索，继续和医生协商，想要最后做一次身体的全面检查，如果依然查不出什么问题，下次就绝不再打扰了。医生也通情达理地同意了，又给小言做了一次全面的身体检查，还给小言开了 24 小时动态心电图监测。

在小言接受检查的同时，林老师拨通了小言原辅导员的电话，了解到小言确实在过去的一年内反复出现呼吸困难，自诉濒死体验，到急诊科就诊 3 次，家长也跑来学校带她去医院看过几次，但是依然找不到头绪。林老师拿出手机，搜索“惊恐发作”的关键词，似乎明白了一些，但依然对于是否要送小言去精神科有所疑虑。

到了第二天，就如急诊科医生所言，24 小时动态心电监测的结果确实是正常的。林老师每天工作一结束，就到小言的宿舍陪伴她，小言对于林老师越来越信任，告诉林老师说，她的第一次惊恐发作是在一次单独乘坐公交车的经历中，当时是夏天，公交车的空调坏了，小言戴着口罩，很快因为呼吸困难而开始喘气、心跳加速，她几乎是瘫软地从公交车上下来。这一次惊恐发作给她留下了深刻印象，并让小言非常后怕，觉得自己死里逃生了一回。从此之后，小言就格外关注自己呼吸困难和心跳加速的情况，并经常想到自己因为心脏病发而死掉的画面。

林老师根据自己查找到的资料，科普了惊恐发作的相关知识，动员小言接受专业帮助，她终于同意了去精神科就诊。林老师通过医 - 校绿色通道，预约了一位精神科主任，并亲自陪伴小言过去就诊。

二、案例分析

1. 问题表现

小言在一年之内，反复出现不可预期的惊恐发作，这是一种突发的强烈害怕，伴随着强烈的身体不适感，并在几分钟内达到高峰。小言的身体不适包括心悸、心慌、心率过快、出冷汗、呼吸困难和有窒息感、头晕、脚步不稳、发抖；心理状态上产生了一种脱离现实、感觉自己离开了自己身体的感受，还有一种强烈的濒死感。

小言在惊恐发作的时间以外，过得也并不轻松，她持续性地感到担忧，并尽最大可能避免自己再次陷入惊恐发作。她总结出了一些自己觉得可能会引发惊恐症状的场所或场景，并尽可能回避这些场所或场景，比如尽力避免体育活动以及去人多的地方，尤其害怕去体育馆上体育课。小言的这些症状符合惊恐障碍的临床表现。

2. 成因分析

惊恐障碍的原因并不明确，但不少学者提出了一些具有说服力的假说。首先，小言在一次单独乘坐公交车的经历中出现了首次惊恐发作，当时因为戴着口罩呼吸，出现气喘、心跳加速、全身瘫软的情况。和很多患者一样，首次惊恐发作给她留下了深刻印象，并让小言产生了一种不合理的认知，即自己会在惊恐发作中死掉，这种灾难化的认知成了惊恐障碍的核心病因。

其次，当人开始恐惧、焦虑时，身体内部的肾上腺系统会启动“战斗 - 逃跑反应”，就如同动物遇到了天敌，需要短时间内加强呼吸、心跳，激活调动身体机能去全力应战或逃跑。当小言害怕死亡发生的时候，就会因为“战斗 - 逃跑反应”出现呼吸困难、心跳加速等表现。但这个“战斗 - 逃跑反应”被小言进一步误解成自己心脏出了问题，自己将要死去，这种误解激发了她更大的恐惧，放大了身体不适，产生恶性循环，直至恐惧和躯体不适都达到高峰。

最后，每一次的惊恐发作都会让小言痛苦不堪，她小心翼翼地关注自己身体上的每一点细微变化，把一些正常的生理反应当做“风暴”的前兆，避免自己去人多的场所，活得谨慎而受限，而这种小心谨慎并没有让惊恐障碍平息。每一次的惊恐发作都让小言感到非常绝望，这也让小言始终处于一个敏感、脆弱、随时可能被触发的状态，犹如惊弓之鸟。

三、处理建议

1. 寻找合适的治疗师

惊恐障碍不仅需要药物治疗，还需要心理治疗，特别是需要找到合适的心理治疗师。林老师研究生时期的专业是传播学，她想到传播学中有一个六度分隔理论，也就是假设本市有一位合适的心理治疗师，那他和自己之间最多只会隔 6 个人。于是林老师打开手机通讯录，在所有联系人中寻找和“心理学、心理治疗”最接近的一位开始联系，就算对方没有直接认识合适的心理治疗师，林老师也请他做同样的事，打开通讯录，找到条件最接近的一位，拨通电话帮忙询问。没想到只连接了三个节点，就联系到某医院心身科的一位医生，他去国外进修时接受过惊恐障碍治疗技术的培训，完全吻合精神科主任对于合适的心理治疗师的描述。

2. 连接各个节点，汇总资源

林老师一方面联系小言的家长，与家长做好联动工作，请家长配合接下来的治疗；另一方面也感谢了小言的几位舍友，肯定了她们过去一年对小言的照顾，并鼓励她们为小言的治疗和康复提供更多支持和关怀。此外，林老师还通过学生工作系统，为小言申请了医疗补助。做好这些铺垫工作之后，小言也重拾了希望，迈出了正式接受干预的第一步。

3. 配合精神科医师和心理治疗师展开干预工作

林老师为精神科主任和心理治疗师打通信息渠道，建立了通畅的联络系统。小言经过一段时间的药物治疗之后，停药进行了心理治疗，接受了暴露疗法。几个月后，林老师收到了好消息，小言的治疗已经成功结束，基本恢复了正常生活。

4. 为学生开展心理健康教育科普活动

为了帮助更多像小言这样的同学识别和应对常见的心理问题和心理障碍，在林老师建议下，学校心理健康中心也针对常见心理障碍的表现和原因组织了讲座、网络视频讲解、公益心理评估等心理健康教育科普活动，帮助老师和同学们识别问题前兆，及早发现心理健康问题，及时进行求助和干预。

知识窗

惊恐发作正如其名，是被不可预期、意料之外的惊恐袭击，可以在完全没有任何征兆的情况下发生，从心脏不适和呼吸困难开始，可能还会感到发抖、出汗、寒战、恶心、腹部痉挛、头痛、害怕失去控制或濒死感，一般在 10 分钟内达到最高峰。每年约有 11% 以上的成年人出现惊恐发作，绝大多数人不需要治疗就可以自行恢复，一部分可能发展为长期的惊恐障碍。惊恐障碍可能涉及反复的惊恐发作，导致对未来再次发作的过度担忧，也可能为了避免发作而改变他们的行为，例如避开某些场所，导致生活空间和功能受限。

惊恐障碍的病因尚不明确，可能和遗传因素、个人压力、大脑功能变化有关。一些抗抑郁药和抗焦虑药可以缓解惊恐障碍的症状，但经常会在停药后复发，心理治疗中的暴露疗法对于惊恐障碍有良好的治疗效果。

案例 36 少年的胆怯

一、案例呈现

某班级上课期间，好几位老师在课堂上点名或者签到的时候都找不到赵同学（化名），班长向辅导员毛老师（化名）反映了这个情况。赵同学，男，某专业低年级学生，身材瘦弱矮小，平时没什么朋友，总是喜欢独自一人待在宿舍，不怎么参加学院和班级的活动。一天早上，赵同学又没来上课。毛老师去问他的室友，大家纷纷表示不知情，因为他们平时也没什么交集。

毛老师走出教室，几次打电话给赵同学，但是他一直没接。于是，毛老师到宿舍去找他。然而，宿舍里并没有人，因为同学们都在上课。毛老师在门口等了一会，正准备 QQ 留言给赵同学，却看到他从楼梯走了上来，头也不抬地缓缓朝宿舍走来。他走到门口，就要直接开门进去，好像没有看到门口有人一样。毛老师主动和赵同学打了招呼，但是他显得冷漠而尴尬。毛老师感到有些不对劲，便准备问问他的情况，以及他不去上课是否有什么特殊的原因。

走进宿舍，毛老师示意赵同学坐下聊聊。他询问赵同学刚刚去了哪里？赵同学低着头说，他刚刚从食堂吃饭回来，没有认出老师，他感到有些对不起老师。毛老师问他，今天上午的课程为什么没有出席？赵同学沉默了一会，回答说自己忘记了，自己起床的时候舍友都走了。毛老师问他，在学校上课有没有什么不习惯的地方，赵同学再次陷入了沉默，什么都没有说。毛老师耐心地鼓励他不用担心，今天并不是来批评他的，而是想看看有什么可以帮助到他。

又过了几分钟，赵同学依旧低着头，但是他开口说话了，他用缓慢的语速说自己感觉和同学相处的时候很难融入进去，常常不知道和大家说什么。与陌生人或者异性相处的时候，他也会感到很不舒服。和大家说话时，他常常担心要聊的话题、手要放在哪里、眼睛要看向哪里。最开始，宿舍同学会主动和自己说话，但他感到紧张、尴尬，有时候会脸红，不敢抬头。他从不主动参与活动，能回避就回避。渐渐地，大家也就不和他多说话了。

赵同学说，一想到和别人交往，他就想回避，周围如果有人和他讲话，就会感到压力很大，觉得心慌、压抑、透不过气，认为别人可能会讨厌自己。所以，他不想外出，不敢到外面去，不想和别人说话，觉得没有安全感。人多的时候，他就会放不开，在课堂上也会很紧张，担心老师点名，让他回答问题，等等。

经了解，赵同学学习成绩中等，家境条件一般，初中和高中的时候就没有什么朋友。他记得，同学们一直都说他不合群，还有同学当着大家的面嘲笑过他穿着简陋，初中的时候还有过被同学欺负、孤立的经历。上大学后，他还是感到惧怕人群，变得更加不想说话，经常逃避参加人多的活动。如果到班级上课，他会选择坐在最后面的角落里，感觉这样老师和同学就不会注意到自己。

毛老师原本以为，赵同学不去上课是因为他的学习态度不积极，或者沉迷于玩游戏，在思想上懒惰等原因，没想到是他害怕与人沟通和交流，才不去上课，也不参加集体活动。经过谈话，毛老师鼓励赵同学走入课堂，即使坐在角落也没关系。此外，毛老师还帮赵同学预约了学校的心理老师，鼓励他通过专业的方式解决自己害怕与人交流的问题。毛老师也意识到，他以后也要多留心和赵同学沟通，帮助他更好地适应大学生活。

与赵同学告别之后，毛老师约了心理中心的朱老师（化名），想听听专业老师的意见。朱老师表示，虽然按照《精神卫生法》的规定，自己作为心理咨询师并没有诊断权，但还是觉得赵同学的问题倾向于是社交焦虑方面的问题，如果赵同学得到专业的心理支持，问题或许会得到很好的解决。

二、案例分析

1. 问题表现

赵同学目前的困扰或问题主要表现在以下四个方面：

（1）情绪方面：表现为在陌生人或其他人面前会紧张、脸红、担心、慌乱。

（2）行为方面：表现为逃避参加活动、逃课，说话时不敢抬头，回避社交。

（3）生理方面：表现为心慌、压抑、透不过气。

（4）认知方面：表现为认为自己在他人面前就会表现得不好，认为自己无趣以及别人可能会讨厌自己。

赵同学回避一切社交，躲开需要与人沟通的任何场合，对于这个问题，初步考虑有社交焦虑障碍。

2. 成因分析

生物学、心理学和社会学因素对社交焦虑障碍均有影响。生物学上，患有社交焦虑障碍的人往往存在类似问题的家族史，对陌生人会感觉到恐惧、害羞、退缩、易受惊吓。社会学因素中往往包括人际上的负性生活事件，赵同学遭受过他人长期的嘲讽，甚至还遭到过校园欺凌，这些尴尬或者羞耻的经历，可能会导致他们害怕同样的事情再次发生。心理学因素中，个体的思维方式和应对方式会使得社交焦虑的问题长期存在。他们往往对社交情境中将会发生的事情有消极的期望。通常，他们对于自己持有消极的信念，比如“我是无趣的”“我是古怪的”或“我和其他人是不同的”等。他们常常回避让他们感到害怕的情境，短时间内可以让他们感到不那么焦虑，但是长时间的回避行为会让他们对于社交的恐惧更加夸大，而这种认知会让他们感到更加焦虑。

从赵同学的表述中，我们可以看到，他过往一直在回避与他人沟通。在面对面与人交流的时候，会表现出紧张、脸红、心慌、压抑以及头脑空白等心理反应，而这些反应又进一步加强了他的想法与观念，即我不够好、我很无趣、我不会讲话、我会失去控制、人们都会发现我紧张、他们会认为我很愚蠢、我是个失败者、没有人喜欢我、我又搞砸了等歪曲性的认知。

赵同学对自己在他人面前的表现一直很担心，所以宁愿躲在宿舍也害怕走到教室去上课，等大家上课的时候才敢跑到食堂买饭。而且，赵同学会在脑海中一遍又一遍地重播这个事件，评价自己的表现，每一次都会对自己的表现感到后悔和难过。在一次次看似失败的人际互动中，赵同学逐渐认定自己不适合和他人交流，越来越回避社交。

三、处理建议

1. 理解与倾听，积极关注

辅导员毛老师在觉察到赵同学的问题与困扰后，首先要能够耐心地倾听与理解他，鼓励赵同学表达自己内在的想法与感受，并给予积极关注。相对于其他有困扰的同学，赵同学的求助动机可能会更低，毕竟求助行为也是一个和他人交流与合作的过程。面对这样的困难，毛老师试着用自己的耐心和真诚打动赵同学，帮他走出自己的舒适圈，不再回避社交。他再次找到赵同学，试着跟他解释社交焦虑的特点，也鼓励他寻求帮助，“小赵，上次你向我讲述了你的成长故事，我真的很难想象，在那么艰难的生活里面，你如何走到了今天。我相信，你一直以来都在坚持学习，包括考上大学，一定都付出了艰苦的努力。我知道，对你来说，寻求另外一个人的帮助一定也是非常具有挑战性的事情。但是，以你一直以来表现出来的勇气和坚持，也许可以做出一些新的尝试……”

此外，毛老师还带领全院的所有班长和心理委员，在每个班级组织了一场“打开心扉”为主题的班会，通过讨论普遍性的“社交焦虑”，鼓励同学们谈一谈、聊一聊自己在人际之中的焦虑，以及自己如何处理这种焦虑，并且倡导同学们互帮互助。

2. 根据在校学生管理规定，约束赵同学的旷课行为

赵同学经常旷课属于违反校纪校规的行为，但是考虑到他的行为有心理健康问题的特殊原因，暂对其采取警告处理。在帮助他遵守课堂纪律、校纪校规的同时，寻求专业帮助，解决社交焦虑的问题，打开人生的新篇章。但是，毛老师仍然对他强调，如再发生类似的情况，学院将按照校纪校规处理。

3. 引导赵同学寻求专业帮助

毛老师可以把自己了解到的专业知识转达给赵同学，鼓励他来到心理咨询室寻求心理老师的帮助。这样，在不远的将来，赵同学也能不再担心忧虑，能够在学校正常地生活和学习，或许可以交到很好的朋友。在交到同龄朋友之前，毛老师愿意陪伴他，让他感受到温暖与关爱。考虑到赵同学的心理问题可能会导致他回避求助，因此，毛老师帮助赵同学预约了心理咨询，并陪同赵同学一起来到了学校的心理中心。

4. 学院主动联系学生家长，增加家校联络

赵同学的社交焦虑成因有其家庭环境和背景因素，辅导员可以主动联

系家长告知赵同学近期在学校的表现，了解家长平时对孩子的关心情况，并对家长进行社交焦虑障碍的心理教育科普，了解家庭内部是否也有人有类似的情况，一同关心赵同学在校期间的生活和健康情况。

知识窗

社交焦虑障碍（social anxiety disorder，SAD）指的是对一个或多个社交场合的过度恐惧。SAD 的患病率大约为 3%～13%，女性罹患 SAD 的概率是男性的 1.5～2 倍，但就诊的男性居多，说明 SAD 症状可能对男性的负面影响更大。SAD 的平均发病年龄在 11～16 岁，一般 27～30 岁左右寻求治疗，大部分 SAD 患者第一次接触心理健康服务之前经历这种障碍折磨 15 年甚至更久。如果没有得到治疗，SAD 患者的心理社会功能会呈现螺旋式下降，在学习、同伴关系、事业和婚姻上均有表现。那些把社交焦虑和困难归咎于“正常的害羞”或一些稳定的性格缺陷的人更难主动寻求治疗。患有 SAD 的人认为自己是不够好的、有缺陷的和/或不够理想的，一些功能失调性信念在事件前、事件中和事件后均被歪曲的认知过程保持。他们对于社交威胁有更多的注意力偏差，选择性关注自己表现不佳的信号。药物治疗、心理治疗或两者联合治疗是 SAD 的常用治疗方法。其中，心理治疗方面，目前有大量治疗 SAD 的行为技术和认知技术被发展出来，比如暴露疗法、放松训练、社交技能训练、认知重建、正念等。

案例37 害怕老鼠的医学生

一、案例呈现

辅导员陈老师（化名）在晚上接到一条短信："老师，我想我可能要退学了，我能找你当面聊一聊吗？"陈老师看了一下是一位叫小玲（化名）的大二学生，觉得非常疑惑，这是一位第一志愿报考临床医学专业的学生，曾经在谈话中得知她出身于医学世家，也立志要成为一名优秀的医生，目前的学业成绩也不错，如果有学生说要退学，陈老师永远也想不到会是她，这是怎么一回事呢？

陈老师按捺下好奇，和小玲约定了第二天在辅导员办公室谈心谈话。到了第二天，小玲准时来到了办公室，眼眶微微发红，陈老师看出来她昨夜没有睡好，给她倒了一杯水，安慰她慢慢说。小玲缓缓地告诉陈老师，她其实瞒了很久，在小时候看电影，电影里的一只老鼠感染了病毒，传染了一整座城市，所以小玲从小就一直很害怕老鼠。因为祖父和父亲都是医生，耳濡目染，她也对医学感兴趣，刚开始报考医学院时没多想，谁知道大二的医学实验课上，才发现需要进行小鼠实验，她非常害怕，此时同学们告诉她，不仅是在本科期间的实验课需要接触小鼠，研究生期间也需要做小鼠实验，甚至工作之后，也需要在科研中接触小鼠，害怕小鼠就意味着她永远也成为不了医生。

小玲听完之后非常沮丧，但是她仍然不想放弃医学之路，所以每一次实验课，她总是恳求同组同学来代替她完成对小鼠的实验操作，她躲在同学身后来负责写实验报告，不敢直视老鼠。用这种逃避的方式，小玲曾经幻想过就这样蒙混过关，先通过这一次实验课考试再说。但是小玲发现，随着她不断地回避老鼠，似乎她对老鼠的相关线索变得越来越敏感，走过宿舍楼下的时候，总能一眼看见一闪而过的老鼠身影，吓得大叫，甚至在手机屏幕上阅读医学文章，看到老鼠的图片就无法忍受地快速划过，并关闭文档，教科书上的老鼠图片也被她用涂改液涂过了，这样才能让她安心一些。

直到前天的实验课时，一只特别活泼好动的老鼠从实验台上逃脱了，一路从桌面上跑过来，跑到小玲的面前，小玲吓得浑身发抖，大声尖叫，赶紧跑出教室，在外面哭起来，既害怕又觉得丢脸，她想起同学上次说的，如果要想当医生，一辈子就要和老鼠打交道，如果她还是这么害怕，就永远当不了医生了。小玲此时才开始认真思考，是不是要退学重新参加高考来换一个专业了。

陈老师听完小玲的陈述沉默了，紧紧地握住了水杯。小玲的学业成绩优秀，学医又是她自己热爱的方向，谁能想到会被小小的老鼠给难住了呢？陈老师很想劝小玲坚强一些，克服对老鼠的恐惧，但是又忍住了，她知道肯定不止一个人和小玲说过这些大道理，但似乎都无法帮助小玲。晚上，陈老师也接到了小玲父亲的电话，希望陈老师好好地做一下小玲的工作，让她放弃退学的念头。

二、案例分析

1. 问题表现

小玲从小面对老鼠会表现出显著的恐惧，这种恐惧感和老鼠所能产生的威胁并不相称，并且小玲在遇到老鼠，或者预期老鼠会出现时，会出现恐惧和焦虑的情绪，导致学习工作功能的损害，这种情况仅仅限于老鼠这一特定的对象，符合特定恐惧症的临床表现。

在求助动机上，小玲因为不太了解特定恐惧症，所以暂时求助动机不强，但是她成绩优秀、悟性好，对辅导员也很信任，有进一步的工作空间。

2. 成因分析

特定恐惧症的原因是多方面的，首先小玲恐惧的对象是动物，属于特定恐惧症里面的动物恐惧症，老鼠虽然个头小，但也是很多疾病的宿主，在人类几万年的进化历史中，被老鼠咬伤可能要面对被传染疾病并死亡的风险。小玲面对的虽然是无疾病传染可能的实验室老鼠，但人类在进化中形成的本能，依旧会尽可能回避这些生存风险。

其次，特定恐惧症可能和个人经历有关。小玲提到她小时候看的一只老鼠传染一整座城市的恐怖电影，给小玲留下了深刻印象。这类个人经历事件，可能让小玲从小就开始害怕老鼠。

再次，如果家庭成员中也有人害怕相似的事物，也会把恐惧感传染给其他家庭成员。小玲的爸爸是医生，所以不大可能害怕老鼠，但是其他家庭成员怕老鼠的话，小玲也会习得这样的恐惧。

最后，心理学理论认为，恐惧情绪往往会和回避行为绑定一起储存在大脑中。用通俗易懂的方式来说，越回避越恐惧，越恐惧越回避，小玲在以前的人生中无数次地见到老鼠都要回避，这导致了恶性循环的产生，小玲要战胜恐惧，就需要在一定程度上克制自己的回避行为。

三、处理建议

1. 做好家长、同学的沟通工作

为了消除小玲在人际关系上的顾虑，陈老师及时地和实验课上的几个同学进行了谈话，在保护隐私的情况下促进同学们对小玲的理解、支持和友善。面对小玲爸爸的焦虑，陈老师专门约了一个时间，向小玲爸爸解释特定恐惧症的表现和成因，帮助小玲爸爸理解为什么讲大道理对小玲没有帮助，对爸爸焦虑的心情也做了安抚，帮助小玲爸爸了解如何更好地给小玲提供支持，并约定每隔一段时间会与家长就小玲的情况进行沟通。

2. 激发求助动机，寻求专业帮助

特定恐惧症是一种相对容易治疗的心理障碍，但小玲依然对是否求助于专业人士感到纠结。陈老师及时地和小玲约了一次深入的谈话，和小玲谈了她的行医梦想，谈了她高考时候的艰辛，也结合自己的事例，告诉小玲人人都会感到恐惧，直面自己的恐惧，寻求专业人士的帮助，恰是勇气的体现，并和小玲推荐了学校心理健康中心的高老师（化名）。小玲原本就对辅导员非常信任，所以很快就去预约了心理中心的心理咨询。

3. 配合心理咨询师展开干预

心理咨询师高老师通过医 - 校协作通道，安排小玲面见了精神科医师，确定了特定恐惧症的诊断。针对“越回避越恐惧”的病因，精神科医师和学校心理健康中心的高老师取得了联系，由高老师进行暴露训练，辅导员陈老师向学校动物中心要来一只小鼠，让小玲在高老师陪伴下，鼓起勇气慢慢靠近小鼠，直面恐惧，等待恐惧情绪的自动消退。

4. 加强职业教育和职业生涯规划教育

面对更多可能和小玲同样情况的大学新生，陈老师通过学校设置的医学导论课、临床见习课、职业生涯规划教育课，让学生更加全面地了解自己的专业，特别是在专业学习和实践中容易遇到的困难、克服困难的方式和案例介绍。同时，陈老师还计划通过介绍医学家的事例，展现临床医学专业的助人情怀和学科魅力，鼓舞医学生勇攀高峰，不断进取。

知识窗

特定恐惧症是对特定物品或情境具有强烈而持续的恐惧感和回避行为，与其实际风险不成比例。特定恐惧症会长期存在，会引起强烈的生理和心理反应，并会影响个体工作、学习和社交的正常功能。常见恐惧对象包括：

特定情形：例如乘飞机、密闭空间。

自然因素：例如雷雨天或站在高处。

动物或昆虫：例如狗或蜘蛛。

血液、受伤：例如针头、刀具或手术。

特定恐惧症的病因仍有许多未知之处，可能包括：

负性经历：多数可能由过往的一些负性经历导致的，例如曾经被狗追逐过。

遗传和环境：特定恐惧症与父母的恐惧症或焦虑症之间可能存在联系，这可能是由于遗传或后天习得的行为所致。

特定恐惧症使用药物治疗效果不明确，但心理治疗中的暴露疗法会取得良好的疗效。

04 强迫障碍

案例38 控制不住反复清洁的女生

一、案例呈现

某日，小涵（化名）与室友在寝室发生争吵，情绪激动并要求更换寝室。辅导员得知后第一时间赶来，耐心安抚疏导小涵及室友的情绪，并分别进行谈心谈话，详细了解情况。

室友向辅导员反映，大一刚入学时，小涵洗漱、洗澡的时间就比其他人长，会时常用酒精消毒寝室的桌椅地面等，不允许其他人坐她的床铺。起初大家只是觉得小涵比较爱干净，但是相处时间久了，小涵的行为越发过分，占用公共卫生间的时间也越来越长。大家不理解小涵为何如此“洁癖”，也不愿意跟她做朋友，因此平时寝室关系就很紧张，这次激烈的争吵也是因为其他人不小心弄脏她的床铺而引起的。

为了全面了解情况，随后辅导员找到小涵，希望能够帮助她们化解矛盾。小涵称自己从小就很爱干净整洁，母亲也会要求自己穿干净的衣服才能进入卧室，否则就会非常愤怒，洗衣服也一定要用84消毒液才行。这么多年来，小涵一直保持这样的卫生习惯，也从未感觉到困扰。上大学后，有一次听说有同学患肝炎，就开始反复担心自己也会被传染，尤其想到可能会将疾病传染给家人的时候，更是紧张到连身体也会跟着发紧、心慌、多汗。在这之后，清洗的时间会越来越长，尤其是取过快递或接触过公共物品之后，每天平均要耗费五六个小时在洗手、洗澡上，明明知道没有必要，但就是控制不了，直到洗到双手红肿才能停下来。有时看到室友从自己的床旁经过，只是清了清嗓子，就会反复回想当时室友的飞沫是否弄到自己的床单上，于是要立马换下来清洗消毒，有时干脆直接扔掉。在校园看到穿着邋遢的人也会避免和他们接触，坐公交时不会坐到看起来很脏的座位上。除了这些困扰以外，最近因为流感暴发，会更紧张担心被传染，除了反复清洁身体、衣物以外，更离谱的是，即使在手机上看到关于流感的新闻后，也会反复消毒手机，明知道病毒不会通过手机传染自己，也清楚这些想法荒谬、不合理，但就是很难控制。

通过与小涵的谈心，辅导员能够感受到小涵的痛苦，但却不知如何帮助她摆脱这些困扰。小涵也很想知道自己为何会如此的“洁癖”。因此，辅导员鼓励小涵预约心理咨询，寻求专业人士的帮助。

二、案例分析

1. 问题表现

（1）强迫思维：碰到认为受污染的物品或情境时，会表现出无法控制的反复担忧。

（2）强迫行为：反复、控制不住地清洁、洗涤。

（3）回避行为：回避公共场所、公共交通工具等。

（4）情绪反应：紧张、焦虑、压抑。

强迫思维使小涵产生紧张、焦虑的情绪反应，并且耗费大量时间去清洗，明知没有必要，却无法控制，严重干扰了小涵的正常学习生活，人际关系受损，学习成绩逐渐下降，也给其精神上造成了严重的痛苦体验。根据以上症状及严重程度，初步考虑小涵患有强迫症。

2. 成因分析

通过行为功能分析（SORC）阐释小涵存在反复清洁等强迫行为的成因：

（1）刺激情境（S）：垃圾桶、尿液、粪便、公共场所的卫生间等。

（2）易感性（O）：个性、人格，如小涵从小对清洁过于要求。

（3）反应（R）：认知反应（例如，如果我不清洁干净，我可能会被传染疾病），情绪反应（紧张、焦虑等），躯体反应（身体发紧、额头出汗、心慌等），行为反应（反复清洗、擦拭、消极回避等）。

（4）结果（C）：短期（减轻了自己会患病的焦虑），长期（反复清洗耗时耗力、影响人际关系、痛苦感上升、严重损害正常学习生活）。

当小涵面对垃圾桶、公共场所等情境时，会出现反复地怕脏、担心会被传染疾病等想法，而这些想法通常会激发紧张、焦虑的情绪体验，当焦虑水平上升后，小涵会通过反复清洁、消毒等方式缓解焦虑情绪，使焦虑暂时缓解。然而，这些清洁的频率和程度与现实情境并不相符，缺乏现实的联系或明显过分，无法真正有效消除强迫思维或焦虑，且强迫行为阻碍了焦虑的消退。久而久之，反复清洁的强迫行为不断被强化，与情境、强迫思维和焦虑之间形成了紧密的自动关联。此后，一旦怕脏、担心被传染疾病等强迫思维出现，小涵急于减缓焦虑，就会立刻采取清洁等强迫行为的方式来抵消，久而久之形成恶性循环，耗时耗力、影响人际关系、痛苦感上升、严重损害正常学习生活。

此外，从小母亲对小涵在清洁方面具有较高的要求，使小涵从小追求干净整洁，对于绝对清洁存在过度要求。小涵在 18 岁以前就存在一定的强迫性人格特质，作为素质因素，对其未来罹患强迫症具有重要影响。

三、处理建议

1. 寻求医疗介入

小涵表现出较为明显的强迫症状，且严重影响了学习、社交、情绪状态等心理社会功能，需首先寻求医疗介入。

辅导员应首先理解小涵表现出的各种洁癖行为和人际冲突并非性格特点或行为习惯等简单的归因，而是让人极度痛苦的强迫症状。所以，对小涵来说，目前最有帮助的事情是前往医院就诊，请医生明确诊断，并判断是否需要药物治疗，以帮助小涵缓解焦虑症状和强迫行为。

2. 化解矛盾冲突，协调人际关系

在帮助小涵了解自己的状态之后，辅导员也需在征得小涵同意后，向室友澄清他的情况。首先，鼓励室友表达对小涵强迫症状的看法，并感谢她们长久以来对小涵的配合，这对小涵的内心是非常大的支持。其次，向室友解释小涵的状况并非吹毛求疵或无理取闹，而是处于极度痛苦之时的

求助行为。最后，在室友能对小涵的状态有所了解之后，鼓励双方向对方友好表达对彼此的感受，促进双方化解矛盾，继续友好相处。

最后，需要注意的是，虽然小涵是饱受痛苦的一方，但辅导员需尽量避免以此来对室友施加压力，要求其全然接受、配合小涵的状态。室友和小涵在寝室中享受同等的权利和自由，如最终无法达成一致，辅导员需考虑重新调配宿舍、申请校外住宿等现实支持，避免矛盾激化。

3. 家校联动，提供全面支持

针对小涵的情况，辅导员在鼓励其寻求医学帮助的同时，也可鼓励小涵到心理中心预约心理咨询。辅导员需跟家长沟通小涵的情况，向家长说明小涵在学校的适应情况和其内在的焦虑和痛苦，并说明到医院就诊和药物治疗的必要性，帮助小涵获得更好的家庭支持。如有必要，可与家长讨论宿舍环境的局限性，并商讨校外住宿、陪读等的可行性。

4. 促进医校联动，加强科普宣传

学校是学生成长的重要环境，应积极关注学生的心理健康，营造良好的校园氛围，其中医校合作模式在高校心理健康服务体系建设中具有重要的作用，可借助医疗机构专业人士力量提供更专业、更及时的指导和服务，如开展日常医校联盟科普讲座，开设常见心理障碍的健康宣讲。校心理健康中心也可印制常见心理障碍的科普小册子，促进辅导员及学生对疾病相关知识的了解，掌握基本的应对策略，通过多渠道促进大学生心身健康全面发展。

知识窗

1. 强迫障碍定义

强迫障碍又叫强迫性神经症，它是一种以反复持久出现的强迫观念或者强迫行为为基本特征的神经症性障碍。强迫观念是以刻板的形式反复进入患者意识领域的表象或意向，强迫行

为则是反复出现的刻板行为或仪式动作。患者明知这些观念及动作没有现实意义，没有必要，是多余的，有强烈的摆脱欲望，但却无法控制，因而感到十分苦恼。

2. 强迫障碍的临床表现

强迫症状分为四个方面，包括强迫思维、强迫行为、强迫意向、强迫情绪。常见的强迫思维包括：怕脏，怕给自己和他人带来伤害，要求对称、精确、有序，对宗教或道德的关注等。常见的强迫行为包括：清洁（如洗手或洗澡）、计数、重复、检查、祈祷、触摸、寻求保障、仪式化的回避等。强迫意向则是在某种场合下，患者出现一种明知与自己心愿相违背的冲动，却不能控制这种意向的出现，苦恼不堪。强迫情绪主要是不必要的担心和恐惧。

3. 强迫障碍的治疗

强迫障碍的治疗主要是三个方面：药物治疗、心理治疗，以及药物和心理治疗的结合。国内外治疗指南均推荐认知行为治疗和5-羟色胺再摄取抑制剂作为安全有效的一线治疗方法。

案例 39　停不下来的“检查”

一、案例呈现

一遍、两遍、三遍、四遍……，控制不住地反复检查到底为哪般？

小鑫（化名）是一名大二男生，学习成绩优异，个性谨慎认真，追求完美，与同学相处融洽，是老师眼中的好学生。但在大二下学期却出现了多门考试挂科。关注到这个情况后，辅导员找到小鑫谈心，表达出对其学业及生活的关心，希望能够进一步了解成绩下滑的原因并给予帮助。

在谈话中辅导员了解到，一年前学校调整为机器阅卷后，课堂上老师会反复强调字迹书写要工整，机器阅卷时才能扫描清楚，否则会影响卷面成绩。之后，小鑫在一次考试中因答题卡填涂有误，影响了考试成绩。在这之后，小鑫开始反复描自己写过的文字，思考要按哪种字体书写才能够标准和规范，并过分追求书写的细节。慢慢地即使在书写日常作业和课堂笔记时，也会反复担心字迹是否足够清晰，一天中耗费在反复描写字迹的时间超过 2 小时。由于难以忍受这种不确定性，小鑫会反复对比其他同学的字迹，询问同学、老师是否能看清楚，即使得到肯定的答复仍会控制不住去怀疑。与此同时，小鑫也会担忧读题时遗漏了题干中重要的信息，数字和字母书写错误等，因此做每一道题时都会反复检查数十遍，即便如此依然不放心。在一次英语考试中，小鑫在反复核对学号上就耗费了近 20 分钟，并在做题期间头脑中不断回忆同学和老师对自己字迹的评价，最终导致无法完成全部试题。

小鑫愁眉苦脸地跟辅导员倾诉着，明知这样反复检查是没有必要的，但就是无法控制，好像只有不断检查、寻求确认才能让自己安心。如果不进行反复检查，会感觉非常紧张担忧，身体上也跟着出现肌肉发紧，多汗心慌等不适。但糟糕的是这种重复行为并不总是奏效，往往只能短暂地缓解当下的焦虑，随后这种担忧又会像小偷一样不经允许便闯入头脑中。如此往复，进入一种难以解开的“恶性循环”。小鑫感到很挫败，逐渐开始回避课后作业，甚至出现了逃课的行为，学习成绩也日渐下降。

小鑫说父亲是村里唯一的大学生，年轻时凭借自己的努力在大城市安家立业，同时父亲也很重视对孩子的教育。但面对小鑫成绩下滑，父亲并没有听其解释缘由，而是劈头盖脸地批评与指责，认为是小鑫学习习惯不好、做事拖延、不求上进所导致，并强调如果成绩不好，就毕不了业，无法找到一份称心如意的工作，更无法出人头地。听完父亲的话，小鑫感到既委屈又自责。但因为担心同学会用异样的眼光看待自己，一直未寻求校心理健康中心的帮助。

随着新学期的开始，学业压力逐渐增大又临近英语六级考试，小鑫感到紧张焦虑进一步加重，头脑中被反复出现的想法所困扰，无法静下心来做模拟试题，上课也难以集中注意力，为此感到非常苦恼和无助。

二、案例分析

1. 问题表现

（1）强迫思维：表现为无法控制的反复担心、反复思考、反复回忆。

（2）强迫行为：表现为无法控制的反复核对，反复检查、询问，寻求确认。

（3）回避行为：回避课后作业，存在逃课行为。

（4）情绪反应：紧张、焦虑、委屈、压抑、自责。

反复担心、思考、回忆的强迫思维使小鑫产生紧张、焦虑的情绪反应，并且耗费大量的时间去核对检查，明知没有必要，却无法控制，严重干扰了小鑫的正常生活、日常活动，学习成绩逐渐下降，也给其精神上造成了严重的痛苦体验。根据以上症状及严重程度，初步考虑小鑫患有强迫症。

除了疾病的症状以外，我们从辅导员的询问中了解到父亲对小鑫问题的看法及处理方式可能会进一步加重小鑫委屈、自责、压抑的情绪感受，同时也观察到小鑫在面对自己的困扰不愿向外界求助的顾虑及病耻感。

2. 成因分析

强迫症是一种多因素疾病，需要从生物 - 心理 - 社会多维度综合角度更全面理解其发生发展，其中生物学因素，常涉及遗传、神经生化、神经免疫等。心理社会因素常包含人格特点、认知模式、应对方式、家庭教育、早年的生活经历等，现从心理社会角度出发，简要分析小鑫问题的成因。

从小鑫的描述中我们了解到，他常常在面对阅读试卷、书写考题等与学业相关的情况时会表现出反复担心自己出错，最终影响考试成绩，而在这背后常涉及个体更核心的认知模式，即对自身、他人和世界的看法和态度。个体的认知模式通常与童年的成长经历、家庭的教育密切相关。小鑫父亲从小对其要求严格，而父亲的成长经历和教育理念也潜移默化影响着小鑫的观点，逐渐形成“如果我不能取得好成绩，毕业后我就无法找到好的工作”“如果没有好的工作，就无法拥有一个好的未来”“没有一个好的未来，就证明我是一个失败者、无能的人”。而疾病的诱发因素也与周围环境的改变存在一定关联，如阅卷模式调整为机器阅卷后，老师反复强调字迹书写要工整，自己曾在一次考试中因答题卡没有填涂好，导致成绩受到影响，这些事情进一步强化了“要反复检查核对、才能确保不会出错”的观念。小鑫在这种绝对化的、灾难化的认知模式下，逐渐发展出一系列应对、补偿的方式和策略，但这种重复检查核对的行为虽短时间内获得了确认，减轻了焦虑，但长此以往形成习惯化的行为模式，无意义的重复行为不但无法从根本上解决问题，还耗时耗力，导致痛苦感上升，是一种功能不良的应对模式，损害个体的心理社会功能。

三、处理建议

1. 理解倾听，积极关注

辅导员在觉察到小鑫的问题与困扰后，首先应该耐心地倾听与理解，鼓励小鑫表达自己内在的想法与感受，并给予积极的关注。由于新学期开始，学业压力增加，开导小鑫出现紧张焦虑属于正常的情绪反应，帮助小鑫合理化、接纳焦虑的情绪，适当的焦虑能够成为认真准备考试的动力，适当次数的检查、注意卷面书写也能帮助其提升成绩。但考虑小鑫出现无法控制的反复思考、反复检查核对的行为，辅导员无法做出疾病的判断。因此，在征得小鑫同意的情况下，可陪同小鑫到校心理健康中心寻求心理老师的帮助，并及时联络家长，根据情况建议家长陪同其至专业机构就诊。

2. 认识强迫症，丢掉病耻感

校心理老师在认真听取小鑫的困扰以及父亲对小鑫问题的处理方式后，首先对小鑫及家人进行心理教育，向其解释什么是强迫症，帮助理解无法控制的反复思考与核对检查是疾病带来的症状，并非是小鑫故意拖延、不求上进。并且强迫症也具有较高的患病率，很多人都可能面临强迫症带来的困扰，帮助缓解小鑫对于疾病的病耻感，从而能够正确地理解和积极地应对强迫症，也可以鼓励其通过一些相关的书籍了解强迫症的知识。

接下来，心理老师可以进一步帮助小鑫理解、应对强迫症状，首先要允许强迫思维的出现，过分强调对想法的控制可能会使自己深陷强迫思维的沼泽。第二步，尝试从行为上进行调整，对强迫行为发起挑战，不逃避、主动面对引起反复思考、紧张担忧的情境，如完成课后作业、考试试卷等，给这些情境引起的焦虑等级进行评分（0～100 分），逐级进行挑战，忍受不确定性带来的焦虑感受，给自己限制合理检查的次数与时间，如果完成得不错可适当给予奖励。在挑战任务之外，如出现难以忍受的焦虑，难以控制的重复行为，也可尝试深呼吸、进行放松训练，转移注意力，先让自己从过度焦虑的情绪中解脱出来。

3. 促进家校联动，帮助获得更多支持

校心理老师需要与小鑫及其家属、辅导员建立良好的治疗同盟，家庭的支持、老师的帮助也是小鑫战胜强迫的重要力量。一方面，要帮助小鑫父母了解过度的批评与否定可能会加重小鑫愧疚和自责的情绪，不利于疾病的康复。另一方面也应避免家庭顺应性行为，如小鑫因无法忍受不确定性而反复询问、寻求确认时，不应加入或助长这类强迫行为。在面对小鑫因强迫症而回避课后作业时，甚至逃课时，辅导员不是立马批评，而应鼓励其勇敢面对，耐心解释“逃避”只能暂时缓解反复检查带来的痛苦，但并不能真正解决问题，长期而言还会严重影响学习，甚至可能加重强迫症状。

4. 以点带面，助力全体同学身心健康发展

学校应进一步加强对全体同学的心理健康教育工作，积极开展心理健康知识普及宣传活动。举办强迫症等心理障碍的宣教讲座，帮助同学正确认识强迫症，增加对心理障碍更为广泛的科普教育。学校也可通过建立一支以心理委员为主体的团体，以点带面，相互支持，互帮互助，树立心理困扰、心理问题“早发现，早解决”的理念，助力全体同学身心健康全面发展。

知识窗

强迫症的家庭顺应性是指强迫症患者的家庭成员如父母、配偶或同胞为帮助患者实施强迫症状而提供的便利行为，如参与患者的强迫症状，服从患者与症状有关的要求，给予反复确认，帮助其回避可能诱发强迫症状的情境或协助其完成强迫行为等。家庭顺应性与强迫症状严重程度和较差的治疗结果相关。

05 进食障碍

案例40 美丽的陷阱——与美味的难舍难分

一、案例呈现

小郝(化名)是一所艺术类大学的大二女生,身高165cm。小郝上大学后一点都不开心,因为她发现身边的女同学都身材苗条、会打扮,加之所学习的专业要求,她第一次强烈感受到自己像人群中的“丑小鸭”一样,“个子不高、体形偏胖、不会打扮”深深刺痛自己的内心。为了让自己变“美”和今后更好的职业发展,小郝开始了自己的行动。

从大一上学期,小郝便开始自己的减肥生涯。首先是节食,小郝逐渐减少或不吃主食,早餐顶多吃一个鸡蛋和一杯脱脂牛奶,中餐、晚餐吃一些蔬菜,不吃米饭等主食,有时晚餐什么都不吃。得知黑咖啡有助于减肥,小郝每天保持喝1～2杯黑咖啡。在水果方面,小郝只选择黄瓜、西红柿等,对于一些甜度高的水果,小郝基本不碰。同时,开始跑步和健身,每天晚上都要在操场上跑4～5公里来消耗能量和进行身体塑形。在健身中结识的同学帮助下,小郝也逐渐学会了计算食物的热卡,尽可能选择低热量的食物,如果感觉饿了就吃一些代餐面包或者喝水。到大一下学期的时候,小郝从最初的52kg瘦到了不足45kg,同学们对小郝“变瘦”给予很大的肯定,也投来了羡慕的目光,这让小郝的自信心得到了极大提升,她感受到了前所未有的鼓励。小郝更加严苛地控制饮食,并增加了更多的锻炼,体重缓慢下降到40kg。不过,小郝也发现自己出现了新的问题:闭经,上课时注意力无法集中,看书的时候感觉记不住,掉头发越来越明显。看着体重下降缓慢，小郝的情绪也渐渐不开心，愈发着急，好像除了“减重”，其他都引不起自己的兴趣。因为月经的问题，小郝有些恐惧，不得不告诉母亲。在母亲的劝说下到医院治疗，小郝开始服用一些“中药”调理月经，但收效甚微。

面对体重未进一步下降、情绪不佳和身体的问题，小郝的感受愈发糟糕，甚至因为一件小事跟室友发生了口角。虽然事后重归于好，但是小郝还是很自责、内疚，觉得很压抑。偶然的一次机会，她发现多吃食物，尤其是“甜食”能够让自己“感觉放松”。此后，小郝在持续节食、减肥的道路上，又出现了暴食，一顿能吃下数个面包、蛋糕、好几包薯片等，直到撑得实在是吃不下，或者找不到东西可吃的时候才停下来。而每次吃完大量的食物之后，小郝又陷入自责、内疚的情绪中，非常羞愧，恐惧长胖，就好像已经看见“肥胖的自己”的样子，觉得自己未来也就完了。之后她以手指刺激咽后壁，或者压住腹部呕吐，吐完之后她才会觉得轻松很多，觉得都吐出来了就不会长胖了。从此，小郝在每次暴食之后就大量喝水，因为她发现喝水能够让自己吐得更快和更干净。就这样，节食 - 暴食 - 催吐，再节食 - 暴食 - 催吐这样无尽的循环充斥着小郝的生活。体重一直在 40～43kg 之间波动，她也一直处于情绪压抑、烦躁，身体诸多不适、闭经的状态中。

小郝成长在一个知识分子家庭，父亲工作很忙碌，一直以来与父亲相处时间较少、互动也比较少，但对小郝要求很高，认为走艺术道路就要努力成为精英才能有出路，出人头地。母亲负责小郝的生活照料和教育。小郝的母亲本身对自我的要求很高，对身材和体型都很关注。在记忆中，母亲一直都比较强势，对小郝要求严格，总是对其表现不满意，会评价小郝“学习不够努力，不会为人处世，穿着打扮不够淑女，手臂和大腿比较粗”等。到初中、高中阶段，有时会因为一些冲突，两人很长时间可以不主动说话，甚至有时会恶语相向。小郝认为自己一直都很努力学习，希望表现更好，但也一直感到困惑，为什么在父母眼里，总不能达到父母的期待，小郝感觉生活在一个充满失望和束缚的环境中。

二、案例分析

1. 问题表现

目前小郝的问题主要表现在以下四个方面：

（1）行为方面：刻意减少热量摄入和增加消耗，造成明显的低体重和/或营养不良。小郝通过控制饮食、增加运动以及暴食后催吐，使体重下降至 40Kg，BMI 指数 14.69kg/m²，达到重度营养不良的标准。

（2）认知方面：对瘦无休止的追求和对肥胖的病态恐惧。

（3）生理方面：闭经，脱发，精力下降等。

（4）情绪方面：抑郁，焦虑，情绪不稳定，易激惹等。

小郝面临的是临床上一种较为难治的心理障碍——神经性厌食（暴食/清除型），是进食障碍中的一个疾病分类。在小郝出现暴食、催吐行为之前，小郝的问题是神经性厌食的另外一种分型——限制型。小郝整个症状的发展变化可以反映出这种疾病的严重性。如果小郝没有出现最开始阶段的厌食行为，而主要是反复的暴食 - 催吐行为，同时体重保持在正常水平时，小郝的问题就是进食障碍中的另一常见的疾病分类——神经性贪食。

2. 成因分析

进食障碍的病因十分复杂。既往有很多研究表明，生物遗传、社会文化、家庭环境和教养、个体心理因素都在疾病的起病和发展中起作用。然而，就个体而言，这些因素如何相互影响，哪个因素起主导作用，目前仍不明确。同时，疾病所带来的一系列不良后果会进一步使这些因素变得更加复杂。

本案例中，小郝在成长中一直渴望获得父母的认同，但恰恰相反，高要求、高控制的家庭环境中让小郝的自我认同感更加不足，无法从父母和外界环境获得认可和赞扬，对自我能力、个人外貌体形和自身价值都不满意，没有形成合理的自我评判体系。进入到大学的小郝遭遇到来自周围同学和对未来发展的多重压力，激活了小郝内在对自我的负性评价，认为自己是能力不足、体形不好、没有价值、没有未来的人。为了改变处境，小郝开始进行自我有控制感的生活，通过控制自己的饮食和锻炼获得理想体形，增加自信。小郝变瘦后得到同学肯定与羡慕给了小郝积极的行为强化，让小郝觉得自己得到了认可并获得了成就感和价值感，进而对小郝的进食问题起到了推波助澜的作用。在出现了情绪问题后发现暴食能够缓解情绪，但是暴食后对增重的担心和失去控制的内疚、自责又会触发催吐的行为。这样行为循环往复，小郝就陷入了进食的深渊。

三、处理和建议

1. 家校联动，保障安全

进食障碍是一种较为严重的心理障碍，严重者会因为各项生理机能问题导致严重的不良后果，甚至危及生命。神经性厌食的学生常常不认为自己的节食行为有不妥之处，直至出现身体功能异常，如营养不良、代谢紊乱、闭经、发育异常等，本人才可能会紧张、担心。所以发病的前期往往容易被忽视，等到老师发现时，学生的营养不良往往已经发展到较重的程度。同时，大学生长时间生活在校园里，家长对孩子的情况可能不了解，或者没有认识到孩子病情的严重程度。

当辅导员或心理老师在发现学生存在进食障碍的问题，尤其是神经性厌食的学生，体重处于危险水平（BMI<16kg/m^2，甚至 BMI<15kg/m^2）时，就要保持警惕，以包容、理解和接纳的态度与学生建立关系，全面了解和收集学生的基本信息和症状发生、发展过程，帮助学生认识到目前面临的问题，并与学生的家人建立全面的联系，了解学生在家的情况，让家人充分认识到问题的严重性。然后，辅导员或心理老师、家长和学生一起采取干预措施，尽快送至医疗机构进行躯体功能评估和心理评估，确保生命安全，并尽早接受专业帮助。

还要注意，患有进食障碍的个体在开始时往往认识不到问题的严重性，甚至会拒绝治疗，认为自己的饮食和减重都是正确的，也拒绝改善饮食和行为习惯，这个时候需要学校和家长共同配合对学生进行强制性的医学治疗。

2. 给予理解与心理支持，建立独立的、合理的自我价值体系

作为当事人，小郝首先要认识到自己生病的事实，要清楚认识到自己当前的疾病状态和对自己的严重影响，不要否认自己出现的问题，接纳和理解自己，认识到自己在进食方面出现了失控，需要积极配合接受治疗。心理老师要帮助小郝充分认识到“美”和“个人价值”不是完全一致的，它们有很多含义，不要再使用“哈哈镜”照自己，了解体重减轻后对身体造成的影响，增加健康的审美理念，认识到一个人的个人价值绝不取决于“体形美”，减少对体重、体形的过多关注。

作为同学，要充分认识到小郝进食问题的内在核心是因为过分看重自身的体形和体重，对自我的评价非常低，缺乏掌控感和认同感，企图通过控制饮食和体重来获得认同感和价值感等。可以在日常生活和学习中，给予小郝更多的理解和心理支持，从体形以外的方面给予积极的关注和鼓励，比如在学业成就、专业能力、人际交往、待人接物等方面做出充分的正面反馈，帮助她建立更清晰地认识自己的优势和价值，建立立体、全面的自我评价体系。

作为父母，要充分认识到小郝进食问题的严重性，积极帮助孩子寻求专业帮助，而不是一味地斥责孩子不好好吃饭或者反复强制孩子多进食。了解和学习进食问题的心理因素，尤其认识到家庭因素在发病中的作用，结束与孩子长期的“斗争、贬低”的状态，调整相处模式，转而形成与孩子一起面对疾病的“治疗联盟”来支持和理解孩子，帮助孩子认识到自己在家庭中的价值和对父母的重要性及意义。

作为老师，能够认识到学生的进食问题需要多方面的综合干预，积极鼓励学生遇到躯体问题时积极汇报并主动进行医疗求助。要充分认识到进食问题的后果及心理因素。在班级内或学校内，积极开展关于进食问题的科普和健康宣教，宣传合理的健康观。心理老师和辅导员可以在班级内围绕“自我价值”“美”等主题讨论班会，帮助学生形成正确的观念，不要盲目减肥。

心理老师在得到小郝知情同意的情况下，可以召集班级同学与小郝一起交流、沟通，引导同学们对小郝的个人特征和优点进行反馈，帮助小郝建立对自己的认可、内在自信和合理的自我评价。

3. 行为改变

进食问题也是一种行为问题，通过行为的管理和改变会促进个人的认知和情绪的改善，也有助于建立个体的控制感、价值感和成就感。如果有条件或者在当事人知情同意的情况下，父母、老师、朋友或者同学可以帮助和监督小郝做好规律的三餐和规定数量的进食。还可以引入正念技术来应对暴食、催吐等行为。

4. 增进家庭成员沟通，改变家庭的氛围

学校老师可以通过“家长课堂”等家校联动的工作方式，引导家长理解进食障碍背后的心理意义。让家人们认识高控制、高要求的家庭氛围对孩子进食问题的影响，并教授家长积极的教养方式及沟通方法，营造和谐的家庭关系，要学会倾听和共情孩子的感受，加强情感的交流，充分认识并认可孩子的价值和优势，接纳孩子的处境和缺点，在治疗过程中共同助力孩子的康复。

知识窗

神经性厌食、神经性贪食和暴食症是进食障碍最主要的三种类型，以女性患者多见。神经性厌食的好发年龄为 13～20 岁，13～14 岁和 17～18 岁是两个高峰年龄段。神经性贪食的好发年龄为 12～35 岁，多发生在青少年晚期和成年早期，大学女生群体发病率较高。

进食障碍通常都具体相似的心理特征：常常对自我评价过低，对自身体重、体形的评价常常是负性的，甚至与事实不符合，对自我的态度是否定的、不接纳的，对周围人的评价和看法过分敏感，试图通过控制自己的体重、体形，以获得成就感或控制感，并以此来判断自己的价值。家庭因素在进食障碍的发生、发展、维持和康复中都可能起到重要作用。高度控制、过分严厉、过度保护的家庭常常更易于出现进食障碍的女儿，尤其是母女之间的关系，对女性的心理发展影响较大。在很多进食障碍患者的家庭环境中，父母往往都是严厉、高控制和高要求的。

进食障碍的治疗通常包括药物治疗和心理治疗。目前尚无治疗进食障碍的特效药，药物治疗主要是对症支持治疗。

06 网络成瘾

案例41 沉迷网络游戏无法自拔的男生

一、案例呈现

近日，某同学向辅导员申请将舍友小李(化名)调离现有宿舍。该同学说，小李自从大一上学期迷上了网络游戏后，常常和网络上的队友打游戏到深夜，玩到兴奋时还大声说话，严重影响宿舍同学休息，第二天也不能按时起床上课，经常一觉睡到下午，然后又开始熬夜打游戏。舍友已经与他多次沟通，每次沟通完的前几天小李还能稍微限制一点打游戏的时间，但之后又重复地熬夜到凌晨甚至通宵，因此宿舍矛盾尖锐，舍友间关系紧张。辅导员随后从班长那里了解到小李这个学期时常缺勤，几次旷课都被任课老师发现并点名批评，专业课的作业也不能及时上交，班长也曾找过小李了解情况并督促其学习，但小李的学习情况并没有改善。辅导员翻看小李的学业档案发现大一入学时，小李的高考成绩优异，在班级名列前茅，但大一上学期的期末考试成绩出现严重下滑，班级排名倒数，大一下学期的学习成绩更加不理想。

于是辅导员找到小李了解情况，表达了对小李近况的关心，并表示愿意陪伴小李一起面对和解决问题。在辅导员老师的耐心引导下，小李逐渐敞开心扉。

他叙述道，进入大学后，没有了父母的约束和老师的监管，终于可以不受限制地玩游戏了，因此也就慢慢地放松了对自我的要求，打游戏时不断闯关升级的过程让自己十分有成就感。再加上刚入学也没交到什么朋友，平时比较无聊，索性课余时间都用打游戏来消遣了，通过打游戏，还交到了不少好朋友。一开始每天就打一个小时，后来一个小时不过瘾就打两个小时、三个小时，花在游戏上的时间越来越多，有时候甚至周末一整天都在打游戏，一打起游戏就完全没有时间概念。

这样的状态渐渐地发展到打游戏好像成了生活中最重要的一部分，以前自己还喜欢读读书、看看电影，现在除了打游戏，其他事情都觉得没意思。由于花了很多时间精力在打游戏上，原来交到的为数不多的几个朋友也逐渐疏远自己，实际学习生活中大多数时间都是自己一个人。自己也知道这样的状态不好，打游戏太影响学习和生活了，作息混乱，日夜颠倒，学习成绩更是一塌糊涂，已经好几门课都不及格了，但是自己现在根本没办法静下心来学习，常常上课都不能集中精力专心听讲，魂不守舍，总是想着赶紧下课回到宿舍打游戏升级。

小李也尝试过控制自己，不要花那么多时间在打游戏上，但不能打游戏的时候总感觉坐立不安，很烦躁、焦虑。也试过不打游戏，规律作息，但是一到晚上就失眠，整夜睡不着觉，所以又会想通过打游戏缓解这些糟糕的状态，好像只有在打游戏的时候心情才会好一些，而且至少打游戏的时候可以不用面对糟糕的学习成绩和人际关系。于是就一直处在这样的恶性循环里，不知道怎么才能走出来。

二、案例分析

1. 问题表现

小李目前的困扰或问题主要表现在以下三个方面：

（1）行为方面：过度参与网络游戏，难以控制打游戏的时长和冲动；不能按时上课完成学业，学习成绩差；人际关系紧张，回避社交。

（2）情绪方面：当停止参与网络游戏时，出现一定的戒断反应，易感焦虑、烦躁不安。

（3）生理方面：生活作息混乱，出现睡眠问题，难以集中注意力。

小李因沉迷于网络游戏，引发一系列的心理社会问题，这也进一步导致小李通过不断地参与网络游戏来缓解负面情绪，逃避糟糕的学习问题和人际关系。

2. 成因分析

从小李的自述中我们可以了解到，进入大学后的生活和学习环境发生了巨大的转变。高中阶段的学习有老师的督促、生活方式有家长的监管，让小李一直处在被约束的高压力环境中，不能自由地接触电脑和手机。进入大学后没有了外在的要求和约束，课余时间自由可支配，小李可以无拘束地参与网络游戏，但小李本身自控力较差、时间管理能力较弱，因此在接触网络游戏后逐渐变得沉迷，无法自拔。

此外，网络游戏也满足了小李自我实现、人际交往、排解压力等心理需求。首先，丰富有趣的游戏场景和画面满足了小李探索猎奇的心理，通过玩游戏不断升级、攻克障碍、提高段位，他获得一定程度的成就感，满足了其提升自我价值感的需求。其次，大学生大多渴望广泛交友，通过与网络游戏中队友的交流沟通，小李结识了有共同兴趣爱好的朋友，获得了群体认同，这也恰恰弥补了小李在现实中糟糕的人际关系。最后，小李虽然能够意识到网络游戏对自己造成的负面影响，但却难以控制自己参与游戏，这让他感到十分挫败，加之学习成绩差、挂科、人际关系紧张等负性事件又让小李进一步回避现实，退回到网络游戏的世界里，从而逃避这些现实问题给自己带来的压力。

三、处理建议

1. 明确学生行为规范，建立温暖师生关系

首先，辅导员应以大学生管理守则中的规章制度为基础，对小李因沉迷网络游戏忽视学业，屡次旷课的行为提出批评，并指出大学生遵守校纪校规，完成规定学习任务的重要意义，希望小李尽快调整状态，重新投入学习中去。

但在工作中也应注意方式、方法。从小李的表述中我们可以感受到他对自己网络成瘾行为的自责和无助。作为辅导员，我们应首先放下对小李的批判和指责，看到小李能够意识到自己行为的不当并积极寻求改变的动力。只有辅导员表达出内心真正的理解和接纳，小李才能够放下防备，愿意向他人寻求帮助。案例中，辅导员可以通过“小李，老师能够感受到你对自己沉迷网络的行为的不满和无助，如果你相信老师，我们一起想办法解

决，好吗？”类似这样共情的表达有利于与小李建立相互信任的关系，为后续帮助他解决问题打下基础。

2. 寻求专业心理帮扶，加强“网络成瘾”宣传教育

网络成瘾的形成十分复杂，需要整合多种干预方法进行综合治疗。已有研究发现“认知行为治疗”能够显著缓解患者的成瘾症状，并提高患者的情绪状态、调节能力和自我管理能力。因此，辅导员可以在征得小李同意的前提下，转介小李至学校心理中心寻求专业心理咨询师的帮助。团体心理辅导也是心理健康教育的主要形式之一，辅导员可以鼓励小李积极参加“网络成瘾”主题的团体心理辅导活动，在团体活动中与有相似困扰的同学们相互交流，搭建互助平台，共同改善网络成瘾行为。

另外，大学新生在入学后因逐渐沉迷网络而导致学业困难的现象较为普遍，辅导员可在新生入学教育时开展“网络成瘾”主题讲座，加强大学生网络文化素养教育，告知沉迷网络风险，提示文明使用网络。同时应加强职业生涯规划指导，帮助他们树立远大理想和明确目标，从而降低网络成瘾几率。

3. 善用朋辈教育力量，协助适应大学生活

缺乏社会支持是网络成瘾的风险因素。对于现实中人际关系紧张、回避社交的大学生而言，在网络游戏中与队友志趣相投可以为他们创造网络上或现实中的社交环境，减轻内心的孤独感，这也导致网络成瘾的大学生会通过沉迷网络来逃避现实中人际交往的困境。

辅导员可以召集宿舍同学一起交流沟通，协助他们处理宿舍矛盾。引导小李对因打游戏影响舍友休息的不当行为表示歉意，共同商议制订合理的、可实现的生活作息表，并邀请舍友共同帮助小李执行。在交流的过程中，进一步引导他们设想在后期执行过程中遇到矛盾冲突如何更好地应对处理，以集体交流为契机，缓和紧张的人际关系，营造友善的宿舍环境。注意，应避免集体交流演变成宿舍成员对小李参与网络游戏行为的批判和指责，着重引导同学们营造和谐的社交氛围，积极处理矛盾、解决问题。

辅导员应善于利用朋辈教育的力量，引入朋辈模范带头作用，建立互助小组。邀请班委在学习上对其进行针对性的帮扶，辅导前期因打游戏而耽误的课业，提升学习成绩；在生活中主动邀请小李积极参与班级和社团

活动，拓展社交圈，丰富课余生活，逐渐远离网络。通过朋辈互帮互助，营造积极友善的社交环境，帮助小李更好地适应大学生活。

知识窗

美国精神障碍诊断与统计手册第五版（DSM-5）网络游戏障碍建议的诊断标准

持续、反复地使用网络来参与游戏，经常与其他人一起游戏，导致临床显著的损害或痛苦，在12个月内表现为下述5个（或更多）标准：

1. 沉湎于网络游戏（个体想着先前的游戏活动或预期玩下一个游戏；网络游戏成为日常生活中的主要活动）。

注：该障碍不同于网络赌博，后者被包括在赌博障碍中。

2. 当网络游戏被停止后出现戒断症状（这些症状通常被描述为烦躁、焦虑或悲伤，但没有药物戒断的躯体体征）。

3. 耐受，需要花费逐渐增加的时间来参加网络游戏。

4. 不成功地试图控制自己参与网络游戏。

5. 作为结果，除了网络游戏以外，对先前的爱好和娱乐失去兴趣。

6. 尽管有心理社会问题，仍然继续过度使用网络游戏。

7. 关于网络游戏的量，欺骗家庭成员、治疗师或他人。

8. 使用网络游戏来逃避或缓解负性心境（例如，无助感、内疚、焦虑）

9. 由于参与网络游戏，损害或失去重要的关系、工作或教育或职业机会。

注：仅有非赌博性的网络游戏被包含在该障碍中。从事商业或职业活动需要的网络使用不包含在其中。该障碍也不包括旨在涉及其他娱乐或社交的网络使用。类似的，性网站也应被除外。

参考文献

[1] 美国精神医学学会．精神障碍诊断与统计手册[M].5 版．张道龙，等，译．北京：北京大学出版社，2015.

[2] 高雅晴，李阳阳，常祥文，等．网络游戏障碍及其相关症状的风险因素研究[J]. 中国药物依赖性杂志，2019，28(5)：346-352.

案例 42　躲在网络世界里的少年

一、案例呈现

近日，班级学习委员向辅导员反映，同学小华（化名）自本学期以来时常缺课，即使在课堂上也不专心听讲，总是在玩手机，被任课老师屡次点名批评，老师布置的专业课作业也不能及时完成，总是在三番五次催促后才迟迟上交。辅导员随后从小华的舍友那里了解到，小华这个学期以来变得不愿意参加宿舍的集体活动，总是一个人在宿舍里玩手机、浏览短视频、看网络直播，很少与舍友交流。有时候舍友和他讲话，他还会表现得非常不耐烦，久而久之，舍友也不再主动和他交流，他和舍友间的关系逐渐冷淡。

于是，辅导员找到小华了解情况。起初小华对辅导员的谈心谈话表现得十分抵触，并表示自己各方面都挺好的，没什么好说的。辅导员见状并没有批评、责怪小华，而是对小华说："老师很关心你，知道你最近或许遇到了一些困扰。但你可能还没有准备好和我聊一聊。没关系，等你什么时候想要说，我随时都在，老师一直陪着你。"随后，在辅导员的耐心引导下，小华逐渐袒露心声。

从他的叙述中，辅导员了解到：小华高中成绩优异，但高考时未能发挥正常水平，与理想的大学失之交臂。父母不同意其复读，无奈他选择进入本校就读，所学的专业也是父母强迫他选择的，自己并不喜欢。进入大学后，小华发现自己对专业课程的内容不感兴趣，也觉得自己本身学习能力很强，到期末考试的时候再通宵学习几天就能补上来，因此越发放松对自己的要求，上课不认真听讲，课余时间也都用来玩手机，要么打游戏，要么看网络直播。

第一学期结束后，小华由于没有认真学习，且突击复习效果不佳，导致两门课程不及格。看到原本成绩不如自己的同学都比他考得好，小华感到十分挫败。寒假回家后，父母指责小华学习态度不端正，学习能力差，并威胁小华如果再沉迷手机不认真学习的话，就断掉他的生活费。小华感到十分愤怒，与父母发生激烈争吵，整个寒假都把自己关在房间里，除了睡觉之外的其他时间几乎都是躺在床上玩手机，通过看网络直播、浏览各种社交媒体上的短视频来排解自己烦闷的心情。他形容自己只有在玩手机的时候心情才会好一些，似乎玩手机能够让他忘记高考失利、考试挂科那些让人难过的事情。

第二学期开学后，小华发现自己很难从昼夜颠倒玩手机的状态调整到规律学习的状态，学习时总是心不在焉，上课时无法专心听课，忍不住想要看手机。以前下课后还会和朋友们去运动、打篮球，现在觉得那些活动都没什么意思，不如待在宿舍里玩手机。小华说自己能够意识到这样的状态不对，也尝试过控制自己玩手机的时间，但是每次坚持不了多久就重蹈覆辙，不看手机时十分烦躁、焦虑、魂不守舍。他很急迫地想要改变这种糟糕的状态，但又感到无能为力。

二、案例分析

1. 问题表现

小华的困扰或问题主要表现在过度使用网络，难以约束过度玩手机的行为，无法合理控制使用手机网络的时间。这也导致他上课不专心听讲，无法集中注意力，不能按时完成学业任务，学习成绩差，考试挂科。此外，小华因长期沉迷手机，还出现生活作息混乱，易焦虑、烦躁，兴趣减退，回避社交，人际关系疏远等问题。

2. 成因分析

大学生网络成瘾与其家庭成长环境及父母教养方式有着密切关系，他们往往感受不到父母的理解和认同，他们的父母大多采用否定、惩罚等消极教养方式。

从案例中我们可以了解到，“高考失利，未能进入理想大学”让小华感到十分挫败，但父母并不能理解小华的情绪感受，还强势地替他选择专业，让他带着抵触情绪步入大学生活。进入大学后，他不能及时调整自己的心态，仍未能接纳高考失利这一挫折，加上高估自己的学习能力，自我管理能力弱，逐渐沉迷网络、手机，不专心学习也导致学业成绩差、考试挂科。一向严厉的父母对小华“考试挂科”十分不满，否定他的学习能力和态度，采用指责、攻击的沟通方式，并未尝试关心、理解小华，甚至企图通过克扣生活费这类的惩罚来控制小华，这更进一步激化了他与父母之间的矛盾。考试挂科、自我学习能力不足、父母不理解等负性生活事件让小华逃避现实，沉迷于手机、网络世界，压抑他难以言说的情绪。

已有研究发现，逃避现实生活中的压力或负性情绪，与父母或社会对抗等因素与网络成瘾的发生密切相关。我们可以看到，小华一方面通过过度使用手机和网络来逃避现实生活中的负性事件所带来的心理压力；另一方面，沉迷网络和手机、不认真学习的行为也在潜意识中成为了他对抗父母、反抗权威的工具。

三、处理建议

1. 共情与接纳，沟通有方法

当我们与网络成瘾学生谈心谈话时，学生却拒绝沟通交流，作为辅导员我们难免会感到挫败、焦躁，甚至愤怒。这时，我们可以做些什么呢?

首先，调整自己，不被愤怒、焦虑的情绪所淹没，尝试理解学生拒绝沟通背后的心理学意义。一部分学生可能是意识到网络成瘾行为对自己带来的负面影响，但却对自己无法控制使用网络而感到羞愧、内疚，因此不愿谈及。还有一部分学生可能是不够信任辅导员，担心会受到辅导员的批评、指责，或告知家长引发更激烈的矛盾，因此拒绝沟通。

其次，辅导员老师可以平稳自己的心态，共情地回应学生，引导学生表达内心的顾虑："老师知道你现在面临一些困扰，但你一定是有些顾虑，所以还没有准备好和我聊一聊，那你愿意说说你的顾虑吗？老师愿意陪伴你一起面对这些问题。"注意，建立相互信任的关系是一个循序渐进的过程，因此在沟通中我们应该更耐心地倾听，适时地回应，切记不要催促、指责。

最后，经过耐心陪伴，部分学生愿意信任老师，积极沟通交流。如果有学生仍然拒绝交流，辅导员也可以在学生同意的前提下，推荐学生寻求学校心理老师的帮助，并告知学生心理咨询的"保密原则"，缓解学生担心被评价、指责的焦虑。

2. 发挥"第二课堂"育人功能，提升学生自我管理能力

学校文化环境建设在大学生成长成才过程中发挥着重要的作用。学校可尝试依托各级学生组织，大力开展校园网络文化活动，例如可以通过举办"预防网络成瘾"的心理健康讲座，开展提升自我管理能力的主题活动，让学生意识到网络成瘾的危害，培养大学生的自制能力，自觉约束过度使用网络的行为；学校也可以举办丰富多彩的各类课余活动，鼓励大学生积极参加，引导他们在第二课堂中寻找自我价值，充分发挥自我潜能，感受真实世界的精彩，进一步预防网络成瘾的发生。

在本案例中，辅导员可以借助朋辈教育的力量，引导班委在生活学习中多关心关爱小华，邀请其参加班级活动，丰富课余生活。同时，鼓励小华积极参加课外活动，发挥自己所长，探寻自我价值，不断提升自我管理能力，规划生活学习目标，逐渐摆脱对网络、手机的依赖。

3. 加强"家校合作"，共同助力成长

一方面，辅导员可以鼓励小华自主与父母沟通，合理表达父母的教养方式对自己造成的负面影响及期望的家庭沟通方式；另一方面，辅导员也可以通过"家长课堂"等家校联动的工作方式，开展"网络成瘾"心理健康教育，引导家长理解小华网络成瘾背后的心理学意义，告知他们指责、攻击、否定的沟通方式难以解决问题，让家长意识到尊重孩子个体独立性的重要意义，并教授家长积极的沟通方法，营造和谐的家庭氛围，建立温暖友爱的沟通模式，形成教育合力，帮助小华逐渐摆脱对网络世界的沉迷，共同助力成长。

当然辅导员在工作过程中，应该注意引导小华认识到自己已经是成年的个体，也需要对自己的人生负责，树立合理的人生目标，认真学习，约束过度使用网络和手机的行为，积极努力发展自我。

参考文献

［1］陈泳如，胡佳佳．青少年网络成瘾与教养方式、社会支持相关研究［J］．中国健康心理学杂志，2012，20(5)：767-768.

［2］邵云云，许晟，陈佳．青少年网络成瘾成因结局及干预效果［J］．中国学校卫生，2020，41(2)：316-320.

07 睡眠障碍

案例43 是谁偷走了我的睡眠?

一、案例呈现

“我已经一整个学期都没能好好睡一觉了，同学建议我来做心理咨询。”说这话时，小梅（化名）目光下垂，眼眶有一些凹陷，眼下的黑眼圈清晰可见，虽然化着妆，但整个人仍显得疲惫没精神。“很困，但就是睡不着”小梅叹了口气摇了摇头，“之前有同学说我看起来憔悴极了，所以我现在不化妆都不敢出门。”

小梅是一名跨专业考研上岸的研一学生，面对不熟悉的领域，小梅感到压力很大，研究生阶段的学习内容、学习方式也和本科阶段有很大的差异，每周的日程就是不停地看论文、做实验、开组会。导师给小梅布置了大量的前沿论文阅读任务，她看不懂这些论文，也不敢跟老师沟通，开题的方向迟迟没有定下来。为了应对学业压力，小梅每天在实验室学习到十二点，饿了就点外卖吃夜宵，吃夜宵让自己感觉很解压。小梅觉得白天的时间没有一刻是属于自己的，且白天嘈杂很难专注，到了晚上总想再多学一点，往往洗漱好躺下已经是凌晨一两点。小梅的室友都是其他专业的，每个人的作息都不一样，有的室友比她睡得还晚。

晚上躺在床上，小梅闭上眼就想到自己今天安排好的计划哪些还没完成，一想到没完成的事情就开始焦虑，责怪自己为什么效率这么低，接着又想到生活也不顺意，未来还很迷茫……一系列焦虑使小梅难以入睡，于是睁开眼开始刷起了手机，追剧、刷小视频能短暂摆脱焦虑，不知不觉一刷就好几个小时。关掉手机打算睡觉又陷入了失眠，一夜过来辗转反侧、无法入睡。

日复一日熬夜、失眠、崩溃，小梅的情绪也逐渐不太稳定，对周遭的事物变得敏感，尤其是睡觉时，室友有一点动静，小梅就会心烦意乱。有几次小梅在白天补觉时，室友进进出出洗衣服，弄出动静把她吵醒之后就再也无法入睡，小梅找室友沟通后并没有得到理解，关系反而恶化。

小梅每天睡眠质量也不是很高，经常梦见自己在高考考场，要么考前没复习一题都不会，要么来不及答完试卷。小梅总是会惊恐地醒过来，在黑黢黢的夜里，不愉快的回忆奔涌而来。“我本身就很难入睡，睡着了还总是梦见不愉快的事”，小梅无奈地苦笑，“可能和高考失利有关吧。”

小梅毕业于一所重点高中，高中时成绩很不错，正常发挥的情况下应该是可以进入 TOP5 高校的，结果高考发挥失常，填报志愿时，在父母要求下选择了自己不喜欢的专业。因为不喜欢本科专业，小梅对学习没有太高期待，睡眠状况大多数时候都比较良好。小梅的高中同学们都考上了名校，看到他们在大学期间发布的社交动态，她既羡慕又嫉妒，想着自己也一定要通过考研去弥补高考的遗憾。小梅重重叹了一口气：“我经常想，如果当初高考没有失利，如果考研时我没有听父母的意见，坚持自己的选择报考另一个更好的学校和专业，我现在的状况会不会不一样，会不会有更好的人生？”

长期的失眠使得小梅越来越难以集中精神，学习效率极差，看文献看半天什么都看不进去，自己也尝试过很多方法，但都没有什么用。小梅曾尝试过喝咖啡来驱除困意、提高专注力，从每天一杯到每天三杯，咖啡越喝越多，效果却越来越差。她还做了其他尝试，比如睡前喝牛奶、泡脚，吃一些健脑的保健品，但是都没用，不仅没有缓解失眠的症状，反而因为失眠这件事情让她更焦虑。

更痛苦的是身边没有一个人可以听她倾诉。父母不理解她的痛苦，总说让她忙点正事，催她赶紧毕业、找对象。每次和家里打电话，父母的谈话主题永远是“谁家的孩子结婚了”“谁家的孩子生子了”“谁家的孩子找到了一份薪水颇丰的工作”。在父母的眼里，这个年纪没有毕业、没有结婚、没有工作，就是失败的。每次和父母沟通，都吵得不欢而散，在小梅看来父母不仅不理解自己的感受，还总是试图掌控自己的人生。

这么些辗转反侧的深夜里，小梅拼命地抑制住眼泪往外流，那些困顿的心事，她不愿与同学多说，更不敢放声大哭，不想让自己难堪，更不想成为别人茶余饭后的谈资，久而久之，小梅逐渐变得沉默寡言。

二、案例分析

1. 问题表现

（1）睡眠障碍：小梅因学业压力、环境适应困难等现实原因诱发焦虑情绪，加之较长一段时间内的晚睡生活习惯等带来的睡眠节律紊乱，逐渐发展为睡眠障碍，主要表现为入睡困难、睡眠质量差等。

（2）心理社会功能下降：睡眠障碍进一步加重小梅的焦虑情绪，且伴随记忆力、注意力下降，情绪易激惹等症状。睡眠障碍和焦虑状态导致其心理社会功能进一步受损，表现为学习能力下降、人际关系紧张。

2. 成因分析

（1）外部因素：可以看到小梅的睡眠问题起源于学业和科研的压力，对于跨专业学习的硕士新生而言，在课程学习和科研任务的完成上存在一定的难度。同时，宿舍环境（包括宿舍不同专业作息不一致、其他学生的晚睡习惯）对小梅的睡眠状态也产生了一定影响。社会支持的缺失，包括父母专制的教养方式，与室友的关系紧张等，导致小梅的焦虑、压力水平持续较高。

（2）不良的生活习惯：小梅入睡时间过晚、黑白颠倒的作息严重影响睡眠质量，破坏了人体的生物节律，导致生物钟紊乱。小梅每天都喝很多咖啡，咖啡中的咖啡因会刺激我们的大脑神经系统，使大脑兴奋，难以平缓心情入睡。此外，小梅在熬夜的时候会点外卖、吃夜宵，而外卖通常比较油腻，舌尖的美味会加重肠胃的负担，导致消化系统一直处于工作状态而失眠。

（3）不良的应对方式：睡不着时，小梅会玩一会手机，手机、平板电脑等手持电子设备所产生的放射性蓝光信号会诱使人神经兴奋，影响睡眠质量。同时，睡不着时的行为模式在日复一日中得到强化，加深了小梅的入睡困难。

（4）错误的归因方式：高考失利和报考志愿的失误对小梅的影响比较

持久，可以看到小梅对就读名校的执念较深，小梅也通过自己的努力完成了跨专业考研，但仍然觉得学校和专业都不是自己最中意的。对于小梅而言，从高考开始，对自己的高期待是一个持续的议题，无论是考研时择校、选专业，还是当前的学业方面，小梅觉得自己理应有更好的表现。当现实和理想出现落差时，小梅的焦虑情绪和压力也会与日俱增。同时，小梅在归因时总是提到父母意见的影响，认为当下的处境有不得已的原因，更加深了小梅对现状的不满和自责。其实，有抱负、有追求本身是一件好事，但这些“本该如何”“如果当初”的想法会带来更大的压力。

三、处理建议

1. 及时就医，遵照医嘱治疗

小梅出现睡眠障碍的相关症状已有半年时间，对其日常生活、学习已带来明显影响。心理咨询师和辅导员首先评估其问题及严重程度，转介就医，调整改善其睡眠状态、焦虑状态，减轻睡眠问题给小梅造成的现实困扰。同时，就小梅目前的问题进行梳理，根据小梅的需求进行深入探讨，提供心理支持。在这个过程中可以指出小梅存在的不良生活习惯，并对睡眠卫生进行科普，建议其合理饮食、规律作息，帮助小梅养成良好的睡眠习惯。

2. 充分共情，提供支持平台

咨询师在充分倾听、了解学生的基本情况后，对学生当前的现状表达共情和关心，愿意陪同学生一起走出困难，与学生建立良好的信任关系。在缓解症状的基础上，咨询师可以在咨询过程中对睡眠障碍的原因进行分析，进一步厘清小梅睡眠障碍背后可能的认知偏差、情绪及行为方面的问题，并据此提供具体的解决方案。

3. 家校联动，形成多方合力

在本案例中，小梅多次表达自己在人生重大事件上的决策会遭到父母的干涉，每次向父母寻求支持与安慰时总是遭到拒绝。辅导员需与小梅建立良好的关系，鼓励小梅积极主动与家人沟通。辅导员在征得小梅同意的情况下，可以与其家人沟通，基于维护小梅身心健康的原则，共同商定有效方案促进小梅睡眠改善及学业进步。学校可以通过定期开设家校课堂、进行跟踪回访等途径，将事前预防 - 事后干预机制融入家校联动的各环节。

来自学校思政工作、教学、心理支持等各领域的多方合力也同样重要。根据《中国睡眠研究报告（2022）》，大学生上床睡觉的时间集中在 23 点至凌晨 1 点，其中 23 点至 0 点上床睡觉的人最多，占 39.45%；其次为 0 点至 1 点上床睡觉的人，占 30.45%，46.03% 的大学生在 0 点及以后睡觉，可见大学生上床睡觉时间普遍较晚。案例中，辅导员可在班级中开展睡眠卫生科普教育，加强对学生科学生活、睡眠习惯的积极引导。同时，指导学生制定宿舍公约，形成、遵守合理的就寝时间，营造彼此尊重、相互理解的文明宿舍环境。在小梅就医诊治的基础上，心理咨询师可以协助小梅发展应对学业压力的合理方式，降低焦虑水平，发展合理的人际沟通和交往方式，以获得更多社会支持。研究生导师可从学业指导的角度，给予小梅更多关心、帮助，同时注意因材施教，合理布置学习和科研任务，关心其身心健康。

知识窗

睡眠障碍指睡眠 - 觉醒过程中表现出来的各种功能障碍。主要表现为入睡困难、睡眠维持困难、早醒而引起的睡眠满意度下降。培养良好的睡眠卫生习惯对于预防和治疗睡眠障碍非常重要。

良好的睡眠卫生习惯包括以下方面：

1. 规律的睡眠时间。定时休息，准时上床，准时起床。无论前晚何时入睡，次日都应准时起床，不管是周末还是工作日。

2. 创造舒适的睡眠环境。睡眠时应该安静、黑暗和舒适。

3. 区分工作和休息区域。不要在床上学习和工作。

4. 避免刺激。在睡觉前避免保持过度兴奋的情绪，例如看太刺激的电视节目或玩游戏。

5. 限制饮食。尽量避免在睡觉前吃太多或过饱，也不要过量饮用饮料或咖啡因。

6. 适当运动。日间要适当运动，有助于促进睡眠。但不要在睡眠前2小时内运动。

7. 不要害怕失眠。如果上床一段时间后仍然睡不着，可起来做些单调无味的事情，等有睡意时再上床睡觉。睡不着时不要反复看时钟，应放松并确信自己最后一定能睡着。

8. 限制午睡。如果存在失眠，尽量不要午睡，如果实在想睡，午睡时间不宜过久，30分钟以内为宜。

第三篇

心理危机篇

篇首语

斯坦利·霍尔提出，大学生所处的年龄阶段是一个“暴风骤雨”的时期。大学生一方面在快速地发展成熟，另一方面也会遭遇很多困难、直面诸多挑战。当这些困难与挑战超过他们的应对极限时，危机事件就会爆发。一直以来，处于危机中的大学生虽不断增多但始终只占整个人群的很小比例，且大部分人都可转危为安，继续自己的学习和生活。然而，正是这些占比不高的危机，在干预时却往往消耗着极大的学校、家庭和社会资源，让所有人倍感压力；同时，这项工作也是校园心理健康教育工作必须坚守的底线。因此，我们在最后的篇章中专门来讨论心理危机的话题。

心理危机没有统一的定义，一般指个体现有的能力和资源难以应对来自内外的困扰，心身失衡、无法适应，甚至危及自身或他人的安全。大学校园占地广阔、人口聚集，学生在校时间长、生活内容丰富，因此危机事件的原因、表现和发展更为复杂多变。本篇挑选了在大学生群体中最为常见的危机事件，如自杀、自伤、暴力事件、意外事故及突发公共卫生事件所导致的情形。

大学生心理危机干预工作一般包括危机识别与预警，评估与研判，干预与跟踪等几个阶段。以辅导员为代表的学生工作者，需要了解本校危机干预工作相关政策，熟悉具体操作方案，及时启动干预流程。值得注意的是，这并非某位老师或几个人就可以有效完成的工作。

危机干预是一项需要高度协同的系统工程，常涉及辅导员、心理咨询师、导师、亲友等不同人群的参与，也涉及学生处、保卫处、教务处、医院等不同部门和机构的合作，还涉及安全、健康、学业、法律、隐私等不同方面的综合考量。整个过程可能充满各种危险、混乱和困难。

心理危机干预工作者面临着较高的职业健康风险。要做好危机干预工作，除需具备相关的知识技能外，工作者还需保持好自己的身心健康和情绪稳定，及时评估和觉察自己的工作状态，做好自我关照和相互支持。

需要强调的是，每个人在一生中都会遭遇危机，每个危机都是危险与机遇的并存。因此，危机干预工作的意义绝不止于确保安全和稳定这一基本目标的达成，在危急时刻我们更有机会看到生命的坚韧与顽强，更能体验到学生在浴火重生之后的积极成长与超越。

本篇的 15 个案例基于一线工作者的实践经验，从以上各方面对危机干预工作用不同的故事有所侧重地做了详细描述。希望这些案例的展示可以为大家提供参考和借鉴，在遇到危机时能够帮助我们更加及时、有效地应对，为呵护生命和促进成长贡献自己爱心、智慧和力量。

01 自杀与自伤问题

案例 44 请不要翻看我的书架

一、案例呈现

有的学生热情开朗，有的多才多艺，有的勤奋刻苦，有的则拖延散漫。面对各种类型的学生，作为新生辅导员的李智（化名）相信自己都可以帮助他们发挥优势，变得更加成熟。但是，有一个学生的情况却让他感到有些莫名其妙。

这个学生名叫王冲（化名），他总是独自上课，独自去食堂，没课时都在自习教室或图书馆。李智觉得他有点内向，曾经好几次想约他来办公室交流，但都被王冲拒绝了。不过，李智并没有发现什么异常，只是觉得他有点羞涩。室友这样描述王冲，“他很用功，但不怎么和大家交流。”室友告诉李智，说王冲不太喜欢别人碰他的东西，还在书架上贴了一张纸，写着“请不要翻看我的书架”。

不久，李智收到学校心理中心发来的心理普查结果，疑似存在心理问题的学生名单之中居然有王冲的名字，他在“人际关系敏感”和“精神病性”等方面的得分较高。关于“人际关系敏感”，李智比较认同；但关于“精神病性”，他觉得没有可能。王冲最多有点少言寡语，并没有什么“疯狂”的迹象。因此，在反馈材料里面，李智认为王冲没什么值得特别关注的地方，也不需进一步约谈和评估。随着期中考试即将到来，他忙着开展学风和考风建设，有关王冲的事情也逐渐被他淡忘了。

有一天，李智突然接到王冲的电话，他居然想要见面聊聊。见面的时候，李智感到王冲身上似乎有点变化：他似乎有一段时间没有洗澡了，身上好像有一股味儿。男生有时的确有些邋遢，因此李智没太在意。王冲吞吞吐吐地说道，他觉得室友正在孤立自己，其中一位同学明里暗里针对自己，让他觉得很痛苦。李智让他具体说说，他便说那位同学会趁他不在时翻看他的书架，或者会趁他躺在床上时，偷偷打开他的书包。李智觉得有点不可思议："你怎么知道他动过你的东西？"王冲说道："我发现书架和书包被人动过了。"李智觉得他说得有些道理。王冲想要更换宿舍，但这并不是一件易事。李智建议他和室友多交流，实在不行再考虑换宿舍。王冲有些不情愿，但还是接受了李智的意见。王冲走后，李智联系了他的室友，他们都否认自己有过类似行为。李智叮嘱室友和王冲友好相处，尽量不让他产生新的误解，只有"用真心换真心"才能增进宿舍友情。接下来的两周是期中考试，李智没有来得及处理王冲想要换宿舍的事情。

一天下午，当他正在给学生干部开会，突然接到了学生来电。李智并没有接听这个电话。这时候，一位学生干部的电话响了起来，他轻声地接听了电话，迅速站起来，把电话递给了李智。李智有点疑惑地接过电话，却听到一个学生告诉他："李老师，王冲买了一把螺丝刀挂在床头，还在书架上贴了一张纸条，说要杀掉动他书架的人！"李智赶紧叫停会议，立即向王冲宿舍赶去。

王冲手握螺丝刀，其他同学则已经逃到了宿舍楼的走廊。李智走进宿舍，想要和王冲聊一聊，但他却说自己已经受够了，想要与翻书架和书包的人同归于尽。李智担心王冲伤到其他学生，便想要夺过螺丝刀，却被王冲划伤了胳膊。这时，保卫处老师赶到了现场，迅速控制了王冲，才避免了李智受到更大的伤害。在保卫处和门诊部同事的协助之下，王冲被送往精神专科医院，开始接受入院治疗。李智得知，王冲入院之后被诊断为精神分裂症。这时，他回想起了王冲曾经的心理普查报告。

二、案例分析

1. 问题表现

性格外向或内向，这本身并不涉及心理健康的问题。但王冲在开学初表现出来的人际和生活特点，其实已经有可能是精神障碍的症状。当李智找他谈话的时候，其实他已经非常回避人际交往了。根据心理中心的心理普查结果，王冲至少存在两个方面的问题：人际敏感和精神病性。值得注意的是，精神病性的问题常常会影响到个体的人际敏感程度。因为个体如果存在牵连观念甚至妄想或幻觉的时候，他们常常会感到周围的人可能在说或做一些针对他们的事情，使得他们更加回避人群，或者与周围的人们发生冲突。等到王冲第二次见到李智的时候，他可能已经存在牵连观念（甚至是妄想）的症状了。王冲不洗澡或不洗头的状态，以及身上散发出来的异味，很有可能是精神分裂症的阴性症状，也说明他的相关行为可能已经受自己的妄想（甚至可能是幻觉）所控制，完全注意不到自己的个人卫生等事宜了。而在学生来电寻找辅导员的时候，王冲可能已经处于精神分裂症的妄想发作状态，存在较大的伤人风险，需要立即送医接受治疗。

2. 成因分析

王冲之所以出现上述状况，主要是由于他罹患了精神分裂症。精神分裂症的病因和发病机制目前还没有得到充分的研究，可以说是一种相当复杂的精神障碍。不过，遗传因素和心理社会因素都可能对精神分裂症的发展有着重要作用。这种障碍主要以妄想、幻觉或者一些阴性症状为核心特点。妄想是一种思维内容障碍，其内容与现实完全不符合，但患者仍然坚信不疑，无法被证据说服。外界环境的压力可能是精神分裂症的某种诱因，比如考试或失恋等。正是在期中考试期间，王冲开始坚信有人翻看自己的书架和书包，虽然没有任何相关的证据。这样的思维内容会导致王冲认为周围的同学正在窥探或针对自己，由此产生强烈的情绪，甚至产生想要发泄这种愤怒，乃至要杀人或同归于尽等类型的冲动。幻觉或妄想导致的类似行为，其实并不是患者内心产生了某种邪恶的念头，而是因为他们感知到的外部世界和思考的内容已经遭到了严重的扭曲。在某种程度上来说，王冲生活在一个他自己“想象”出来的世界之中。在那个世界之中，他处于被监视、被跟踪、被窥探甚至被伤害的处境之中。他想要改变自己的这种处境，所以表现出了自我保护的行为。但是在周围的同学看来，王冲的行为是异常和无法被理解的。

三、处理建议

1. 重视心理普查结果，敏锐觉察细节之处

心理普查的结果具有很强的参考价值。大学生所接受的心理普查是一种自评量表，如果结果是异常的，恰好说明学生填写了自己的真实情况。学生工作者需要了解心理普查的相关知识（比如人际敏感分数偏好通常与哪些心理问题可能存在关联），重视心理普查工作，普及心理健康知识（通过讲座和班会等形式），研习异常心理识别的相关知识（比如主要有哪些类型的精神障碍，分别有哪些具体的特征），细致开展普查回访工作（学习提问和沟通的技巧），及时发现学生的异常心理。

在回访或日常交流过程之中，如果发现学生认为周围的人在孤立、诽谤、跟踪或者监控他们的时候，学生工作者要高度重视，开展深入的核查工作。如果的确存在这样的情况，应该成立相关的工作小组，及时处理学生的人际冲突或者可能存在的霸凌问题。如果没有基本的证据支持学生的感受或观点，学生工作者应当考虑让学生接受更为专业的评估（比如心理中心的心理咨询师或专科医院的精神科医生等），进而判断学生是否有可能存在牵连观念或妄想等问题。当我们发现学生的基本功能（吃饭、穿衣、睡觉、洗漱和上课等）出现明显的问题，也要考虑学生是否有可能存在精神分裂症的阴性症状，并安排专业人员对学生的情况进行进一步的评估。

2. 开展危机干预培训，实施危机协同工作

李智老师显然没有任何处理心理危机的经验，所以才会直接冲进现场，导致自己受到了一定的伤害。学生工作者需要接受充分的心理危机干预培训，包括危机预防、危机识别和危机干预等多个方面。李智老师也没有学习过学校的相关文件或手册，因此他并不知道危机发生的时候自己应当采取什么流程或步骤。学校应当发布专门的心理危机干预文件或指南，帮助学生工作者建立心理危机干预工作机制，使学生工作者能够有细则可依据，做到心里有底。当危机发生的时候，应当立即启动危机预案，按照预案的细则开展相关的心理危机干预工作。李智老师应当立即联系学院分管学生工作的党委副书记，并且立即上报学校心理中心负责危机干预工

作的专职心理老师。考虑到王冲购买了具有伤害性的工具，并且声称要杀人，李智老师还应当立即联系保卫处，邀请保卫处的工作人员一同赶往现场，避免只身面对复杂而危险的情景。在处理危机期间，李智老师还应当及时联系学生家长，并要求他们能够尽快赶来学校或医院，帮助学生接受专业的诊治。关于联系家长的事宜，学生工作者也需要了解相关的法律和法规，并结合学校的相关规定采取行动。

值得一提的是，伤人或杀人风险的危机爆发时，周围的同学其实也会被卷入危机，如果缺乏危机意识和自我保护意识，自然也可能会酿成更大的悲剧。因此，我们在对学生工作者开展危机干预培训的同时，也要对心理委员、宿舍心理联络员和学生干部开展一定程度的危机干预培训，甚至要开展心理班会，面向整个班级开展心理健康和危机干预的普及教育工作。

案例45 天台上的对话

一、案例呈现

1. 危急时刻

接过电话后，辅导员张芬（化名）急忙换上平底鞋，快速往教学楼顶跑去。天台的人已经围了一小圈，其中有几个熟悉的面孔，而蹲坐在人群中间的正是本案例的主角小秋（化名）。小秋是张芬班上一位很出众的女生，虽然少有工作接触，但因为她丰富、活跃的社团活动，张芬对她也深有印象。张芬很困惑，这个平时开朗活跃的人群焦点为什么会陷入如此危机，简单而用力地调整了呼吸之后，张芬走上前去。

张芬：小秋，发生什么事情了？

小秋：张老师，我男朋友把我拉黑了。

张芬：你们之间发生了什么？

小秋：我也不知道，他可能早就受够我了吧。

张芬：你跑到天台来做什么？

小秋：我们上午吵架了，他就要跟我分手。

张芬：因为什么吵架呢？

小秋：他今天早上没有给我发消息，我给他打电话他也不接。我很担心，就一直打他电话。打了很久他才接，接起来就说我很烦。然后我们就吵起来了。我早就觉得他对我不耐烦了。我就让他直接点，如果觉得我烦了就分手吧。然后他就把我拉黑了。我现在联系不到他了。

说着，小秋痛哭了起来。

张芬：我知道了，突如其来的分手让你非常的痛苦。那你看这样，你们俩现在情绪都比较激动，也不太容易平静下来跟彼此沟通，你先到我办公室休息一会儿，跟我说说你的想法，我也试着联系一下你男朋友，看看他的想法，然后我们再来商量看看怎么办。你看行吗？

小秋：行吧，那麻烦张老师了。

将小秋安顿好之后，张芬开始了与小秋的长谈，一个一个惊雷般的信息让张芬倒吸一口凉气……

原来，在与男友相处的过程中，小秋已经多次做出自伤行为，手臂和腿上有多处新旧划痕。这次走上天台也是逼迫男友与其复合，多亏室友听到了小秋与男友争吵的内容，及时劝阻，才避免了一场悲剧。

2. 失控的恐惧

小秋正在读大二，从入学以来一直是引人注目的焦点，在各类文艺汇演中表现出众。进入大学之后，小秋很快就有了追求对象，但尝试过几次短暂交往，都无疾而终。大一下学期开始与目前这位男生开始交往，是历来相处时间最长的。相识之初，小秋一直与这位男生保持距离，认为他和其他男生一样，并不值得信任，“他根本不是真的爱我”。但这位男生对小秋体贴入微，关心她的生活起居，早起帮她买早饭、占座，逃课带她出去玩，身体不舒服时第一时间带她去看医生。这样持续了近半年，小秋才逐渐放下戒心开始信任他，而这也是他们关系冲突的开始。

当小秋开始信任男友，她心中的不安全感也在急速增加，开始感到男友对自己的敷衍和怠慢，常因男友未接电话或未及时回复短信而愤怒和争吵。每次争吵，小秋心中就会再次浮现最初的念头：“他根本不是真的爱我”，随后便提出分手。在一次次的争吵和男生一次次的道歉复合中，两个人的关系又继续维持了三个月。最近一个月，他们争吵的频率和冷战的时间都有所增加，小秋心中升起更多不安，担心自己会被男友抛弃；每次争吵冷战，小秋都会陷入情绪崩溃，开始出现伤害自己的行为，希望男友能尽快道歉和好。起初，男友真的会非常担心小秋的安危，迅速与其和好，并帮她处理伤口。但很快两人又会陷入同样的冲突循环，直到今天，男友彻底切断与小秋的所有联系，并声称：“不可能和好，不要再来烦我了，你的死活与我无关”。

3. 家庭故事

小秋的母亲是声乐老师，父亲是企业高管。两人年轻时在饭局上一见钟情，闪婚闪育。婚后逐渐爆发各种矛盾冲突，甚至在怀孕期间多次争吵、几近离婚，最终为了尚未出世的孩子，勉强维持着摇摇欲坠的婚姻。小秋出生后，父母均未投入到养育之中，绝大部分时间由保姆照顾，且因为父亲工作变动搬过两次家，保姆也因此更换两次，直到上小学前生活才稳定下来。

小秋的父亲常年在外喝酒应酬，经常半夜回家，母亲对此极度不满，两人因此频繁冲突，甚至大打出手。绝大多数时候，父亲不过问小秋的成长事宜，由母亲全权决定，而母亲对小秋的表现不满时，常常会情绪失控责骂，甚至暴力相向。小秋认为母亲的生活是一出悲剧，在外光鲜亮丽，在家一地鸡毛，并且这出悲剧是由父亲和自己一手造成的，因此小秋常常对母亲心怀愧疚，对父亲愤怒冷漠。

随着年龄的增长，小秋开始逐渐拉开与父母之间的心理距离，青春期之后也出现过几个月短暂的抽烟、泡吧等叛逆行为，之后便投入到学习和自己的业余爱好当中。因为家庭环境和性格原因，小秋很难交到知心的朋友，也没有表现出太多对人际交往的兴趣，直到上大学住校后，才开始尝试与室友有所交流，并逐渐变得较为亲密。

二、案例分析

1. 问题表现

在建立与维持关系方面，小秋无法与他人建立稳定的亲密关系，在日常人际中表现出一定程度的疏离和不信任，在关系建立之前保持高度的警惕，在关系建立之后又表现出强烈的不安全感。

在情绪与行为控制方面，小秋情绪激动且不易平复，多次出现自伤行为，并有过自杀尝试，自杀自伤风险极高。

2. 成因分析

小秋在人际交往中的不安全感源自童年不稳定的依恋关系。在生命之初，父母并未投入到小秋的养育之中，一直由保姆抚养，且在生命早期多次更换保姆和生活环境，导致小秋未能与任何一个抚养者建立持久安全的依恋关系。而童年期的依恋类型又会很大程度影响成人后的依恋关系，加之父母婚姻关系的影响和父亲作为丈夫的形象，这些都可能影响小秋对亲密关系、对男性的感受，在与男朋友的关系中时常担心对方会离自己而去，也常常怀疑对方是否真诚可靠。于是，小秋在亲密关系中会很容易将一些微小的信号理解为对方不再重视自己，从而陷入焦虑之中，需要反复确认对方的心意。

在小秋的成长过程中，母亲常常因为小秋的表现对小秋大发雷霆，这会严重破坏小秋的“自体感”，使其被羞耻感淹没，所以当小秋产生对他人的需要和依赖时，常常会感觉到羞耻。小秋对父母有强烈的愤怒，因此对依赖父母的态度也非常矛盾，小秋会将这种愤怒转向自身，认为是因为自己无能才会依赖他人。所以当小秋产生对男友的依赖时，她会同时感受到焦虑（恐惧）、羞耻和无能等非常复杂的情感，她也无法向男友真诚直接地表达内心的感受，从而使其亲密关系更加复杂。

从情绪表达的方式来看，小秋无法耐受关系动荡所带来的强烈焦虑，这源自父母不稳定的情绪状态。小秋虽自幼与父母生活在一起，但是父母不稳定的状态无法为小秋提供情绪支持，没有在小秋情绪能力发展的关键期起到帮助和促进的作用，甚至他们粗暴的互动和紊乱的养育模式使得小秋内心充满了各种复杂的难以消解的情绪，这进一步增加了她情绪能力发展的困难。

三、处理建议

1. 提高风险意识

小秋有过自伤行为和自杀尝试，再次做出自杀自伤行为的风险极高。辅导员要持续学习心理危机状态的早期识别和风险管理，不断提高自己对心理危机状态的风险意识和察觉能力。识别早期危机信号，及时进行早期干预，防止造成不良后果。遇到心理危机事件，要按照心理危机干预流程忙而不乱地应对。

2. 建立家校同盟

辅导员需在安抚稳定其情绪的基础上与父母取得联系，告知父母孩子的现状及危险程度，请父母到场协助孩子就医；如有必要，需父母陪读一段时间，直至其情绪稳定。有些父母可能会拒绝接受或过分轻视孩子表现出的情绪或行为问题，认为孩子只是压力过大或一时想不开，或者表现出对孩子批评、苛责甚至惩罚等反应，这些反应都不利于帮助孩子心理状况的恢复。辅导员需向父母解释孩子出现这些异常的情绪或行为表现并非“没事找事”或“引起关注”等，而是她所遇到的情绪困难已经超过自己所能忍受的范围，异常的情绪和行为只是她表达内在需求和感受的方式，所以在这样的时刻孩子非常需要父母在情感上的理解与帮助，只有获得足够的情感支持和关注，孩子的内心世界才会逐渐稳定，情绪状态也会随之稳定下来。

3. 加强日常防护

自伤行为是小秋处理情绪的一种习惯性方式，再次遇到应激事件时，极有可能采取相同的应对方式。所以辅导员需对小秋保持长期关注，定期与其谈心谈话，了解其生活和情绪状态，并嘱咐宿舍同学留意小秋的高危动向，尤其是情感状态不稳定或遭遇其他应激事件时。如就诊后医生建议服药，还需判断是否需要对药物使用进行监管，避免出现擅自停药或过量用药等行为。

4. 启动咨询工作

辅导员需上报心理中心，并劝说小秋接受心理咨询。小秋所表现出的问题需要接受长程稳定的咨询，在稳定的咨询关系中对亲密关系和内在的不安全感进行探讨，最终达成新的理解。

需要注意的是，在与小秋的工作中，关系的稳定性、持续性和信任是最重要的。辅导员在与父母沟通的过程中需要尊重小秋的态度，征得学生同意。如遇学生拒绝告知父母，辅导员需告知其联系父母的必要性，并与学生讨论其具体担心，并告知学生会与其一起面对父母的反应，使学生充分感受到支持。在学生出现损害身体健康甚至生命安全的行为时，应以学生的人身安全为第一要务，不可轻易承诺保密，更不可在承诺保密的前提下擅自联系父母。

知识窗

1. **依恋类型**

美国心理学家安斯沃斯通过“陌生情境实验”，将儿童的依恋类型分为安全型、焦虑型和回避型，不同的依恋类型在面对母亲短暂的分离时表现出完全不同的情绪反应，并且这些依恋类型会延续至成年后与伴侣之间的关系。安全型的儿童能够忍受与母亲分离的焦虑，很快就能投入到玩耍之中；焦虑型的儿童在母亲离开后表现出强烈的情绪反应，并且在母亲回来后也很难得到安抚；回避型的儿童在母亲离开和母亲回来均表现出强烈的情绪抑制（有强烈的情绪反应，但并不表达）。

2. 自杀自伤行为

自杀自伤行为在青少年群体中的发生率非常高，原因也多种多样，除去抑郁症、双相情感障碍、边缘型人格障碍、精神分裂症等病理原因之外，最常见的解释为一种表达痛苦的方式。所以在与自杀自伤的同学工作时，除去医疗介入和危机预防之外，坦诚地与其探讨自杀自伤行为，倾听他们试图表达的痛苦、了解其需求也非常重要，甚至能够更加有效地预防危机再次发生。

案例46 学业预警带来的危机

一、案例呈现

班主任向辅导员反映，开学半个月来发现所带班级一名叫小松（化名）的学生上课没有精神。同宿舍同学也反映，自暑假以来，小松就对于宿舍群里的消息反应不如之前积极，对于宿舍组织的活动也不参加，最近两天常常在宿舍里睡觉或是一个人进进出出。偶尔还发现他打游戏到凌晨三四点，对于同学的询问，他不回答或是只回答："没啥，感觉没意思。"辅导员知道小松是学院学业预警的学生之一，假期就已经与其谈过话，小松也表达了自己会好好学习的决心。最近一周，有同学发现小松的 QQ 空间里，出现了一些令人担心的内容"痛让心也平静了""是不是我在你们眼里的价值只有学习成绩？"

辅导员再次找到小松谈话，把谈话地点安排在了学院的心理访谈室。辅导员向小松说明原因并表达自己的关怀和担心："出现学业预警对于每位在校的同学，都是一个很大的压力。学期初跟你谈话的时候，感到你有意愿、有信心把成绩追上来。最近的情况好像跟学期初的时候不太一样了，愿意告诉我发生什么了吗？"小松一直低头沉默不语，辅导员并不催促，在旁默默陪伴，并给小松倒了一杯热水。小松开始逐渐放松了一些，开始向辅导员倾诉。

原来小松所学专业并非是自己所选，而是父母认为该专业未来就业前景较好，要求小松报的。小松高中时学文科，非常喜欢文学，成绩也很好，而来到这个文理兼收的专业后感觉到学习比较吃力，虽然自己已经非常努力了，成绩还是不理想。父母认为小松目前的情况是因为没有努力，所以每次给小松打电话的时候，都只询问跟学习和成绩相关的事，并且催促小松辞掉社团的工作，把心思放在学习上，而甚少谈及生活、情感等方面的事，关心较少。小松大一上学期学习基础课程，感觉还可以，但从下学期开始专业课学习之后，便感到越来越吃力。小松发现，大学的课程基本上每周就两节，而且老师都不太会重复讲内容，一节课很快就过去了，很多都没有听懂。因为自尊心的缘故，小松也不愿意去询问老师和同学，花了很多时间自学，甚至晚上熬夜学习，睡眠质量很差，总是做梦、易早醒。现在感觉精力越来越不好，上课也听不进去老师讲的内容，情绪起伏越来越大，记忆力也变差。暑假的时候，父母收到学校的学业预警通知书，劈头盖脸地骂了他一顿，说他不懂事，甚至联合家里的亲戚一起来说教，这让小松感觉压力很大，又不知道跟谁说。跟父母说过专业课学不懂，自己不是学这个专业的料，父母就说是他没有努力，态度不好，这让小松感到十分绝望。看到高中同学学了喜欢的专业，而且大学生活也过得很丰富，这让他感觉非常失败。新学期开学之后，小松发现自己除了要学本学期的课程之外，还要重修之前的课程，时间精力都不够用，自己很着急心慌，很怕再挂科留级，也很怕自己再这样下去只能退学。父母每天都打电话问今天学得怎样。这些都让小松感觉很烦，很自责，没有希望，前天晚上实在是看不进去书，感到胸闷喘不过气，就拿美工刀划了自己的手臂。

二、案例分析

1. 问题表现

小松目前的困扰主要表现在以下几个方面：

（1）情绪方面：表现为情绪焦虑，情绪起伏大、容易自责、感到绝望。

（2）行为方面：表现为话变少、社交回避、学习效率下降、自伤。

（3）生理方面：表现为睡眠质量差、多梦、早醒。

（4）认知方面：表现为记忆力下降、听不进去课、认为自己失败、充满担心。

小松以上困扰持续两个多月、主观痛苦强、学习、生活和社交均受到一定程度的影响，有自伤行为，可能存在自杀的想法。

2. 成因分析

从当前辅导员了解的信息看，小松的焦虑、抑郁、绝望等情绪与以下几个方面有关：

第一，内部因素：①学习策略。小松目前采用的是中学的学习模式，依赖课堂讲授，并且面对理科知识，他需要找到新的学习策略来进行掌握。②学习兴趣。所学专业并非小松自愿选择，没有兴趣也会导致他没有内驱力来完成学业任务。③归因方式：小松认为“自己不是学这个专业的料”，将不理想的学习成绩归因在能力这一稳定且不可控因素上，也让小松产生习得性无助的感受。④自尊心较脆弱，小松认为向别人求助是丢人的表现，所以在面对困难的时候不会主动寻求帮助。

第二，社会支持：目前小松缺少家庭的支持和理解。对于小松来说，父母的理解、支持、鼓励、宽容和陪伴才是帮助他度过这段时间最为重要的力量，但是父母对于小松专业的选择只是单方面的指导，并不考虑是否真正适合他，看到他的成绩出现问题时，也只是一味地进行否定和批评。另外，小松回避社交，使得他无法建立有效的人际关系，也无法得到同伴的人际支持和认同。

三、处理建议

针对小松当前的心理健康状况，需要做好三部分的工作，为其走出困境保驾护航：一是帮助其寻求专业帮助；二是帮助其获得父母的理解和支持；三是帮助其解决经济和学业困难。具体包括：

1. 寻求专业帮助

辅导员上报学院分管学生工作的领导，在征得小松同意的情况下，帮助其前往学校心理健康教育中心寻求心理咨询师的帮助；在向小松介绍心理中心资源时，需要提供与心理咨询相关正面积极的信息，以消除小松对于心理咨询的恐惧和误解，获得他的投入与合作。

2. 评估小松的自伤、自杀风险，做好积极的关注和应对

在与小松谈话的过程中，除了了解其自伤的频率、严重程度、自杀的想法外，还要了解他的例外和应对的情境和资源。例如，什么时候没有这些想法、行为，他注意到发生什么帮助了自己，在目前的生活中谁做什么对他比较有帮助，曾经父母做了哪些他觉得是有帮助的事情。与小松协商一致之下，将小松目前的情况、自伤及可能的自杀风险告知其父母，帮助其取得家人的理解；把对小松有帮助的人和父母可做的行动告知家长，协助家长知晓如何支持和鼓励孩子；请家长陪同小松前往专科医院就诊，请家长全权负责孩子的治疗、复诊和安全陪护。

3. 促成系统合作

请学院老师、班干部和宿舍同学为其在治疗、生活和学习上提供力所能及的帮助。例如，在班级找一位热心助人且成绩较好的同学，在小松同意的情况下，与小松进行学业结对，为其学习提供及时有效的反馈；或者学院可以组织成绩较好的同学，为学业有困难学生提供有针对性的学习辅导或开展学习经验交流会等。

4. 提供人际交往指导

了解小松在人际关系中的在意之处。例如，小松认为同学们生活丰富，自己被困在学习里，显得很落魄，会被同学们瞧不起，所以回避与同学的交往。要鼓励其看到人际交往的不同方面，尤其调动小松之前参加社团，与社团同学工作和交往的经验，指导小松进行人际交往。

5. 以上工作注意小松的知情同意及保护小松的隐私和自尊心

在将小松的情况上报学院分管领导和通报家长时，要与小松充分沟通，并取得一致意见；对于小松情况及产生原因，仅需学生管理工作领导老师了解即可；对于提供帮助的老师和同学，无须告知小松的具体情况，只需告知怎样做对小松最有帮助。在最大范围内，保护小松的隐私和自尊心。

知识窗

“例外”是焦点解决短期治疗用语，指学生的优势、资源、力量、成功的统称。“例外”存在于问题发生以外的时段，即问题没有发生、问题较不严重、问题发生次数较少的时候，或者生活平顺、美好、成功的时刻，这些内容会使学生原本所认为的问题很严重或者不可改变的看法产生动摇，进而增加改变的动力。

案例 47　顶楼上的“顶流”

一、案例呈现

某工科学院重点班的辅导员突然接到了学校心理中心老师的电话，心理老师告诉辅导员，他们班的超贤（化名）同学正在校园最高楼的最高层徘徊，意欲跳楼、轻生。心理老师正在进行干预，保卫处已到场，消防气垫在路上，请辅导员老师一同到场协助干预。辅导员老师虽然非常震惊和不解，但接到电话就立刻往超贤所在的楼栋跑，心情十分沉重、困惑，不知道该如何与超贤沟通。

超贤今年大三，绩点遥遥领先其他同学，她的目标是保研最好的 985 高校，需要积累一定的科研成果才能有竞争力，所以超贤这些年一直在做实验，已经收集了很多数据，形成初稿，只待审稿通过发表。可以说，她是班里跑得最快、跑得最远的“顶流”同学。因为忙于学习，超贤也未曾在大学期间谈过恋爱，从没有听说她失恋或者有什么其他情感困扰。和宿舍、班级同学的关系一直不错，没有什么矛盾。辅导员非常不理解，为什么站在楼顶的会是超贤。

辅导员老师眼中的超贤，家庭经济条件不是非常好，但也给足了她支持，所以超贤并没有为经济所困，不需要做兼职补贴，可以一心扑在科研上。可以说，这三年超贤专注于自己的学业目标，过着教室、实验室、宿舍三点一线的生活，很少休闲和娱乐。超贤学习很努力，上周的一个深夜，超贤趁设备空闲赶着做实验，推电动车上台阶时速度过快翻车，连人带车摔下了十几层的台阶，身上肿得无法动弹，幸好没有骨折。即使这样，超贤也不觉得自己是最“卷”的，她见过很多硕士、博士学长学姐可比自己辛苦多了。

心理老师在楼顶上对超贤进行了心理危机干预，经过一个小时，超贤终于说出了自己的心里话：虽然自己很努力，但是改稿投稿并不顺利，学业导师也很少称赞她，她开始怀疑自己是不是真的适合科研，但事已至此并没有退路。她必须对得起自己和父母这些年对自己的付出，只能硬着头皮往前走。

超贤父母都是只看结果不看过程的家长。虽然生活上关心，但是会以行动的结果去衡量超贤的所有表现。超贤从小到大学习习惯好、努力、刻苦，几乎没有过“摸鱼”，都能按照计划完成。一旦完不成目标，就觉得是自己能力问题。进入三年级后，超贤觉得自己可能并不适合科研，但又找不到别的人生出路和方向，感到活着不仅太累太没有意思，还没有希望，不如早点解脱。父母现在年轻，也许还能再生一个。

超贤中考正常发挥进了一所重点高中的重点班，她发现班上的同学都个性鲜明、意气风发，她第一次感受到同学们的日常学习生活丰富多彩。很多同学在追星、看二次元的同时学习也没怎么落下，甚至还比自己好。超贤经常觉得自己很失败，认为自己天资不够，所以就只能更加努力，整个高中三年除了刷题就是刷题，但高考成绩却并不理想。超贤觉得自己越来越笨，思维的灵活性越来越差，记忆力也有所减退。

大一时父母虽然嘴上说，压力不要太大，但是希望她大学认真学习，去一个出路好、前程好的高校，不要继续留在211了。超贤心怀对高考失利的失落、内疚和不满，对本校的环境、老师都不喜欢，又害怕再次经历大考的失利，选择了保研的路径，希望通过平时多“卷”自己，能够进入心仪的顶流学府读研。周围的同学有的恋爱、有的出游，过着五彩斑斓的大学生活，这些情境和她似乎毫无交集，像是和他们活在了两个没有交点的平行时空。自己的社交能力尚可，和同学相处友好，但都不亲密，她并不知道自己在同学眼中是怎样的，甚至自己也无法清晰地描述自己。

超贤大学期间唯一的放松是借宿舍楼里的公用厨房做饭，只有切菜、煮菜、吃饭的时候，觉得自己还活着。问及超贤曾经的爱好，她只记得自己小学的时候学过画画，爱看用色绚丽的宫崎骏动画电影，但因为画画班老师认为自己成绩很好，不需要走艺考的路，画画反而浪费时间。高年级课业加重后，超贤就再也没有拿起过画笔。目前唯一和色彩相关的生活，就是偶尔做饭时搭配一下食材的颜色，那一刻会有稍纵即逝的愉悦感，至于校园里的叶子变成了什么颜色，超贤是从没有时间关心的。

因为楼顶上的超贤已经一天没有吃饭了，心理老师邀请超贤在老师的搀扶下走下顶楼，去隔壁的食堂一起搭配几种食材吃一顿有色彩的饭，并看看路上的叶子。超贤答应了，在现场老师们的陪伴下，平安走下了顶楼。

二、案例分析

1. 问题表现

超贤目前的困扰和危机可以从以下五方面理解：

（1）现实方面：投稿改稿不顺利，学习压力过大，兴趣爱好比较单一，缺乏朋友及家人的支持。

（2）情绪方面：焦虑、羞耻、自卑、孤独、情绪情感低落、缺乏愉悦感、无价值感、无望感。

（3）行为方面：自杀行为、缺乏兴趣。

（4）生理方面：食欲下降。

（5）认知方面：思维灵活性差、记忆力减退、自我认知不清晰、自我评价低、认为未来没有希望。

2. 成因分析

超贤的支持系统薄弱、现实压力大。虽然超贤成绩很好，但是超贤的父母和老师都很少对她表达认同，都觉得她还能“飞得更高”。殊不知超贤已经竭尽全力了，当前的学业发展目标对超贤来说，压力是非常大的。超贤一直忙于学习，对自己的兴趣、爱好、需要、动机、价值观等人格特质缺乏基本的探索和体验，压抑了正常人格发展阶段自我统整的需求，统整的自我同一性没能建立，只有被学习成绩定义的“虚假自体”。这个潜藏的危机，一直延迟到大学快毕业再次面临选择时才爆发。

超贤的家庭教育只注重目标的实现和行为表现，不重视情感过程和基本需求。可以说，超贤的家庭环境虽然健全和稳定，却缺乏温度。超贤曾经有丰富而敏感的情绪体验，喜欢艺术和绘画，但这些都被父母给自己框定的“目标”压抑了。超贤早年的基本情感需求被严重忽视，她无法经由父母的眼眸，这个本该闪耀爱的光芒的“镜子”，看见自己真正的样子。长期不被他人看到情绪和需求的超贤，也渐渐看不到和感受不到自己的情绪，以致在高中就开始出现明显的抑郁情绪，而她自己和身边的人也完全难以觉察和意识得到。

未曾被有温度和爱的亲密关系“照见”真实自我的超贤，只能在好学生这个“面具”下安排自己的学生和生活，用极度刻苦的学习撑起符合“虚假自体”的设定。巨大的学业压力，也使得超贤无暇和朋友、伙伴保持紧密的互动，这让超贤原本就不太强的支持系统更加薄弱。当好学生这个设定的维持因为抑郁、现实环境等客观原因变得愈发艰难时，那个脆弱和未曾被滋养过的真实自我更加难以为继，在所难免地会在遇到挫折时轰然崩塌，甚至想要通过自杀结束一切。

三、处理建议

1. 家校共育，重构生命意义

确保安全，第一时间和家长联系、沟通，告知家长超贤的自杀风险，请家长配合学校关心超贤的情绪和生活。对家长进行适配的心理教育，帮助他们理解超贤心理问题的成因，建议他们多在情绪上关怀超贤，充分支持孩子的兴趣爱好，帮助孩子获得自我的统整性，并重构生命的意义。

2. 伴诊问医，护航情绪疗愈

建议超贤采纳心理老师的建议，在老师和家人的陪伴下及时到医院就医，需要时鼓励超贤接受专业的心理或药物干预。如果医生开具药物，由辅导员或班主任以及家长共同监督、监护学生用药。

3. 学业护导，优化科研目标

在征得超贤同意的前提下，建议超贤的学业导师和研究小组成员在学业和科研上能给超贤提供切实的帮助。必要时可以向他们解释超贤目前的精神和心理状态及产生的不良影响，以便提供更多实际、具体的支持。

4. 多元发展，促进兴趣爱好

多鼓励、肯定并帮助超贤发展除学业以外的品质和爱好，邀请或协助超贤加入强度不大的工作或者兴趣小组，唤醒学业之外的兴趣和活力，帮助她探索不同维度的自我，整合并获得自我同一性。

5. 持续关注，动态评估预警

在征得超贤同意的前提下，与超贤的舍友沟通，希望他们适当关心、关注超贤，尤其在超贤有自我伤害风险时，及时联系辅导员或者超贤父母，给超贤提供支持。

知识窗

1. 自我同一性

自我同一性是美国心理学家埃里克森（E.H.Erikson）提出的一个心理发展概念，指个体在过去、现在和未来对自己内在一致性和连续性的主观感觉和体验，以及他人所感知的个体的一致性和连续性，是个体在特定环境中的自我整合。从心理动力学角度来说，自我同一性是稳定自体感的统合。

2. 虚假自体

虚假自体是英国心理学家温尼科特（D.W.Winnicott）提出的，指为了回应他人的需要、期望和要求而生成的自体体验。与虚假自体相对应的是真实自体，指的是为了回应个体自身的需要、期望和要求而生成的自体体验。自体是一种心理表征，个体对“我”的主观感受构成了自体。

案例48 用结束生命来摆脱痛苦的尝试

一、案例呈现

辅导员李老师（化名）突然收到了来自校医院的消息，告知自己的学生小张（化名）在就医时被发现手腕、手臂等处有深浅不一的划痕，怀疑该生存在自杀自伤风险，故通知辅导员前来接应。

通过谈话，李老师了解到，小张在高二时和舍友发生矛盾，因缺乏处理人际冲突的社交能力，和舍友的关系持续紧张，从此对与同伴的关系失去信心，性格逐渐变得内向、沉默，远离人群。从小父母对他要求严格，除了学习之外，家务也不太让他参与，运动和社交也很受限，一心只期待他考个好大学。父亲常因为孩子的教育问题与母亲产生分歧而暴怒，进而与母亲爆发争吵，而母亲经常为此失眠，唉声叹气。小张平日里努力学习，成绩相对较优异，但在高考时却发挥失常，父母虽然没说什么，但小张觉得他们一定是失望的，因而倍感自责。高考后，父母离婚了，小张认为都是因为自己不好才导致父母分开，感到非常悲伤、压抑、痛苦，认为自己是家庭破碎的罪魁祸首。积累、叠加的痛苦无处释放，小张会在自己的房间里偷偷用指甲划自己的大腿自我惩罚、释放情绪。

大一刚刚入学参加军训，因平日缺乏锻炼，小张常常感到胸闷气短、头晕。舍友去关心他，发现他显得十分紧张、尴尬回避。小张习惯独来独往，平日里很少和同学包括舍友讲话。他在校学习非常刻苦，明确想要考研，常常担心自己可能会表现得像高考一样糟糕，因此作息时间安排得十分紧凑。每天他都有具体的学习计划，大部分时间都在自习室里度过，一边完成日常学业，一边提前准备考研，常感到压力巨大、孤独、身心俱疲。

同班的学习委员是一个学习优异、处事大方的女生，小张心生爱慕却一直不敢表达。两三周前，经过多番的思想挣扎，好不容易鼓起勇气用微信向对方告白却被拒绝，女同学甚至有点疏远自己。小张内心感到非常痛苦，低落、羞耻，再一次体验到“觉得自己没用、特别失败，所有人都不喜欢自己，都怪自己搞砸了一切”的感觉。现在和女同学连朋友都没得做。此后入睡困难、早醒、食欲下降，提不起劲做事，学习效率也越来越差。连着两三周都无法按既定学习计划完成学习进度，小张觉得考研也无望，人生彻底失去希望了。某一天晚上，心灰意冷的小张购买了美工刀，在宿舍卫生间割手腕试图自杀，看着沿手指滴下的鲜血，剧烈的疼痛感使小张突然清醒，也担心被舍友发现，匆匆收拾了现场之后，便去医务室准备开一些"安眠药"自我了断，被细心的值班医生观察到手腕的伤口，才让辅导员了解到这一情况。

二、案例分析

1. 问题表现

小张目前的困扰或问题可从以下五个维度进行理解：

（1）现实方面：告白被拒的应激事件、有问题的学习强度安排、社交技能欠缺。

（2）情绪方面：绝望、痛苦、焦虑、羞耻、悲伤、自责自罪、无望感。

（3）行为方面：自伤、自杀行为，沉默寡言，回避社交与集体活动，缺乏运动，过度学习，做事提不起兴趣。

（4）生理方面：胸闷气短、头晕，疲惫感，睡眠不佳，食欲下降。

（5）认知方面：对自己、他人和未来持有消极认知，比如"觉得自己是废物，特别失败""搞砸了一切、都是自己的错""没有人会喜欢自己""考不上研、未来的人生无望"。

小张的上述困扰和痛苦感已经持续了三年，近两三周加剧，有明显的主观痛苦感，当前状态影响正常的学习、生活和社交，存在自伤、自杀未遂行为，判断有较高自杀风险。应及时启动危机干预，并促使其得到后续的专业治疗及照料。

2. 成因分析

根据小张的成长背景和心理问题发展过程，现从生物心理社会模型进行梳理和分析，该模型分为生物、环境、认知、情感和行为维度。

（1）生物维度：根据小张的成长史材料，父亲常常暴怒，情绪失控，母亲失眠，唉声叹气，提示着或许有更高的家族遗传的焦虑、抑郁易感性的可能。

（2）环境维度：从成长环境看，父母自小对其要求严格，只看重学习成绩，忽视运动、兴趣爱好等活动以及人际交往能力的培养，容易造成小张的自我价值感评价标准单一，缺乏遇到压力性事件的处置能力和经验，情绪无法以合理的方式进行宣泄。因为从小被限制社交，缺乏社交技能，遇到人际关系相关的议题，没有应对和处理经验，父母之间也缺乏沟通和化解冲突的示范，小张在压力事件中缺乏好朋友等社会支持系统的支持。

（3）认知维度：小张面对特定环境事件时倾向于产生不合理认知，这些是导致抑郁、焦虑发作的主要因素。在经历了被孤立的创伤事件后，过分夸大别人的目光或者言语，无差别地不愿再去信任他人。面对父母的冲突和离异，归因为自己不好、没用，所以为了让自己更好，在学习上以过分严苛的标准来要求自己。在告白被拒后，认为自己无用、所有人都不喜欢自己，并灾难化地预测自己的未来，考研考不上，人生没希望。

（4）情感维度：不合理的认知引起消极、绝望的情绪，而这些负性情绪也会进一步加深这种负性认知。值得注意的是，小张在自杀前存在非自杀性自伤行为，该行为被视为一种适应不良的应对策略，可以暂时缓解超负荷的负性情绪，振奋精神和释放难以表达的痛苦，同时也存在自我贬损和自我惩罚的功能，因而该行为得以维持。非自杀性自伤行为也预示着更高的自杀风险。

（5）行为维度：小张在被同学造谣和孤立时，采取了沉默和逃避的应对方式，短暂地回避了正面冲突。在“别人都不友善、不会有人喜欢自己”的认知歪曲影响下，更加频繁地采用回避社交的应对方式，反过来强化了负性认知，形成恶性循环。他痛苦感明显，没有寻求帮助，而选择自杀，其实也是一种回避行为。在他自责是自己不够优秀而导致糟糕结果发生的认知下，对自己更加严格。学习动力强本身是一件好事，但他的学习行为却表现为过度补偿，作息时间安排紧凑，学习计划满满当当，不浪费点滴时间，身心资源过度消耗。

此外，个体的绝望感与自杀显著相关，绝望感会增加自杀观念。当个体处于绝望感中，同时伴随无法忍受感，意即“我当前的痛苦不仅无法解决，而且超出承受范围、情绪不堪重负”，个体就有可能从自杀观念走向自杀行为。

三、处理建议

针对小张目前的心理健康状况，医 - 校 - 家应三方合力，共同保障他的生命安全，帮助他走出心理困扰。具体如下。

1. 医校合力，积极关注

学校医务室医生检查并处理小张的伤口情况，辅导员应积极陪护，陪护时应以稳定的情绪，温和而坚定的态度，不批评、评判小张的行为与想法，表现出足够的支持与包容，轮流值班守护小张生命安全，防止再次产生消极冲动行为。

2. 部门合力，以“情”促助

辅导员应及时上报学院负责学生工作的领导，以真诚共情的态度，让小张感受到校方是可信任和依靠的，表达愿意支持和帮助他一起解决问题。在征得小张同意的情况下，陪同前往学校的心理健康中心寻求专业心理咨询师的帮助，辅导员应定期跟进小张的心理动态，定期向心理咨询师了解情况。

3. 家校合力，以“专”解困

与小张告知并探讨获取其父母知情和支持的必要性，尽量在他的理解和同意下（自杀自伤属于保密例外，当事人不同意也应告知监护人），将小张当前的情况及存在的自伤、自杀风险告知父母，帮助他得到家人的理解和支持，团结支持性的治疗联盟。可由家长陪同小张前往医院心理科或精神科就诊，与家长签订责任告知书，以共情和支持性的态度让家长为孩子的治疗、复诊和安全陪护负起责任，并予以小张校园学习及复诊请假上的特殊协调，为小张的治疗提供便利，与家长保持联系，以便了解治疗进展，及时了解康复过程中家庭或小张本人是否遇到哪些困难及所需的帮助。

在小张接受治疗返校复学后，交代学院老师、班干部和宿舍同学为其在治疗、生活和学习上提供力所能及的便利和帮助，一切工作的要点都应注意保护个人隐私。也切勿过度关心与特殊对待，以逐渐过渡为宜，定期和小张展开谈心谈话以促进适应和恢复。

案例 49　共同面对阴雨天

一、案例呈现

“王老师（化名），您快看这怎么办啊？”手机屏幕上闪烁着的是小玉（化名）发给班长的信息截图：一张流血的手臂照片和一条信息，“我觉得自己就是别人的拖累，可能没有我大家都会更轻松一点。”

班长向王老师反映，大一新生小玉最近两周经常给自己发充满负面情绪的信息。今天接到小玉自伤的照片，班长意识到事情的严重性，立即上报了辅导员王老师。

王老师判定小玉已经发生了自伤行为，并且存在一定的自杀意念，危险性较高，所以立即将情况上报学院，启动了心理危机干预流程。同时立即电话确认小玉生命安全，得知小玉待在学生宿舍之后，王老师立即放下手上的工作，找到小玉进行面谈。

王老师找到小玉之后，她微笑地面对老师，并且告诉王老师自己一切都好，希望可以尽快结束对话。王老师没有“配合”小玉，而是示意小玉坐下来，看着小玉，直接但真诚地说：“我看到了你发给班长的图片，看到你伤害自己，我很担心你。”听到王老师这句话，小玉一下子哭了出来。

等小玉情绪稳定一点后，小玉向王老师敞开了心扉。小玉的父亲常年在外地工作，母亲对自己的学业要求很严格，高考失利后，母亲更是感到非常失望，自己也觉得对不起父母。升入大学后，看到周围同学各有所长，小玉更自卑了，但是母亲每次电话都只问自己的学习情况，督促自己要抓紧 4 年大学时光，4 年后考上研究生。小玉感到压力很大，每天看到妈妈的电话都很紧张，甚至出现了失眠的情况，白天注意力很难集中，学了的东西也记不住，让小玉对自己的学习情况更不满意了，看着周围同学积极向上的样子，小玉总觉得自己太差了；每当这种念头一冒上来，小玉就又会批评自己抗压能力太差了，一点压力扛不住。因为担心同学们嘲笑自己，所以她总是假装积极融入。这么多的消极情绪小玉都不知道如何排遣，加上马上又要期末考试了，有时候学不下去了小玉就会用美工刀割伤自己，甚至觉得活着也没有意思。

小玉虽然从小学习不错，但是一到大考就考不好，面对即将到来的期末考试，小玉一方面感到很紧张，另一方面又觉得自己很差劲。当班长询问小玉有没有向父母透露过自己的压力时，小玉的信息中充满了对父母教育的厌恶情绪。小玉觉得父母只在意自己的成绩，自己成绩好会让父母很有面子，根本不关心自己真实的感受，和他们说了不仅不会有帮助，反而会觉得自己很没用，如果自己不够优秀，父母也不会爱自己的。

听到小玉讲述的自身经历，王老师联想到小玉之前在班上的表现，并且一下子明白小玉内心其实是很自卑的。小玉看起来和大家关系很好，但却经常一个人坐着发呆。王老师对小玉没有那么放心，就请班长平时关心一下小玉。小玉曾和班长提到自己高中时追求喜欢的男生，却遭到拒绝的事情，她因此觉得自己不好看，很自卑，和同学交流时也习惯性顺从，不太敢拒绝其他人。

二、案例分析

1. 问题表现

小玉目前出现了抑郁、焦虑、自责、内疚的心理感受，面对这些情绪困扰小玉选择压抑自己的负面情绪，戴上“面具”参与校园生活。而这些被压抑的负面情绪不仅不会消失，反而会因为无法排解而泛化，影响到小玉的日常学习与生活，甚至让她产生了自伤行为和自杀意念。

2. 成因分析

不少有情绪困扰的大学生有一定的掩饰性，他们戴着“面具”参与校园生活，背后压抑的却是自卑、孤独、焦虑等严重的情绪困扰。这种心理问题看似可能由于现实压力引发，但是背后更深层的原因往往和成长环境及父母养育方式有关。

小玉正是这样，她的问题看似是由于表白被拒、高考失利而产生的自卑心理，究其根本却是在成长过程中积累而成。父亲的常年缺位以及母亲过分强调成绩、忽视小玉情感需求的教养方式，导致小玉感到压抑、自卑以及安全感的缺失。同时，以外部成绩作为评价标准，也让小玉形成只有优秀才会得到喜爱的错误认知方式。在这种错误的认知方式下，小玉习惯性地与他人作比较，当无法取得令人满意的成绩时，就会认为自己一无是处，毫无价值。

表白被拒、高考失利两件应激事件严重地打击了小玉的自我价值感。压抑的情绪背后，其实是一个不能接纳真实自我的小玉。由于自己无法接纳真实的自己，小玉自然会认为其他人了解了真实的自己也会嘲笑自己；由于低自我价值感的影响，小玉觉得自己满足不了其他人的需求，他们就会离开自己，更不用说去表达自己的真实的需要了。

当这些负面情绪积压已久，小玉内心充满痛苦却难以通过表达得以排解，小玉开始通过自伤的方式发泄情绪，缓解内心的焦虑和痛苦。自伤行为也是一种求助信号，自伤者用身体疼痛替代了高度的心理疼痛，希望得到他人的关心，帮助自己从糟糕的状态中走出来。而如果其他人忽视了这些求助信号，没能采取行动及时重视或干预时，自伤者有可能为了体验这种“解脱”的感受，而对自伤行为产生依赖。甚至在持续的高压和痛苦中产生自杀意念。

三、处理建议

1. 启动心理危机干预流程

面对小玉这样危险性较高的情况，需要启动心理危机干预流程。王老师在保证学生生命安全的同时要立即上报学院相关领导，联系学校心理健康教育中心、保卫处等相关部门，形成工作团队，针对学生具体制订干预措施。

心理危机干预的首要目标是保证学生的生命安全。工作过程中要保护好学生隐私，在安全、舒适的环境中稳定学生情绪，通过倾听和理解进一步取得学生信任，帮助学生发现资源，提供问题解决策略。王老师在与小玉进行了近3个小时的谈心后，小玉焦虑、压抑的心情表达了出来，内心痛苦的情绪得到了一定的排遣，小玉的情绪也逐渐稳定下来。

2. 知情与同意，建立“家－校－医”联合支持系统

当危机发生后，学校需要将学生情况告知学生监护人，并请监护人带学生到专科医院进行就医治疗。在这种情况下，学校首先要将此情况告知学生，并尽量争取学生同意后再联系监护人。如果学生坚决抗拒联系监护人，学校也要在保证学生安全并制订后续策略后告知监护人。在将学生转

交给监护人之前，学校要24小时保护学生安全。

待小玉情绪逐渐平稳后，王老师表达了对小玉情况的担心，并向小玉说明需要将她的情况向父母说明以及就医的必要性。小玉表示自己也愿意去看医生，但是不愿意老师将情况告诉父母。因为她觉得妈妈不会理解自己，甚至可能会因为自己得了心理障碍而觉得太丢人了。王老师表示一定会向小玉的父母解释她的情况，让父母正确看待小玉出现的问题，请她不要担心。经过了几次现场演练，小玉才同意王老师将自己的情况告知父母。

发生危机情况和家长沟通时，首先要将学生的情况真实、全面、客观地反映给家长，对于不接受心理问题的家长要进行必要的心理教育，请家长配合学校工作。同时也要明确家长应尽的责任与义务，向家长提出相关的建议。在沟通时也不要一味站在家长对立面批评家长的教育方式，而是要理解家长行为的出发点是希望孩子更好。在沟通初期，也要包容家长刚刚得知学生情况的震惊、回避甚至愤怒等心理，做好家长的情绪安抚和心理教育工作，才能更好地让家长理解学校，配合学校。

王老师在和家长的交流中，没有一味指责父母对小玉的高压管理，而是站在父母的角度理解父母这样做是为了能让小玉发展更好，只是可能方式方法上有所欠缺，导致小玉心理压力过大，又和父母产生隔阂，痛苦的情绪无处排解。小玉妈妈的态度也逐渐从不理解、觉得小玉就是故意的，转而开始反思自己的教育方式，觉得自己可能对她太严格了。王老师又再一次强调了沟通方式的重要性，向父母表达了小玉之前的担心，并将自伤行为、自杀意念的严重性以及就医的必要性告知家长，希望父母到校后可以关心一下小玉的情况，并及时带小玉到专科医院就医治疗。

3. 建立朋辈支持

大学生心理委员、宿舍长、班长是高校学生心理危机干预的一级预防体系中的重要力量，除了进行危机预警之外，他们也能够对存在心理危机的学生进行很好的朋辈支持。王老师需要在平时对心理委员、宿舍长、班长进行一定的培训，比如邀请学校心理咨询中心的老师讲授朋辈辅导技术，帮助班委了解如何协助王老师开展心理健康工作。案例中的小玉在过往经历中体验到的是不被接纳和较低的自我价值感，因此如果能够和同辈建立良好的关系，从中感受到来自朋友的陪伴、接纳和支持，那么对于小玉度过心理危机、建立自我认同、提升自我价值感是非常有帮助的。王老师可以找到班委，告诉他们平时多关心陪伴小玉，建立信任的关系，多给予小玉鼓励和支持，邀请她参加集体活动，如果发现小玉有心理危机的信号，就立马报告。

参考文献

张继明，王东升．大学生心理危机干预辅导员手册[M].北京：北京师范大学出版社，2018.

02 校园暴力

案例 50 为什么受伤的总是我

一、案例呈现

小丁(化名),女,大二学生,近一个月来多次无故旷课。据同学反映,她这段时间经常独来独往,见到熟人也不怎么说话,一副心事重重的样子,问她发生了什么事,她也支支吾吾不说。辅导员张老师得知这一情况,请她到办公室谈话。小丁来到办公室,看上去精神状态不佳,说话有气无力,在张老师的耐心开解下,她才慢慢敞开心扉,谈起了在自己身上发生的事情。

原来小丁从小跟父母生活在一起的时间不多,即便是生活在一起的时间里,主要抚养者也是家里的其他亲戚,而且很不固定,有寄养史。年幼的小丁辗转于不同的住所,其中在她三岁和四岁的两年时间里,轮流住在爷爷奶奶和外公外婆家。上小学后,父母没时间管她,便安排她住校,此后一直住校到大学。小丁向张老师表述在自己的记忆中,父母一直很忙,整日早出晚归,周六周日也很少看到他们在家,偶尔父母带她出去玩,也时常因为琐事闹得不愉快。爸爸性格急躁,教育方式简单粗暴,开口就骂,动辄就打;小丁妈妈性格要强,虽然不会动手打她,但总是用尖酸的话语指责她,有时生起气来也会连续几天不理她。小丁总觉得是自己不够好,父母才会对她打骂和指责,再加上一向胆小怕事的性格,即使心中有很多委屈也习惯性地忍气吞声。

在小学阶段，小丁的住校生活还算顺利，虽然偶尔也会跟班上或寝室同学发生一些小摩擦，但并没有太大影响。初二那年，班上转来一个住校生正好安排在她所在的寝室。这个女生家庭条件优越，出手大方，性格张扬，喜欢拉帮结派，很快跟班上的一些同学特别是同寝室的另外两个女生拉近了关系，这使得原本在寝室就不受待见的小丁处境更糟。不久后，小丁在寝室经常受到另外三个女生的排挤，从冷暴力到语言上的羞辱再到肢体上的攻击，几乎每天都会发生。虽然三个女生的行为没有给小丁造成明显的身体伤害，但长期生活在隐忍、痛苦的状态下，加上学业上的压力等因素，小丁在初三临近中考的一段时间里情绪低落、常常一个人偷偷抹眼泪、夜里多梦易惊醒。为了不让父母担心，一直没有告诉他们，又因为怕受到报复不敢跟老师讲。好不容易熬到高中，换到新的环境，遇到的室友比较友好，也没有再发生类似的事情。进入大学后，小丁觉得自己已经成年，能够更好地处理人际关系，这么多年的住校生活也让她对搞好寝室关系很有信心。但现实并不如意，小丁发现进入大学后，虽然大家都是成年人，表面上客客气气，但在实际相处中还是会有各种冲突和矛盾。多数情况下，小丁都是那个做出让步的人。可即便这样，其他三个室友对她仍然冷言冷语，这使小丁感到被排挤。就这样过了一年，进入大二后由于在专业课上的分组作业，小丁始终被排除在外，同寝室的三个室友宁愿找隔壁寝室的女生组队也不让她加入小组。为此，小丁想通过心平气和的方式跟室友好好谈谈，可没想到在一个月前主动找室友谈心的过程中被三人轮番指责，认为她就是情商低，不会做人，还特别能装。在这之后，三人再也没跟她说过一句话，还会故意把她的衣服弄脏、东西弄乱或是说一些阴阳怪气的话挤兑她。小丁仿佛一下子回到了初三的至暗时刻，觉得自己始终是一个不受欢迎、被别人排挤嫌弃的人，内心感到非常痛苦，情绪低落，经常哭泣，对什么事都提不起兴趣，入睡困难、多梦易醒的问题又出现了。

二、案例分析

1. 问题表现

小丁目前的心理和行为问题主要表现在以下四个方面：

（1）情绪方面：表现为悲伤、难过、痛苦、情绪低落。

（2）行为方面：哭泣，出现回避型行为，如不去上课、话少、社交减少等。

（3）生理方面：入睡困难、多梦、易惊醒。

（4）认知方面：自我评价低，认为自己的遭遇只能怪自己不好，不敢向父母和老师求助。

小丁以上的问题持续时间长，主观上有明显的痛苦体验，对其自我认知、情绪情感、人际关系、自己的身心健康均造成负面影响。

2. 成因分析

从目前了解的情况来看，小丁的心理行为问题主要受社会环境因素和自我认识偏差的影响。作为校园暴力的受害者，小丁童年的成长经历缺少父母稳定的陪伴和关注。父母长期的忽视、粗暴对待让她感受不到自身的价值，形成错误的自我认识，养成逆来顺受的性格，遇事一味退让，不懂得维护自己的权益。具体来看，一是由于其自身的成长经历不稳定，尤其是儿童期的主要养育者和成长环境不断变化，导致其内在安全感缺失，内心充满担忧、恐惧等负面情绪；二是小丁父母长期缺位，对她缺少应有的陪伴和管教，他们的教育方式简单粗暴，没有考虑到孩子成长发育的身心特点，特别是小丁爸爸脾气暴躁、对她打骂较多，小丁妈妈性格要强，对其控制较多，喜欢使用语言暴力，也会对其进行冷暴力，这无疑进一步压抑了小丁的情绪，在遇到外在伤害时难以做出有效的应对。

校园暴力是指在校内外发生的，可能造成受害者身体、心理、性等方面伤害的一种攻击性行为，它的常见表现形式包括身体暴力、情感或心理暴力、性暴力和欺凌。从校园暴力的形式和内容来看，主要有语言暴力、关系暴力（冷暴力）、身体暴力、网络暴力等，受到校园暴力的个体可能造成严重的身心问题，如胆怯畏缩、自卑孤僻、敏感猜疑、缺乏安全感，甚至引发抑郁情绪、人格障碍或是带来直接的生命安全隐患。

三、处理建议

针对小丁这样的心理与行为问题，需要从四方面入手对其进行帮助，具体内容如下。

1. 通过积极倾听建立安全感

针对小丁当下的状况，应当主动与其建立联系，耐心细致地关心她目前遇到的困难，通过理解性、反馈性的倾听向其传达正向的积极关注，帮助她找到内在的安全感。

2. 引导学生寻求心理援助

辅导员增强与小丁的谈心谈话技能，运用共情、倾听、尊重等技术与学生建立更加紧密的情感联结，重点在于取得对方的信任；从关心教育的角度建议其主动向学校心理咨询师求助，通过心理咨询帮助她处理心理创伤、改善消极的自我认知、悲伤痛苦的负面情绪以及被动回避的行为模式。

3. 家校联动开展心理教育

第一时间与家长取得联系，将小丁目前的真实情况告知家长，帮助家长理解小丁现阶段面临的困境，必要时可以要求家长到校进一步沟通，请家长尽可能抽出时间多关心她的心理状态，促进家庭成员之间的良性互动。

4. 加强日常校园暴力行为的监管教育

在日常管理和教育中，加强对校园暴力行为的警觉性，提高对类似小丁这样潜在受害者的识别、帮扶和干预，加强监管力度，谨防暴力事件的发生；将受到校园暴力伤害的同学列入重点关爱学生，加强关心指导，制订专门的心理帮扶措施，减少校园暴力对受害学生带来的负面影响。同时要加强对校园暴力施暴者的教育管理，通过规范校纪校规，加大宣传力度、召开主题班会等多种方式提高学生防范校园暴力的意识。

知识窗

2017 年研究者聂媛媛提出校园暴力是指施暴者在校园内或者在校园周边区域对在校人员给予暴力性辱骂、打架强奸，或者是对受害者进行肉体上的殴打，不论对受害者的身体还是心理都造成极大伤害的极端行为。预防校园暴力行为可以从三个方面入手：①建立对校园暴力的管控和处罚制度，同时加强法治宣传，让学生意识到校园暴力行为是触犯法律，违反校园纪律的，因此会受到相应的惩罚。②做好大学生进行心理健康教育和心理状况筛查工作。针对有心理问题的学生进行针对性的疏导工作，普及情绪调节、人际沟通、自我认识等方面的心理健康知识，帮助学生提升抗挫能力，促进其个性成熟，避免恶性事件发生。③做好家校联动工作。辅导员需要向家长普及正确的教养方式给孩子带来的积极影响，建立良好的家庭教育环境。

参考文献

聂媛媛.高校校园暴力问题的心理诱因探究[J].卫生职业教育，2017：18-19.

03 性相关问题

案例51 无处安放的欲望

一、案例呈现

小刘(化名),男,20岁,大二学生。辅导员王老师(化名)第一次见他是在入校初的班会课上,他独自一个人坐在角落,全程几乎没怎么抬头。当时王老师就想到今后要多找小刘谈心谈话,了解他的情况。在几次谈话中,小刘并没有表现出明显异常,只是说自己性格不是太外向。虽然大一成绩不是太理想,但也顺利升入大二。让王老师万万没有想到的是,学校保卫处在调查校内女生内衣被盗事件中,发现小刘竟是偷盗女生内衣的人,他将这些物品带回自己的宿舍藏起来,用于自慰。

王老师和小刘本人交谈得知,初二的时候,小刘有一次在家中无意看到妈妈只穿了内衣裤,他感到羞愧又兴奋,当时生殖器有勃起的迹象,当天晚上难以入眠,半夜悄悄找来妈妈的内衣裤进行自慰。此后,就开始对女性的内衣裤、袜子等贴身物品有特殊嗜好,会趁父母不注意,偷偷拿妈妈的内衣裤进行自慰。由于他平时做事比较小心,行为隐蔽,父母一直不知道有这样的事。随着年龄增长,小刘的学业压力增大,同时性欲也在增长。在高中住校期间,小刘有过偷女生内衣裤的行为,依然是用来自慰。当时有女生向老师反映过内衣裤丢失,但并未追查到他,为此小刘感到既兴奋又庆幸。进入大学后,小刘追过几个女生,但都以失败告终,目前仍是单身。小刘本想在大学期间改掉偷盗女生内衣裤的毛病,但他感到非常苦恼、压抑、烦躁，因为在没有这些物品的情况下，他通过自慰难以达到高潮，性欲也无法得到满足。

王老师在与家长后续的访谈中进一步了解到，小刘出生后不久被送回老家，由爷爷奶奶抚养。父母定期回老家探望他，寒暑假偶尔会带小刘来他们工作的城市共同居住，这样一直持续到小学毕业。从初中开始，小刘才跟父母生活在一起。小刘一开始对城市的生活和学校的学习都很不习惯，跟父母相处也矛盾不断，性格变得内向孤僻、朋友较少，不爱与人交流。父母对小刘管教严格，要求较高，特别是学习方面抓得很紧，课余时间安排各种补习。妈妈特别喜欢用说教的方式教育他，这让小刘觉得很厌烦。小刘最后考上本省一所民办高校。不在父母身边的他，虽然比较自由，但也时常感到空虚寂寞，想尽快在大学找一个女朋友，希望通过正常的性行为改变自己长期的异常癖好。

二、案例分析

1. 问题表现

小刘长期的困扰或问题主要表现在以下四个方面：

（1）情绪方面：无法拿到女生内衣裤的时候，容易体验到烦躁、苦恼、压抑的情绪。

（2）行为方面：表现为长期对女性内裤、袜子有特殊嗜好，借助女性内衣裤、袜子等进行自慰。

（3）生理方面：持续六年左右，每隔一段时间就有强烈的性冲动并伴有性兴奋联想。

（4）认知方面：能够认识到自己的行为不正常，但控制不住，认为自己心理变态，看不起自己，很自卑。

小刘的困扰已经持续了数年，主观上痛苦明显，学习上勉强能够维持正常，但社交和日常生活均受到影响，尤其在性心理方面有明显的偏差和缺失。

2. 成因分析

小刘存在的恋物倾向，属于性偏好问题。从了解的情况看，小刘性心理问题主要由三方面因素引起：一是不恰当的性刺激，由于进入青春期后，小刘才搬到父母身边，他在家中无意中看到只穿了内衣裤的妈妈后产生性冲动，但又深感羞愧，这种生理冲击和心理矛盾纠缠在一起，让其产生了不适宜的性幻想，这一经历并没有得到及时妥善的处理，反而产生泛化；二是缺乏科学的性教育，在小刘成长过程中，抚养者未曾对其进行过科学的性启蒙和性教育，这使得小刘在进入青春期后对自己的身心发展和性欲变化缺乏基本的认识，不知道如何面对和管理自己的性欲望和性行为；三是长期的寄养经历及特定的教养方式让小刘内心缺乏安全感，存在自卑心理，性格内向孤僻，不善与人交往，遇到压力时可能更多依靠性欲宣泄来缓解，甚至不惜做出偷盗内衣的违法行为，难以通过自身力量来调整扭曲的性偏好方式。

三、处理建议

针对小刘当前的心理与行为问题，需要从以下四方面入手对其进行帮助。

1. 促进家校联动

尽快联系小刘的家长，将掌握到的最新情况与家长沟通，争取家长的积极配合，从学校管理、学生心理干预和教育等多维度入手，促进家校合作，让家长意识到小刘目前问题的紧迫性和严重性。

2. 加强心理教育

辅导员要主动与小刘进行谈心谈话，针对他存在的恋物倾向给予一定的理解，通过倾听和共情从心理层面帮助其分析自身存在的性偏好倾向，使其了解到恋物倾向往往多见于男性，多发于青春期，经过科学的干预可以得到缓解和改善，帮助小刘缓解过度的精神压力和负面情绪。

3. 采用心理援助手段进行干预

建议小刘向精神或心理方面的专业人员寻求帮助，进一步评估自己目前的精神和心理健康状况，并及时进行心理干预。

4. 开展法治教育和安全教育

辅导员应当针对小刘偷盗女生内衣裤的行为进行法制宣教，有理有据、入情入理地分析问题，让小刘真正认识到自己行为的过错以及对他人造成的影响。同时也要举一反三，有针对性地开展法治教育和安全教育，让有类似困扰和问题的学生学会主动求助、明确行为底线，避免此类事件再次发生。

知识窗

恋物行为多见于男性，是指个体为了达到性兴奋，使用无生命的物体，通常是女性内衣、丝袜、高跟鞋或生殖器以外的身体部位（如足部），作为性刺激来源获得性的满足。恋物行为的形成与后天因素、环境影响、性经历等有关，个体（多为男性）会通过寻找女性替代物减轻焦虑，缓解内心不安、发泄情绪。

04 意外事故

案例52 永远缺席的17号

一、案例呈现

“篮球馆终于开放了！哥们儿，下学期打球约起来！对了，我明天返校，宿舍见。”这是小雨（化名）给自己最后的回复。

阿蓝（化名）眉头紧锁地盯着手机微信，满心疑惑：说好今天回来的小雨怎么都没出现，发那么多条信息他也不回。阿蓝问了另外两个室友，他们也不知道小雨去哪里了，这让阿蓝更困惑。小雨平时信息都是秒回的，这也太反常了。阿蓝越想心里越不安，没有心思玩游戏，坐在椅子上，盯着小雨挂在椅背上的17号球衣发呆。

正想着，阿蓝的电话突然响起，来电的是辅导员吴琴（化名）。吴琴请阿蓝叫上室友一同去她的办公室，有事要当面跟他们说。吴老师的声音听起来有点哽咽，和平时交代工作时不太一样。阿蓝越想心头越沉，心里充满困惑，一边想着一边赶紧叫上另外两个室友前往辅导员办公室。

见到辅导员后，阿蓝发现，平时精神干练的吴老师看起来有些憔悴。一抬头，吴老师的眼睛和鼻子红红的，好像刚哭过。看到阿蓝和室友，吴老师站起来倒了三杯温水，等他们坐定后，吴老师缓缓地告诉阿蓝和室友：在返校途中，小雨遭遇车祸，在事故中不幸去世……

听到消息的那一刻，阿蓝感到好像被重锤一击，无法接受这一事实：“这不可能！这不是真的！”吴老师后来说了什么，他已经完全听不进去，过了好半天才从震惊中清醒过来。

回到寝室，小雨的 17 号球衣和其他物品已经被他的家人收拾带走。看着空荡荡的椅背，阿蓝感到心如刀绞，他无法接受这个事实，愤懑地对着另外两个室友说："这一切太突然了！为什么是他？他还那么年轻、那么阳光、那么健康。昨天还给我发了信息，今天怎么说没就没了。"当晚，阿蓝躺在床上难以入眠，脑海中开始浮现起和小雨相处的点点滴滴，想到曾经插科打诨的笑声，想到小雨穿着 17 号球衣打篮球的身影……想到这些，阿蓝的身体不自主地发抖，他突然感到很害怕："生命真的如此脆弱、如此不确定吗？死亡真的离自己那么近吗？"不知什么时候，阿蓝沉睡过去。在梦里，他想起高三那年，爷爷因病去世，家人怕耽误高考没有及时告诉他这个消息，他没能见到爷爷最后一面，在心中留下了遗憾。梦到伤心之处，阿蓝半夜流着泪惊醒，他隐约听到隔壁床室友也在啜泣。

第二天醒来，阿蓝感到心里空空的，想到以后起晚了再也没有人给自己占座，再也无法和小雨一起打球、分享生活点滴，阿蓝感到很失落和痛苦。回想起上学期跟小雨约好的出行，如果不是自己爽约，还能多和他聊一聊，那该多好啊！一想到这里，阿蓝感到内疚和懊悔，自责自己为什么没有充分珍惜小雨的存在。他吃不下饭，白天上课时也听不进去，注意力难以集中。阿蓝注意到，班上的其他同学也看起来面色凝重，大家都没有再说起小雨，但彼此心知肚明，整个班级被一种压抑的氛围笼罩。有的人呆呆地坐着，有的人趴在桌上流泪，老师提问也没有人回应。白天的课程结束后，阿蓝发现自己很不想回到寝室，他很害怕看到小雨空荡荡的铺位，也害怕想到高考前离开自己的爷爷，阿蓝不知道自己什么时候才能走出来。

二、案例分析

1. 问题表现

在遭遇关系密切的室友因意外事故突然离世后，阿蓝的情绪、生理、行为和认知方面都受到了严重影响。

（1）情绪方面：阿蓝对小雨的突然离世感到震惊和悲痛，并伴随愤怒、焦虑、内疚、哀伤等情绪。

（2）认知方面：阿蓝刚开始表现出对现实的否认，不愿接受小雨已经逝去的现实；上课难以集中注意力；脑海中不断闪回和小雨相关的记忆、画面；出现自责、懊悔的想法。

（3）行为方面：阿蓝开始回避接触跟小雨相关的人事物。

（4）生理方面：阿蓝出现难以入睡、容易惊醒、食欲下降等情况。

这些都是经历丧失后经常出现的应激反应。

此外，在知道小雨遭遇意外事故突然离世的消息后，小雨的身边人，例如关系一般的室友、辅导员老师、同班同学等人，也出现了不同程度的情绪反应。比如，对小雨的离世感到悲痛和哀伤、对生命无常感到无助、对不可预期的死亡感到恐惧和焦虑等。

2. 成因分析

小雨的突然离世对所有认识他、接触过他或是关系密切的人来说，都是一次突然的丧失和重大的应激事件，需要时间去消化和哀悼。

通常，当一个人突然离世时，身边人也许会因为没有预料到这种情况的发生而感到不可思议和震惊、难以接受现实；也有人会认为逝者的死亡没有任何预兆，因想到"本不应该是他"而感到愤怒。在震惊和愤怒之后，人们通常会体验到强烈的失落、悲伤的情绪，关系越密切，这种失落和悲伤的情绪可能强度更大、持续时间更长。这种突然的丧失也很容易让人感受到生命的脆弱和不确定性，激活大家内在对死亡的恐惧和焦虑。阿蓝、室友和辅导员表现出来的，正是哀伤过程通常会有的反应。对于阿蓝来说，他高考前曾经历过丧失，但当时并没有机会去哀悼爷爷的离去，这对他来说是一个未完成事件。小雨的突然离去在夜晚唤起了阿蓝对爷爷离去的记忆，这有可能会加剧阿蓝的哀伤反应。

三、处理建议

1. 组建心理危机团队，对重点人群进行团体干预

小雨突然遭遇意外事故离世，是一个棘手的危机情境。从上述案例中，我们可以看到，与小雨有联系的室友、朋友、同学、辅导员老师等人都

出现了不同程度的哀伤反应，波及面比较大。在刚经历丧失事件的急性期内，他们非常需要心理和情绪支持，以帮助应对当前的应激情境，减少引发集体恐慌和个体心理危机。

一方面，心理危机干预团队首先需要对处于急性反应期内的、与小雨关系最为密切、日常生活交集较多的舍友以及辅导员老师进行针对性的团体哀伤辅导，给予他们一定空间表达哀伤，建立有意义的联结，帮助他们理解并接受哀伤反应，鼓励参与者用适应性的方式调节自己。

另一方面，心理危机干预团队要帮助辅导员老师对班级同学进行生命教育，作为平时与小雨有交集的班级同学，虽然他们与小雨的关系并不一定非常亲密，但小雨突然离去会对同学们的生命体验产生冲击，进而对人生意义、生命脆弱会产生一定的无助感、无力感，这部分的体验与感受需要得到正确引导，可以开展相关主题的班会、团辅活动等。

2. 筛选个别危机的学生，进行一对一的心理干预

首先，高度关注特殊人群的反应。例如，小雨的同班同学或室友中，是否有心理普查异常、出现过心理危机和重大生活变故或患有精神障碍的学生。学校需要密切关注这类学生的身心反应、生活、学业等情况。例如，阿蓝曾在高三经历过爷爷的突然离世且未充分处理好这一经历，辅导员老师如果在新生谈话中了解过这个信息，就需要高度关注阿蓝的反应。如果出现长时间的异常反应，需要第一时间上报学校的心理中心，寻求专业帮助。

其次，关注哀伤团体辅导历程中参与者的反应。在进行哀伤团体辅导的过程中，我们需要留意每个参与者的状态。例如，是否有团体成员表现出明显的退缩，整个过程中出现高度焦虑、表达时情绪失控或其他异常反应。这些都需要带领者做好记录，在团体干预结束后，安排进一步的个体危机评估。

最后，关注哀伤反应强度和持续时间明显异常的学生。例如，如果有同学持续被小雨去世的想法占据，始终难以接受小雨的死亡，或是长时间体验到强烈的情绪痛苦（通常是超过六个月），无法体验积极的情绪，这些反应使其社交、生活、学习方面的功能严重受损，也需重点关注并寻求专业帮助。

知识窗

哀伤反应因人而异，通常是指在亲密关系丧失、机会丧失、社会地位丧失等个体不得不面对的生活事件发生后，出现的一系列情绪、行为及认知上的丧失体验。个体的哀伤反应可以分为五个阶段：否认（denial）、气愤（anger）、协商（bargaining）、消沉（depression）、接受（acceptance）。否认，是个体最小化这种难以承受的痛苦的方式，当个体必须去适应并接受这种丧失时，大脑需要处理的信息及悲伤记忆太多，否认可以帮助我们缓解这一过程，而不是一下子被情绪淹没。气愤，帮助个体释放情感，找一个情绪宣泄的出口。协商，是个体用来抵抗无望感的方式，以此增加对生活的掌控感，比如案例中"回想起上学期跟小雨约好的出行，如果不是自己爽约，还能多和他聊一聊，那该多好啊"，当协商开始发生的时候，就会开始幻想不可能实现的事情。消沉，在处理悲伤的过程中，情绪慢慢地变得平息，我们逐渐开始看清现实，当发觉"协商"不会有任何作用时，我们开始面对现实。接受，在这个阶段，消沉也仍然可以出现，学会接受之后个体不再感受到痛苦，不再逃避现实处境，最终挣扎着做出改变。

案例 53 惊魂难定——创伤事件的“陷阱”

一、案例呈现

小刘(化名)是一名大二女生,痛苦于自己的遭遇和出现的问题,在朋友的陪伴下主动来到学校的心理咨询中心寻求援助。

约四个月前的国庆期间,小刘与 5 名朋友一起外出旅游。在爬山时不幸遭遇了暴雨引发的山洪,景区人员很多,立即引发人群恐慌。在匆忙中,小刘和另一位朋友不慎滑倒并被雨水和泥流冲走,当时的小刘感觉非常恐惧,大喊大叫,“快救我,救命”。所幸所处地势不算高,小刘和朋友滑入到旁边的山沟后被周围人救起。小刘和朋友只受到轻微的皮外伤。一直到回到住处,小刘都觉得整个人处于“发懵”的状态,无法回忆自己是怎么回到住处的。

返回学校后的第一周,小刘感觉自己状态特别不好,很容易紧张,尤其是听到突然的响声或见到人多的地方,立即就感到害怕、恐惧,总觉得好像有危险要发生,有时候还感觉脚下的路是软的。上课的时候注意力不集中,控制不住想到遭遇的事情,甚至自己滑下去的画面会不停地在头脑中闪现。尤其是夜里,睡觉都不踏实,身体处于一种紧绷的状态而不敢睡着,有时因为梦到“自己快被淹死”或者“被大水冲走”而惊醒,醒来以后小刘就陷入一阵阵恐惧中。小刘睡眠不足,每天早晨起来后感觉头昏、疲劳,整天都是无精打采的。不仅如此,她不太敢去比较高或者人多的地方,担心会发生意外,甚至当同学谈及此事或类似的事件时,她就感觉特别紧张、心慌、胸闷、出汗,有时候还会有恶心、干呕的症状。

渐渐地,小刘与同学之间的交流减少,不怎么社交,基本不愿意外出,即使外出,也都要有同学一起,一个人几乎不出校门。小刘的情绪变得不如从前,觉得很难开心起来,有时候感到悲伤,甚至偶尔会躲在被子里偷偷哭泣,觉得自己很倒霉,觉得“生活无常”“生命脆弱”,一旦陷入到这种情绪中,她需要很长时间才能走出来。小刘说:“感觉自己变得有些麻木,好像对外界的很多感受都没有了,有时感觉好像自己生活在一个罩子里。”

随着时间的流逝，这种情况有了一定程度的减轻，但小刘还是会莫名地紧张，尤其是在人多或高的地方，不再喜欢出去旅游。睡觉的时候仍然会经常做噩梦。自己觉得情绪没有什么波动，“情绪平淡”，不悲伤但也不开心。学习也逐渐成了她很担心的问题，不只是上课走神，她还感到记东西很困难，甚至想问题都困难，成绩逐渐下降，在期末考试中还有一门课程差点不及格。

二、案例分析

1. 问题表现

目前小刘面临的问题主要表现在以下几个方面：

（1）创伤性再体验（闪回）：白天头脑控制不住想到遭遇的事情，甚至自己滑下去的画面不停地在头脑中闪现；晚上还被“自己快被淹死”或者“被大水冲走”的噩梦惊醒。

（2）行为回避和情感反应麻木：小刘不太敢去比较高或者人多的地方和环境，甚至当同学谈及该事情或类似的事件时，会有一些紧张的反应；活动减少，基本不愿意外出学校；即使外出，需要与同学一起；不再喜欢去旅游；感觉自己变得有些麻木，对外界的很多感受都没有了，觉得好像自己生活在一个罩子里。

（3）警觉性增高：很容易紧张，尤其是听到突然的响声和看到人多的地方，感觉很害怕；总是会觉得好像有危险要发生；睡眠浅，易惊醒。

小刘除了上述典型的创伤体验以外，还表现出一些认知方面的症状，如案例中提到的注意力不集中等，甚至动摇了小刘的人生观，如出现“生命无常”“生命脆弱”的想法。尽管小刘还表现出一些抑郁情绪，但最主要的表现还是以围绕创伤事件的情绪和行为反应为核心。根据以上症状及其严重程度、持续时间，初步考虑小刘患有创伤后应激障碍。

2. 成因分析

创伤后应激障碍（post-traumatic stress disorder，PTSD）是一种病因较明确，在个人经历了某种创伤事件进而发展出的一种精神障碍。创伤事件可以是患者亲身经历、目睹或遭遇到一个或多个重大的创伤事件，这些事件危及到生命，如战争、重大自然灾害、重大犯罪事件和人为灾害、重大疾病等。比如，小刘经历的就是自己遭遇的，危及自身生命的创伤事件。但是一个人是否会发展出 PTSD，则涉及一些复杂和综合的因素，包括生物、心理和社会因素。据调查，平均只有 8% 的经历过精神创伤的个体会发展为创伤后应激障碍。目前认为创伤性事件如何导致疾病，不仅与事件本身的强度有关，更是取决于个体对创伤性事件的主观体验程度。因此，从个体的易感因素上讲，PTSD 的易感因素包括：女性，病前的认知功能（低智商），人格特征（神经质、高敌对性、自卑、疑病），暴露创伤事件时个人痛苦体验过于强烈，个体对创伤事件不良的态度和评价，消极的应对方式，缺乏社会和家庭支持等。小刘过于关注“山洪”的突发性和意外性，高估了现实生活的危险性等认知特点，以及表现出的回避社交、不出门等消极的应对方式，使得小刘在经历“山洪”这一创伤事件后逐渐发展出 PTSD。

三、处理建议

1. 家校联动

小刘目前面临的问题已经危害到自身健康，需要到专业的医疗机构进行全面的心理和躯体评估，尽快接受专业的干预和治疗。小刘主动到学校心理咨询中心求助是一个重要契机，要紧紧把握并利用。心理老师可以通过充分的理解、共情，与小刘建立良好的咨询关系，帮助小刘认识到目前接受帮助的重要性和对自身成长的重要意义。辅导员及时通知家长，与家长形成保护联盟予以帮助，让小刘深切地感受到学校和家长对她的主动帮助和关心。所有人在整个帮助和治疗期间相互配合，保证小刘的个人安全和治疗的顺利进行。

如果病情比较严重，需要办理休学，心理老师或辅导员需要帮助联系相关的部门办理手续。如果能够继续在学校学习，心理老师或辅导员需要联合家长、宿管、同学做好心理康复工作，定期反馈治疗的进展和疗效。

2. 自杀风险评估和干预

心理老师在小刘寻求帮助的过程中，要动态地评估小刘可能存在的自伤、自杀风险，并及时做好干预。如果存在自杀风险，首先要帮助小刘认识到自杀行为的危险性，通过倾听、理解、共情等技术获得小刘的合作，制订安全行为计划，以便在危机情况下能够作出自我救助。心理老师要紧急联系辅导员、家人，安排相关人员做好陪伴和保护工作，尽快送至专业医疗机构进行治疗。

3. 陪伴、倾听，增强安全感

遇到创伤事件的个体在事件冲击下，会表现出紧张、恐惧等情绪和紊乱的行为，这进一步限制了个人应对问题和处理问题的能力。这是正常现象，也需要一些时间去消化、调整和自我恢复，这个时候有人陪伴和支持，能够增加安全感，帮助个体恢复复原力，能够更好地应对。同时，也要充分认识到自然灾害的发生是不可掌控的，不是任何人的责任，帮助个人认识到自己思维的不合理性。因此，心理老师或辅导员可以调动一切可以利用的社会支持系统，使小刘得到家长、教师、同学的帮助和支持，大家一起帮助小刘克服学习、生活中遇到的困难。对于小刘表现出的各种行为，家长、老师和同学等需要给予理解、真诚和耐心的倾听，帮助其进行情绪的表达和宣泄。建议小刘放下手机、离开网络，减少接触应激事件相关的负面信息，避免二次创伤。鼓励其做一些简单的事情增加掌控感，例如规律的作息和饮食，打扫卫生，做瑜伽运动等。如果想要表达自己的不良情绪，可以鼓励她多找人倾诉、沟通；如果不想表达，也没有关系，不要强迫她去说。周围的同学对小刘经历的创伤事件保持不好奇、不恶搞、不消遣的态度，不拿小刘开玩笑。

4. 心理健康教育

危机事件无处不在，可能发生在家庭、校园、校外等各个地方，学生遭遇到危机事件后都会出现不同程度的应激反应。学校在此基础上，应积极开展突发事件心理应急干预宣传和科普教育。帮助学生充分认识危机事件，各种应激反应以及心理自救等方面的知识、技巧，增加学生对遭遇突发事件的应对能力和心理准备，同时对异常的心理应激反应保持觉察和关注，建立学校心理干预体系和设立心理干预热线，让学生知道一旦遭遇到危机事件，自己该如何应对及如何去寻求帮助，避免独自承受危机事件带来的压力。

通过多种途径帮助学生在日常生活和学习中，建立良好的生活习惯，规律的生活作息，稳定的人际关系，培养自己健康的应对方式和合理的认知方式，以便这些方面能够在危机事件发生后对个体提供保护作用。

知识窗

创伤后应激障碍（post-traumatic stress disorder，PTSD）指个体经历、目睹或遭遇到一个或多个涉及自身或他人的实际死亡，或受到死亡的威胁，或严重的受伤，或躯体完整性受到威胁后，所导致的个体延迟出现和持续存在的精神障碍。

发生创伤后应激障碍的两个要件：第一个是个体敏感因素，第二个是经历对身体安全有重大影响的事件。第一，个体具有一定的敏感素质，这和个体的遗传、先天因素，还有他成长过程中的经历都存在一些关系。第二，个体经受过威胁到自身安全的事件，这种事件既可以是自己亲身经历的，包括遭遇车祸，严重的受伤或者经历性侵事件，也可以是目睹发生在其他人身上的，特别是自己的亲人经历这样的事情，比如一起坐车经历严重的车祸，自己的身体侥幸没有受到明显的损伤，但是同行的亲人和家人遭受严重损伤。

PTSD 通常会与焦虑、抑郁、物质依赖等多种精神障碍共病。针对 PTSD 最常采用的是认知行为治疗，部分患者可以配合药物治疗。

作为老师，如果面临可能患有 PTSD 的学生时，切记不要急于了解事情的经过，不要询问更为详细的情况或者要求查看事件相关的照片等，避免让学生重复经历创伤事件造成“二次创伤”。最需要做的事情陪伴，提供安全的环境，然后再去进行后续的帮助和处理。

案例 54 走出意外阴霾

一、案例呈现

刺眼的灯光，一声巨响以后，小王（化名）的世界只剩下苍白、血红、暗黑这三种颜色。22 岁的小王是一名大四学生，一周前，为了参加一场招聘会，小王乘夜车赶回学校，在高速公路上遭遇了连环车祸，他所乘坐的大巴车之前的三辆车因超速和变道发生碰撞，大巴车司机虽然及时刹车，但也躲闪不及，“砰”的一声撞上了前面的车，同时也被后面多辆小型汽车追尾。小王头部及胸部因碰撞到前排座椅而疼痛不已，同时伴有头痛、心跳加快、呼吸困难，车里的同乘人员也都受到不同程度的伤害，大家在一片恐慌中匆忙、拥挤着逃下车。下车后，小王第一眼就看到“惨烈的车祸场景”，尤其是看到躺在血泊中的伤者时，恐惧瞬间达到了极点。他本能地试图冲出人群，边跑边大叫“救护车”，希望能够尽快得到救助。很快，小王在急救人员的救助下坐上了救护车，恍恍惚惚地来到了最近的医院。到达医院后，小王在急诊医生的安排下完成了一些身体检查，还好仅仅受到了一些皮外伤，这时小王才想起来联系家人。经过一夜的休息，小王因伤势轻微，在家人来院后，便在家人的陪伴下出院返校了。

返校后，由于小王看上去很平静，家人也没太在意，只是嘱咐他在宿舍好好休息，便回家了。小王自己也认为只要休息几天就没事了。可是，事实并非如他所想。在接下来日子里，小王感觉始终放松不下来，尤其是听到一些“突然的响声”，就会吓一跳，全身紧张，然后四处张望。他的睡眠也出现了问题，经常晚上睡不着，或者很晚才能入睡，睡着之后还反复做“出车祸的噩梦”，经常在恐惧中醒来，有时还会被吓得大汗淋漓。更重要的是，小王不太敢出校门了，远远看着路上行驶的车就会提前躲开，头脑里会控制不住地想：“这车会不会失控，要是撞上我怎么办？”听到刹车声，更会心慌、手抖、全身发烫，有时会吓得“啊”的一声抱着头蹲下，将自己蜷缩起来。前天，小王原本打算克服内心的恐惧，坐公交车去参加招聘会，但刚坐上车就感觉心慌、胸闷，透不过气来，各种车祸画面如潮水般闪现在他的脑海里，让他恐惧万分，最后不得不逃离了公交车。即便不出门，小王的日子过得也不轻松。在宿舍准备毕业论文时，小王很难集中注意力，容易走神、发呆，动不动就会想到“车祸现场”和“血腥的画面”，这让小王很痛苦，认为自己胆小、无能，就这么轻易地被一场自己只受皮外伤的车祸打垮了。

舍友看到小王的情况，关心地询问他，小王不愿意多说，最多说自己返校时遇到了车祸，对过程只字不提，也不主动与舍友、同班同学说话，经常一个人待在宿舍。舍友们担心小王的精神状况，于是向辅导员反映情况。辅导员接触过小王，印象中他是一位比较敏感、做事谨慎的学生，大多数时候都是沉默寡言的。辅导员主动约小王谈心谈话，在耐心地询问后才了解到一周前小王经历了一场车祸，一方面小王在车祸后情绪高度紧张、恐惧，另一方面小王也不想让同学知道自己会被一场车祸吓得魂不守舍，担心大家嘲笑他胆小，故而还要在同学面前极力掩饰自己内心的痛苦。

二、案例分析

1. 问题表现

小王目前的问题主要表现在以下四个方面：

（1）情绪方面：面对和车祸事件类似的刺激时感到紧张、恐惧、焦虑，如听到“响声”“刹车声”时会高度紧张。

（2）行为方面：行为回避，面对和车祸事件类似的刺激时会有回避行为，如回避出门、乘坐交通工具，同时也回避社交。

（3）认知方面：选择性遗忘，表现为不愿或不能回忆起与车祸有关的事件细节；闯入性回忆，表现为控制不住地回忆与车祸有关的情境或内容；夸大现实危险，如担心路上行驶的汽车会失控撞上自己；担心同学的负面评价，表现为担心别人嘲笑他胆小。

（4）生理方面：回忆与车祸相关的刺激，或面对和车祸事件类似的刺激时，出现心慌、手抖、全身发烫、出汗、胸闷等症状；睡眠质量差，表现为入睡困难，做噩梦，睡得不沉。

以上状况均是小王在经历一周前的车祸后，出现的急性应激反应。

2. 成因分析

小王出现的急性应激反应首先跟小王一周前经历的车祸有关。车祸一方面的确威胁到了小王的人身安全，另一方面也让小王亲眼目睹了“惨烈的连环车祸场景”。不管是哪一种，对于小王来说都是危险的，引发了他强烈的情绪反应。

那为何小王在只是受了皮外伤，已经离开车祸现场，以及车祸危险解除后，依然会出现一系列应激反应呢？这与小王的个体因素和获得的社会支持程度有关。个体因素包括小王的思维方式和行为方式。小王是一位比较敏感，做事谨慎的学生，在危险解除后，会习惯性地夸大现实环境中存在的危险，这些危险通常是想象中的，或者预期会发生但实际还未发生的负面事件，如担心路上行驶的汽车会失控撞上自己。这会使得原先“车祸场景”与“高强度情绪唤起”之间的联结出现泛化，对“与车祸场景类似的刺激（如鸣笛声、刹车声）”也出现过度警觉，引发了“车祸场景”时出现的“高强度情绪唤起”。此外，小王在车祸后，更多地陷入到痛苦的情绪中，行为上出现回避，不出门、不社交，这就使得小王难以通过正常的人际互动转移对车祸事件的注意力，给回忆车祸场景创造了更多的机会，加剧了情绪痛苦。同时“自己担心、无能”“担心同学嘲笑自己”的想法也进一步增加了小王的情绪压力，使得痛苦“雪上加霜”。社会支持方面，小王的父母较多关注其在车祸中是否受到身体伤害，而忽略了他在车祸中受到的心理伤害，使得小王独自承受车祸阴影的折磨。小王对自我的否定，“担心同学嘲笑自己”的想法，以及社交回避也使得身边的同学、老师和家人无法了解他真实的内心世界，从而难以主动提供帮助。

三、处理建议

1. 对其反应正常化

小王的一系列反应是正常人在面临“非正常事件（如危机或创伤事件）”时出现的正常反应。将其反应正常化有助于减轻小王对自己“胆小、无能”的负面评判，也推动其在必要时寻求专业帮助。

2. 家校联动给予心理支持

理解小王当前出现的一系列反应，对小王在车祸中积极呼救的行为予以认可，在小王愿意时，给予陪伴和倾听。人很多时候处在创伤中无法走出来，是因为一直在回避内心的真实感受，或觉得拥有这样经历和感受的自己和其他人的世界是不同的，感觉异常孤独。这时可以建议小王尝试与自己信任、关系亲密的人坦诚分享自身的经历，向他们描述自己内心的感受，寻求支持。

同时，辅导员需要联系家长，建议家长多给小王一些陪伴，密切关注小王的心理状态，并主动与小王进行一定程度的互动，帮助他从心理困境中走出来。

3. 逐步重塑安全感

帮助小王意识到自己目前已经离开车祸现场，脱离危险情境，将注意力从"过去的危险事件"转移到"当下"。可以建议小王适当做一些自己感兴趣，或者自己觉得有价值、有意义的事情，转移对车祸事件的注意力，并逐步学会分辨现实中的"事实危险"与"想象危险"。

4. 寻求专业帮助

与小王的家长保持沟通，鼓励小王寻求学校心理老师或专科医院心理治疗师的帮助，尤其当小王的精神状况持续得不到缓解时。

05 其　他

案例 55　告别封控环境之下的负能量

一、案例呈现

小陈（化名）今年 21 岁，是大三年级的一名男生。他是所在班级的学生干部，学习很认真，工作也很负责，一直以来都是老师的好帮手，与同学关系也比较融洽。近期，社区暴发了某种传染性疾病，按照疾控中心的有关要求，学校需要对某些宿舍区采取封闭管理，学生管理的力度也有所增强。在这种情况之下，小陈自然而然成为了老师的得力干将，承担起了宿舍楼网格员的工作。宿舍楼封闭期间的信息上报、学校要求的各项传达也成为了小陈每天的“必修课”。

不过，虽然小陈平时和舍友的关系比较融洽，但自从封闭管理之后，小陈与同学们相处的时间变得越来越少，更多只是关于疾控相关信息的传达。随着封控时间的拉长，小陈渐渐发现同学们对于封控工作的配合度越来越低，小陈开始感到有些紧张不安，甚至出现夜间睡眠不安稳的状况。

在一次调查工作之中，小陈和室友小李（化名）发生了激烈的争吵。原来，小李与这次传染性疾病的某个密切接触者可能存在行程轨迹交集，小李对此不以为然，并且想隐瞒上报。小陈担心不上报会带来严重的后果，多次劝说无效后，他们俩发生了言语上的冲突。辅导员刘老师（化名）得知情况后，第一时间进行了调查，最终发现小李与密切接触者的行程轨迹并无交集。小李埋怨小陈“小题大做”，觉得他是“拿着鸡毛当令箭”。小陈虽然知道自己的做法并没错，但小李说的这些话却让他感到难受和委屈，自己明明是为了同学们的安全和健康，却要受到这样的“冤枉”。虽然后面的工作仍然照常开展着，但小陈越来越提不起劲，时常感到压抑和难受。

小陈原本的计划是要考研，但自己现在已经完全无法好好准备了。被封闭管理的生活单调而无趣，除了工作以外，小陈总是想将自己与熟悉的人群隔离开来，经常一个人在房间里面发呆。他觉得自己的状态不对，但又不知道如何调整情绪。刘老师注意到了这个变化，发现小陈很少在班级群和大家互动，工作的积极性也在不断下降。

刘老师找到小陈，对他在工作方面的努力给予了认可和支持，也理解他在工作之中遭遇到那些困难可能会带来的痛苦，非常支持小陈表达出自己的困境，他认为这是非常勇敢的表现。在刘老师的建议之下，小陈预约了心理咨询。

在与心理咨询师罗老师（化名）的交流之中，小陈谈到自己的成长过程，其实他曾经多次遇到类似的事件。大学之前遇到这样的事情，老师和家长总是会开导他，让他不要计较，要给同学做榜样、当示范，男子汉要有大志向，不能有小情绪。那个时候，他虽然也有委屈和愤怒，但还是有老师和家长的支持，可以自我消化、自我调整。进入大学后，他刚刚当上班长就遇到特殊的封控管理，当同学们不配合、不支持甚至发生激烈冲突的时候，小陈发现以前那些调整情绪的方法不管用了。小陈在很长一段时间都感到不开心，虽然他也想和同学们保持更亲近的关系，但一想到可能会再次出现冲突，他的心里便会感到难受。实际上，在封控管理的情况下，同学们的情绪状态也不太乐观，需要学生干部的疏导和安抚。当小陈感到自己无法履行自己职务的时候，他感到更加痛苦了。

二、案例分析

1. 问题表现

小陈的情绪困扰是从学校实施封控管理的时候开始出现的，刚开始表现出情绪压抑和睡眠方面的困扰，后来出现与舍友的冲突和随之而来的委屈感受，最后发展为整体状态的低落，严重程度随着封控管理程度的发展而发展。

从应激反应的视角分析，传染类疾病的暴发是一种庞大的应激源，它具有四个方面的明显特征，一是传染类疾病的传播性；二是疾病传播过程的迁延冗长，而且病毒可能会不断变异；三是人群普遍的易感性；四是可能反复感染。在这种庞大的应激源下，要面临一系列直接或者间接的具体应激挑战（多重应激），比如感染可能性、生活调整、限定社交距离的适应和关系冲突等，这些应激之间或相互作用或协同起效，使得传染类疾病导致的应激总体兼具急促突发性和迁延累积性，成为一种庞大的累积性应激源。

2. 成因分析

面对传染类疾病的暴发，小陈和他的同学们自然会产生一系列的心理和生理反应，这些反应在一定程度上是有机体在主动适应环境的变化，能够唤起和发挥机体的潜能，增强抵御和抗病的能力。但是，过度的压力反过来也会导致其身心健康受损、工作效率下降、人际关系受损、适应力降低和免疫系统减弱等。小陈与舍友之间发生的冲突以及情绪的变化，无不与传染类疾病暴发所造成的高压反应有关，让群体处在一种戒备状态，甚至可能导致心理失衡。

小陈的学生干部身份又给他带来了新的压力，他不仅要面对疾病暴发带来的挑战，还需要处理行政事务和学生群体的情绪危机。显然，小陈目前还比较缺乏相关的应对经验。此外，小陈的反应也在一定程度上取决于自己的认知、评价及起调节作用的个性心理特征、个性倾向、社会支持和个体健康状况等因素。值得注意的是，在成长过程之中，小陈对负性情绪认识不足，无法科学认识自己的情绪信号，在情绪管理方面缺乏有效的经验，周围的人也没有及时引导其学习如何表达自己的负性情绪，以致小陈在封控管理的情形之中因为过重的情绪压力，整个人的状态出现了消沉和低落。

三、处理建议

在特殊的封控管理和隔离期间，既要关心学生的身体健康，也要及时掌握学生的心理动态，给予适当的情感联结和支持。此外，工作人员不仅要关注小陈表现出来的个人心理问题，也应当从群体心理援助的角度出发，帮助受到封控影响的所有同学进行积极的心理调适。具体内容包括：

1. 准确评估小陈和同学们的心理状况

小陈此次的情绪困扰始于具体事件，时间持续不到一个月，对学习效率和人际交往产生了轻度影响。但是，小陈有较强的心理健康意识，可以在辅导员的建议之下主动寻求心理支持，属于一般心理问题的范畴。同学们对封控管理的不满情绪，以及他们和学生干部之间发生的冲突，在很大程度上是外部环境的改变所带来的适应问题。

2. 多方联动给予情感支持

辅导员可以联合学校的心理工作者，组织主题性的团体心理活动，帮助同学们觉察和表达负面情绪，并以合适的方式表达出来，以得到及时的处理；或者策划一些校园文化活动，丰富封控或隔离期间的生活，以活动、游戏、艺术和幽默等形式纾解压抑的情感。群体的心理状态得到适当的调整，也有助于学生干部更好地开展工作。

对于小陈，辅导员可以耐心与其交流，了解他在学生工作之中的感受，引导其压抑已久的情绪得以宣泄和释放。但是，如果小陈的问题持续发展，辅导员也要及时与其家人进行沟通，提出支持性的建议，帮助家庭成员理解小陈的状态，帮助小陈获得家人的支持，形成育人合力，促进该生状况向好的方向转化，增强其社会支持系统。

3. 给予工作和学业指导

辅导员应当适时肯定小陈作为学生干部的尽职尽责，对其工作给予充分的肯定。同时，辅导员也要通过各种方式帮助小陈获得同学们的理解和支持，缓和小陈与同学之间的紧张关系，比如介绍自己的工作经验，选拔其他的同学协助小陈的工作，组织志愿者团队协同合作，等等。当然，辅导员也要尊重小陈的意愿，衡量其工作安排，适时减轻工作压力。在学业发展方面，辅导员也可以与小陈讨论其个人发展议题（考研和就业等），帮助他做好个人规划并付出行动，并在现实层面给予力所能及的支持。

4. 增强其情绪管理能力

当然，小陈面临的困境也涉及他长期以来的情绪处理机制，而这一部分的问题可以通过心理咨询得以调整。心理咨询师可以与小陈一起讨论长期以来发展出来的负性情绪模式，帮助其理解负性情绪的意义，学会如何表达负性情绪，增强管理情绪的能力，从而帮助小陈发展出更具适应力的应对模式。

案例56 面临封控如何“安心”

一、案例呈现

小李(化名),男,大三在读学生。当地暴发公共卫生事件,部分地区暂时进行隔离管理,学校氛围变得比较紧张。面对朋友圈每天不断更新的各种信息,他逐渐变得惶惶不安,每天频繁刷手机浏览相关消息时,越看越紧张,但又忍不住不看。有时候,小李会突然烦躁,扔掉手机,过一会,又忍不住拿起来继续浏览。

随着封闭管理的延长,小李的压力更大了,更加紧张和恐慌。在封闭管理半月后,他常感胸闷气短,要到深夜才能勉强睡着,且睡眠过程中经常做噩梦,易醒,睡眠质量变差。有时候,小李会到学校超市买啤酒,喝了酒会感觉好点,人也容易入睡,但是会早醒,喝得多了还会吐,睡醒了浑身肌肉酸痛。他也非常担心自己的健康状况,觉得身体有一点点不舒服,就怀疑生病了。有时候还会反复重复某些动作,如不断洗手、上网搜索各种不适反应的诊断。此外,小李开始感到人生无常,对生活失去信心,常常哭泣,打电话的时候会像孩子一样哭闹不止,说想要回家,也向辅导员抱怨,请求回家休息。

小李的活动范围变得越来越小,偶尔会去操场跑步。有一天跑步时和一位同学撞在一起,顿时感觉天旋地转,大汗不止。此后,经常躲在被子里,不和同学说话,甚至几天不出门,开始不去上课,一日三餐也变得极不规律。

小李无精打采又惶惶不安的样子,引起了舍长的注意。舍长及时向心理委员和辅导员报告,辅导员立刻找小李谈心谈话。在交流过程中,辅导员了解到,小李为家里独子,从小备受关心爱护,他也很乖巧听话。父母看重他的学习成绩,毫不犹豫地投资各种补习资料,购买各种辅导课程,但在生活自理、人际交往等其他方面要求低,也不太会去过问。为了避免危险的发生或者疾病传染的风险,从小限制小李与其他同学的日常活动和交往。因为父母对成绩以外的事情并不关心,小李平时如果有心事总是藏着掖着,独自慢慢消化处理,周围知心朋友也较少。小李成绩一直较好,在升学等方面也较为顺利。在上大学前几乎没有遇见什么重大挫折，可谓是“一帆风顺”。学校封闭隔离打破了这个惯性，让他觉得生活里有一些部分不是他能掌控的，有一种失去控制的感觉，因此开始担心焦虑，从原来相对自信的状态转变为现在的惶恐不安，书本也很难看得进去，成绩下滑明显。

二、案例分析

1. 问题表现

当下，小李同学的困扰或问题表现在以下四个方面：

（1）情绪方面：表现为担心、焦虑、惶恐、沮丧。

（2）行为方面：表现为每天要多次地洗手、频繁刷手机浏览相关消息、哭泣、社交退缩、物质依赖。

（3）生理方面：表现为做噩梦、入睡困难、易醒、胸闷、肌肉酸痛。

（4）认知方面：表现为认为生活失控，觉得身边环境很不安全，担心自己和家人被感染，对生活秩序恢复正常失去信心。

小李的以上困扰已经持续了半个多月，正常的生活、学习均受到一定影响，主观痛苦感较强，初步考虑小李目前面对应激事件时，产生各种应激性不适症状，心理失衡引发心理危机。

2. 成因分析

从当前辅导员了解到的信息来看，小李遭遇的危机与应激事件及其成长经历均有关联。从此角度，可以对小李当前问题从个体的易感性和面对封闭管理的应激两个角度分析。

首先，导致焦虑等情绪状态的成因较为复杂，多种因素均可能发挥作用。例如生物学因素，部分人群存在更高的焦虑易感性，涉及遗传、脑部神经递质机制等。小李的父母从小对他过度保护，这提示存在家族遗传的焦虑易感性的可能。除此之外，其他社会因素的影响，也强化着小李对外界不确定性的过分担忧。

弗洛伊德按照焦虑的不同来源，曾把焦虑分为三类：现实性或客观性焦虑、神经性焦虑、道德性焦虑。现实性焦虑是一种痛苦的情绪体验，产生于对外界可能对人产生伤害的危险的知觉。对不确定公共卫生事件导致的焦虑是一种典型的现实性焦虑，难以一下子得到全面控制。面对这些不确定性因素，人们容易激发起焦虑等负面情绪是在非正常情境下的正常反应。但并不是每个人都会如小李这样如此焦虑，甚至其焦虑程度已经超过现实层面，进入了类似神经性焦虑的情况。

其次，仔细考察小李的成长经历，或许会得到一些启示。小李从小生活的经历较为顺利且单纯，在学习上家里人全力支持，他也适应这一要求，在学业成绩上一直表现良好，长期如此，他形成了习惯化的思维，即生活中他是有掌控感的，只要他想做的事情，基本上都可以顺利实现，因此他感觉到安全和自在，特别是学业方面。

但是这次公共卫生事件的发生，打破了他的这一信念，这一应激源的出现和进程并不受人为的控制，而且平日里他习惯的很多活动也受到很多限制，如无法出校门、无法参加线下学习等，极大地破坏了原有的舒适感和安全感，让他无所适从。思维、情绪和睡眠等状况开始变得糟糕起来，日常行为也受到影响，如频繁洗手，这些状况会影响其学习状态导致学业成绩的下降，而这又会进一步削弱他一直以来对于学习的自信，导致他在原先最擅长的学业方面的信念也受到威胁，又进一步影响其情绪、生理等状态，从而变成一个恶性循环。

三、处理建议

针对小李当下的心理健康状况，辅导员考虑从几个方面干预介入，帮助其尽早摆脱焦虑困扰：

1. 寻求专业资源

上报学院分管学生工作的领导，在征得小李同意的情况下，协助预约学校心理健康中心，寻求专业心理咨询师的帮助，并请心理中心老师评估是否需要转诊。

2. 警惕“信息过载”

小李几乎白天黑夜地沉浸在各种关于此次公共卫生事件的信息里，这样的“信息过载”会加重小李的心理和情绪负担，引起不必要的焦虑或恐惧。因此，辅导员可帮助其从官方媒体渠道了解信息，增加确定感，不轻信传言；鼓励多关注已经采取的积极有效的预防措施，减少焦虑情绪。

3. 做好情绪调节

告知小李，当出现恐惧、紧张、焦虑情绪的时候，不过分对自己的情绪进行克制和压抑，学会接纳自己的这些情绪反应，以及使用一些自助的心理放松指导资源，如呼吸放松训练、渐进式肌肉放松训练等。引导小李积极地看待生活，善于发现生活的积极意义，注意放松自己，用积极的行动使自己从焦虑中走出来，建立良好的生活和卫生习惯，注意良好的饮食，保证睡眠。

4. 恢复社会支持

鼓励小李与家人、朋友多交流、积极寻求心理支持。可以通过视频的方式多与亲友交流，相互鼓励，沟通感情，增强心理上的相互支持和联结。

5. 重建生活节奏

提醒小李，即使只能在宿舍活动，也要保持规律的节奏，准时餐饮起居。辅导员可邀请其他舍友协助小李更好地安排生活，加强宿舍联结，让舍友们带领小李一起做一些有趣、有意义的事。

案例 57 谁能理解我？

一、案例呈现

晚上洗漱完，心理委员小张（化名）刷微信朋友圈在睡前放松一下。这时，小张发现同班同学小黎（化名）刚发的朋友圈内容充斥着厌世的想法，这一下子引起了他的警觉。因为小黎表达这种对其他人和世界有敌意的想法也不是第一次了，还曾扬言要攻击其他人，希望讨厌的一切全部消失。在小张的印象当中，小黎一直都和其他同学交流不多，上课时总是一个人坐，远离其他人。小张开始担心起小黎同学的状态，也担心他会伤害其他人，于是决定第二天找辅导员报告这件事。

辅导员孙老师（化名）从小张那里得知了小黎同学的情况之后，决定找到小黎见面谈谈。

孙老师见到小黎的时候，发现他拉着一张脸，看上去很生气，让人感觉不知是谁惹到他了似的。孙老师询问小黎最近的生活情况，并表示有任何烦心事可以尽管说出来。在耐心的开导下，小黎终于开口说出了心事。

小黎一直感觉大学舍友不好相处，认为他们就想伤害自己。小黎认为舍友和自己相当疏远，他们并不在意自己的想法，也不会真诚地对待自己。舍友提出想要和其他人一起出去玩的时候，每次都会得到别人的回应；但当小黎每次提议一起出去玩时，舍友就不会答应，而是借口有事，出去玩的事情以后再说。这在他看来就代表舍友并不愿意陪自己出去玩，只是不直说，说明他们为人不真诚。小黎觉得其他人对自己不公平，而对除自己以外的人的要求都会满足。孙老师感到非常疑惑，询问小黎：舍友这么对待他是不是因为有什么矛盾或误解。小黎认为舍友就是故意想让自己不好受，因为之前有一次由于经济拮据而拒绝跟舍友聚会之后，他们就开始瞧不起和排挤自己。孙老师怀疑这样的推测是否站得住脚，舍友也许真的有事才拒绝；但小黎则坚持自己的想法。辅导员又询问小黎是否有想要攻击的具体对象，他说并没有。

孙老师通过聊天得知，小黎从小跟父母生活，一直因为成绩平平受到父母的批评和嫌弃，经常被说是“没用的东西”“丢人的东西”。小黎一直以来都对这种指责感到很愤怒，小时候只能忍着，初中之后会反抗父母；家里基本是三天一小吵，五天一大吵，冲突不断。在他心里，自己和父母从来关系就不好。小黎表示父亲对自己最多的教育就是不要轻易相信别人，社会上大多数人都是说一套做一套。小黎近期曾给父母打过电话沟通人际关系方面的困扰，但是父母并不站在他这一边。小黎感觉非常生气，跟父母大吵了一架，现在两方闹翻了，他也没再问父母要过生活费。

和小黎沟通完，孙老师提议他可以去学校的心理咨询室进行心理疏导；同时也征得了小黎的同意，跟父母沟通了他的情况。心理咨询师对小黎进行了初步评估和心理疏导，并建议坚持心理咨询，如果情绪和行为有进一步失控的趋势，则要考虑去医院进行更为细致的评估和干预。

二、案例分析

1. 问题表现

小黎目前心理困扰的主要表现有以下三个方面：

（1）情绪方面：由于和家人、舍友的冲突，小黎感到强烈的愤怒、失望和沮丧。

（2）行为方面：小黎有伤害他人的冲动倾向，且回避他人。

（3）认知方面：小黎容易歪曲他人的意图，假设他人对自己有恶意，会做出伤害自己的事情、采取不公平的方式对待自己；如果别人没有满足他的需求，就认为他人不真诚，排斥或者讨厌自己，并认为这是别人的错。

2. 成因分析

（1）小黎有明显的绝望、沮丧的情绪，有过想要攻击他人的冲动，但他的认知、情绪和行为反应的强度和刺激事件之间并不匹配，自身又没有办法解决或有效应对当前处境，所以小黎正在经历较为明显的心理危机。这种危机主要表现在其僵化、固执的思维模式所导致的人际问题，而应对方式的不灵活，可能引发进一步的冲突。

（2）父母的教养方式可能是小黎不良性格养成的因素之一。父亲对小黎从小的教育导致他持有对他人的消极核心信念，如“他人是不值得信任的”“人都是虚伪的”。因此，小黎在和人相处时更容易揣测出他人的恶意，更容易相信自己没有被公平对待，因此常感到愤怒，甚至想要攻击他人。

三、处理建议

针对小黎的心理困扰，可以从以下四个方面帮助他。

1. 及时进行危机评估

辅导员要表达对小黎的理解和关心，表示愿意帮助他，尽量和小黎建立信任关系。辅导员要仔细地进行危机评估，主要聚焦于他目前是否有自伤自杀或伤害他人的倾向。如存在明显的危机状况，需要请专业人员介入，及时进行危机干预，防止危机事件暴发，确保生命安全。辅导员在必要时可邀请宿舍或班级同学持续关注小黎的状态，如果发现情况异常，则需及时报告。

2. 引导学生寻求心理咨询

辅导员发现此类问题时，在与学生充分沟通的基础上，以他的痛苦和困扰为关切点，及时建议学生预约心理咨询服务，以协助小黎同学缓解情绪、理解自我并尝试新的人际互动方式，促进人格的完善和关系的优化。

3. 帮助获取家庭支持

根据小黎目前的情况，争取家长的支持是必要的，因此辅导员需要及时地进行家校沟通，进一步了解有关信息。一方面，辅导员需要向家长说明小黎目前遇到了困难，需要家人情感上的支持，家长可尝试多主动和他联系，不要激惹他，避免指责他，多表达关心和爱护，肯定他面对问题的态度，鼓励他寻求专业的帮助。另一方面，帮助缓和家长和小黎之间的关系，帮助他解决实际的经济困难。

4. 建立有效的人际互动

辅导员可以联系班级当中比较开朗阳光、乐观积极的同学，请他们在力所能及的范围内多接触小黎，多和他进行沟通，带小黎多参加集体活动，给他充分的反馈机会，及时澄清人际误会，让他逐渐感受到人际交往中的温暖与放松，慢慢消除对他人可能的误解，不断建立自身的人际关系。

案例 58　痛苦无人能懂的大力

一、案例呈现

随着两声轻轻的敲门声，一位男生推门走了进来，咨询师首先看到的是一张长满了痘痘发红的脸，头发凌乱，黑色羽绒服的袖沿都有些发亮，穿着运动鞋。咨询师邀请他坐，他犹豫地不知道选哪张椅子，最终选择了那张离门更近的沙发坐下。咨询师从来访者背景资料表里知道，他叫大力（化名），目前研三，睡眠不好已经持续了两年，最近越发严重了，一周会有一到两天整夜都无法入眠。试过服用褪黑素，也听了女朋友的建议去医院睡眠门诊看了，医生给他开了些助睡眠的药，而且提醒他要放松精神，别太焦虑。吃了药虽然能睡觉了，但是感觉不舒服，睡不踏实，多梦，食欲也不太好，学习效率低下，医生建议去心理科看看。大力也觉得这样下去不是办法，决定去学校的心理咨询中心，看能不能有什么改善的方法。

经过咨询师的了解，大力是外校跨专业考进这所学校的，本来一早就打听好了一位自己喜欢的方向且很有耐心的导师，也在入校后跟那位老师取得过联系。但最后在双选的时候，心仪的导师并没有选择自己，这让他感觉很失落，也觉得外校跨专业的学生可能是不受老师欢迎的。虽然事后那位老师说如果未来在学习中遇到什么问题也可以去问他，但是他觉得既然老师没有选自己，再去麻烦别人也不好。自己目前的导师脾气不是太好，而且研究的方向也不是自己喜欢的，所以从一开始导师布置的任务就让他感觉到吃力，阅读文献进展也很缓慢，自己很着急。在做了好几次思想建设后，终于趁着导师给班里上完课的时候跟导师说，自己感觉任务有点多，很难，而且更喜欢另一个方向。导师听完后只是一句话：不要讲那么多条件，现在的孩子都不能吃苦了，基础还没有打好就想跑。就又让他回去看文献，但这样的方式让他毫无头绪，也越来越心烦，不愿再去跟导师沟通。

导师规定每个月都得开组会报告自己的学习和思考，而大力这样的学习状态什么都报告不出来，所以每次组会前他都很紧张、焦虑。导师也对他的汇报不满意，一直说自己没有用心，整个研一都感觉很挫败，本来都想退学重考。但家人、女朋友还有同门都劝他，已经过一年了，再考也不一定考得上，再熬一阵子就好了。当时他觉得有道理，可到研二的时候，情况更严重了，失眠的情况变多了，他也越发消瘦，整天都心烦意乱的，很多时候鼓起勇气把文献打开，还没有看到两行，思绪就不知道飘哪里去了，这样就导致组会报告的质量更差，导师批评得也越来越多。甚至有一次组会在他汇报完之后，导师说："看你这样子，怕是只有延期了。"自己听完之后都绝望了。第一次开题没过，导师给了他一个题目，但文献读不进去，论文写不下去，要求发表的论文也没有发出去。眼看已经研三了，再这样下去就不是延毕的问题了。去问过导师，导师也只是让自己回去多看，没有给出更明确的指导，自己是真的不知道该怎么办了。本来跟女朋友商量好，毕业之后找到工作就结婚，但现在能不能毕业都是个问题。现在时常后悔，觉得如果当时真的退学重考，说不定不会是现在这样的境地，哪怕没考上，最起码也工作两年了，哪像现在的自己，什么都没有了。

二、案例分析

1. 问题表现

大力目前的困扰主要表现在以下四个方面：

（1）情绪方面：表现为后悔、焦虑心烦、情绪低落。

（2）行为方面：表现为回避社交、学习效率低。

（3）生理方面：表现为失眠、食欲下降。

（4）认知方面：表现为注意力难以集中，对自己能否毕业、找到工作以及组建家庭感到担心。

2. 成因分析

（1）学业发展阶段的特点：大力目前所遭遇到的挑战是大多数研究生在学习期间都可能会经历的，从本科阶段由老师带着手把手地指导到研究生阶段要独立学习寻找研究方向，对很多学生来讲都是一个很大的转变。尤其像大力这样跨学校跨专业考入的学生，相较于本专业或者在本科阶段就持续在跟老师做研究的学生来说，他在研究生一年级时需要用大量的时间夯实本专业基础，以及学习和实践本专业的研究方法，所以大力在一年级的时候常会感到学习吃力，也是可以理解的。到研三阶段，论文进展不理想，就业前景不明朗以及组建家庭也是大力主要的压力源，这些接二连三叠加的压力导致大力出现了各种身心的问题。

（2）个体自身的影响：①认知。首先，大力对于自己没有选上心仪导师的解释是外校学生不受欢迎，即使老师向他释放过可以多询问自己的信号，但大力的解释阻止了自己向老师寻求帮助的脚步；其次，与导师的首次沟通不畅，让大力产生了“导师脾气不好”“难以沟通”的想法，从而回避与导师的后续交流，这些行为让大力的学术支持减弱；最后，学习任务多、导师和自己对学习效果的不满意影响他对学习的胜任感，阻碍了其学习的行动力。②沟通技巧。大力在与导师沟通时，并未有效表达需求和需要支持之处，缺乏人际沟通技巧。③压力管理。大力缺乏有效的压力和情绪管理方法。

（3）人际支持的不足：就目前所了解到的情况来说，大力的人际支持较弱。虽然大力有同门和女朋友这样的人际关系，但在大力感觉到难过、沮丧的时候，他们没有倾听和支持大力，反而劝他忍耐，这样也导致大力在日常生活中的难过只能憋在心里，难以得到缓解。导师对刚进入研一同时又是跨专业的大力的研究素养有较高的要求，让他自己通过大量阅读文献去发现可研究的方向，这对大部分刚进入研究生阶段学习的学生来说是较为困难的。大力的导师未提供更具体、更有针对性的指导，也未及时敏锐地发现大力情绪和行为的变化并给予支持，使得大力没有得到有效的协助，情况越来越差。

三、处理建议

咨询师注意到大力的身心反应与其目前的外部应激源有关，而且生理和情绪反应已经持续较长时间，同时大力已经研三，毕业设计、工作以及组建家庭都是这个阶段很重要的任务。所以，协助大力一定要有时间的考量，这更需要多方协助才能达成。

1. 提供心理支持

（1）咨询师在共情、接纳的氛围下，倾听大力的烦恼，缓解大力的情绪，评估大力的生命安全风险等级，与大力形成良好的咨询同盟，达成双方共同制订的咨询目标。

（2）由于大力的目标是希望能够得到导师的指导，顺利毕业，所以咨询通过行为激活、行为训练等方式，协助大力学会如何与导师沟通，如何应对沟通效果不能如自己所愿的失落，使大力能够再次鼓起与导师沟通的勇气。

（3）咨询师可通过协助大力看到自己的坚持和为了毕业所做出的努力：虽然从研一就感受到学习的挫败和无力感，但他没有放弃学业；虽然论文进展缓慢，但也累积了一定的文献阅读量；以及之前向其他人求助的经验，寻找到大力本人的积极资源和已经存在的有效行动，重燃大力的希望感。

（4）因为大力面临的学业和就业问题，仍需导师和所在学院的帮助，所以咨询师可在与大力讨论下，征得大力本人同意后，可将大力需要导师和学院提供哪些具体的支持告知学院，启动系统工作。

2. 系统工作

系统工作是学校心理健康教育工作的一个优势，可在多方共同合作下形成合力帮助学生度过困境。系统工作仅在有限的范围内开展，同时需要保护好学生的隐私、自尊心，也需注意在系统工作中，相关的人员要明确知道如何帮助学生。

（1）导师：研究生与导师的关系是影响研究生心理健康的重要因素。对于大力目前在学业方面的困难，建议导师为其提供更为具体、细致的指导，并给予更多的支持和鼓励。

（2）家庭：家庭为青年提供“避风港”。大力很在意家人和女友的意见，也很需要他们的支持，尤其是在他可能会延期毕业的情况下，家人的理解、支持显得更为重要，这有助于帮助其在应对紧张、繁重的学业时，减少内疚、自责感，能够放下包袱轻装上阵。所以，学院可与大力家庭取得联系，告知大力目前在学校里所遇到的困难以及家庭帮助其渡过难关的方法：当大力在跟他们倾诉的时候，要多倾听、少建议，多鼓励、少责怪。

（3）学院：学院提供学术资源和信息保障。虽然研究生的发展主要是导师负责制，但研究生的管理仍属于学院学生工作。所以，学院需了解跟大力类似的学生，了解他们的困难和需要，组织学院的学术力量，为学生提供学术资源。同时，学院还需为学生提供就业方面的信息以及职业规划方面的咨询。

（4）学校：学校需对导师做更多的支持和培训。尤其是心理健康和人际沟通知识，让导师对学生的心理健康动向有一定的识别能力，当学生出现心理问题时，导师能够通过谈话和观察，了解情况并及时让专业人员介入。此外，导师还需要了解青年心理发展的特点，学习管理技能，以便更好地理解研究生，给他们适当的支持，更有效地引导和帮助研究生。

知识窗

1. 压力适应

1956年，内分泌学和生物化学家赛利把适应压力的过程分为三个阶段：一是警觉阶段，此阶段发现了事件并引起警觉，同时准备战斗；二是搏斗阶段，此阶段全力投入对事件的应对，或消除压力、或适应压力，抑或退却；三是衰竭阶段，此阶段消耗大量的生理和心理资源，最后“筋疲力尽”。叠加性压力是极为严重和难以应对的压力种类，会给人带来极大的影响。

2. 人际沟通

人际沟通一般指人与人之间的信息交流过程。其过程就是人们采用不同的方式彼此进行的事实、思想、意见、情感等方面的交流，以达到人与人之间对信息的共同理解和认识，取得相互之间的了解、信任，形成良好的人际关系，从而实现对行为的调节。有效的人际沟通，通常沟通结束后参与者会达到：提高学习认知、促进情感交流、解决矛盾问题、达成合作交易的目的和效果。有效的人际沟通视个人的沟通能力而定。最重要的是要具有弹性的沟通能力。

附　录

附录1 《中华人民共和国精神卫生法》摘录

本文摘录了《中华人民共和国精神卫生法》(2013年5月1日实施)中与高校学生工作相关的条目。

第四条 精神障碍患者的人格尊严、人身和财产安全不受侵犯。精神障碍患者的教育、劳动、医疗以及从国家和社会获得物质帮助等方面的合法权益受法律保护。有关单位和个人应当对精神障碍患者的姓名、肖像、住址、工作单位、病历资料以及其他可能推断出其身份的信息予以保密;但是,依法履行职责需要公开的除外。

第九条 精神障碍患者的监护人应当履行监护职责,维护精神障碍患者的合法权益。禁止对精神障碍患者实施家庭暴力,禁止遗弃精神障碍患者。

第十六条 各级各类学校应当对学生进行精神卫生知识教育;配备或者聘请心理健康教育教师、辅导人员,并可以设立心理健康辅导室,对学生进行心理健康教育。学前教育机构应当对幼儿开展符合其特点的心理健康教育。发生自然灾害、意外伤害、公共安全事件等可能影响学生心理健康的事件,学校应当及时组织专业人员对学生进行心理援助。教师应当学习和了解相关的精神卫生知识,关注学生心理健康状况,正确引导、激励学生。地方各级人民政府教育行政部门和学校应当重视教师心理健康。学校和教师应当与学生父母或者其他监护人、近亲属沟通学生心理健康情况。

第二十三条 心理咨询人员应当提高业务素质,遵守执业规范,为社会公众提供专业化的心理咨询服务。心理咨询人员不得从事心理治疗或者精神障碍的诊断、治疗。心理咨询人员发现接受咨询的人员可能患有精神障碍的,应当建议其到符合本法规定的医疗机构就诊。心理咨询人员应当尊重接受咨询人员的隐私，并为其保守秘密。

第二十七条　精神障碍的诊断应当以精神健康状况为依据。除法律另有规定外，不得违背本人意志进行确定其是否患有精神障碍的医学检查。

第二十八条　除个人自行到医疗机构进行精神障碍诊断外，疑似精神障碍患者的近亲属可以将其送往医疗机构进行精神障碍诊断。对查找不到近亲属的流浪乞讨疑似精神障碍患者，由当地民政等有关部门按照职责分工，帮助送往医疗机构进行精神障碍诊断。疑似精神障碍患者发生伤害自身、危害他人安全的行为，或者有伤害自身、危害他人安全的危险的，其近亲属、所在单位、当地公安机关应当立即采取措施予以制止，并将其送往医疗机构进行精神障碍诊断。医疗机构接到送诊的疑似精神障碍患者，不得拒绝为其作出诊断。

第三十条　精神障碍的住院治疗实行自愿原则。诊断结论、病情评估表明，就诊者为严重精神障碍患者并有下列情形之一的，应当对其实施住院治疗：

（一）已经发生伤害自身的行为，或者有伤害自身的危险的；

（二）已经发生危害他人安全的行为，或者有危害他人安全的危险的。

第三十一条　精神障碍患者有本法第三十条第二款第一项情形的，经其监护人同意，医疗机构应当对患者实施住院治疗；监护人不同意的，医疗机构不得对患者实施住院治疗。监护人应当对在家居住的患者做好看护管理。

第四十四条　自愿住院治疗的精神障碍患者可以随时要求出院，医疗机构应当同意。对有本法第三十条第二款第一项情形的精神障碍患者实施住院治疗的，监护人可以随时要求患者出院，医疗机构应当同意。医疗机构认为前两款规定的精神障碍患者不宜出院的，应当告知不宜出院的理由；患者或者其监护人仍要求出院的，执业医师应当在病历资料中详细记录告知的过程，同时提出出院后的医学建议，患者或者其监护人应当签字确认。

第四十七条　医疗机构及其医务人员应当在病历资料中如实记录精神障碍患者的病情、治疗措施、用药情况、实施约束、隔离措施等内容，并如实告知患者或者其监护人。患者及其监护人可以查阅、复制病历资料；但是，患者查阅、复制病历资料可能对其治疗产生不利影响的除外。病历资料保存期限不得少于三十年。

第四十九条 精神障碍患者的监护人应当妥善看护未住院治疗的患者，按照医嘱督促其按时服药、接受随访或者治疗。村民委员会、居民委员会、患者所在单位等应当依患者或者其监护人的请求，对监护人看护患者提供必要的帮助。

附录2　心理危机预防与干预相关文件参考

（南京邮电大学心理健康教育与咨询中心）

一、心理危机上报标准

出现心理危机的学生会在他们的生活中表现出很多异常的行为或表现，这是他们发出的信号，当我们关注到这些信号，才能尝试去帮助他们，预防自杀、伤人等极端行为的发生。当学生出现以下行为或表现时，辅导员需第一时间上报心理健康教育与咨询中心。

1. 疑似出现幻觉，可能的表现为：自言自语、对空说话；声称听到脱离现实的声音或声响；看到脱离实际的东西，如鬼怪、僵尸等。

2. 疑似出现妄想，可能的表现为：无缘由地认为别人可能要危害自己；无缘由地认为别人针对、跟踪、监视自己；无缘由地认为自己被电波、光线等物质伤害；无缘由地认为别人爱慕、追求自己；无缘由地认为自己的朋友、恋人背叛或对自己不忠。

3. 疑似出现精神分裂症的阴性症状，可能的表现为：对亲人、朋友冷漠无情；卫生状况很差；行为退缩；长时间呆坐等。

4. 出现自杀观念、自杀尝试和自杀未遂等行为，可能的表现为：留下遗书；对外发表与自杀相关的言论；查阅或询问自杀的方法；保存或携带自杀的工具；出现割腕、过量服药、尝试跳楼等自杀相关行为等。

5. 出现伤人或杀人意图、伤人或杀人尝试或行为，可能的表现为：对外声称要伤人或杀人；保存或携带危险工具；出现伤害他人的实际行为等。

6. 出现冲动行为，可能的表现为：突然失踪；与人发生严重冲突；酗酒；危险驾驶；危险的性行为等。

7. 睡眠异常，可能的表现为：长期入睡困难、早醒；过度兴奋、睡眠过少；嗜睡等。

8. 进食异常，可能的表现为：节食过度；暴饮暴食；催吐、催泻；过度运动；体重大幅度变化等。

9. 出现情绪异常，可能的表现为：明显的情绪低落；明显的情绪高涨；易怒、暴躁；过度焦虑；过度恐惧。

二、心理危机干预实施细则

（一）经指定医院确诊患有心理障碍的情况及其干预方法

1. 确诊已治疗

经过三级甲等精神专科医院确诊患有心理障碍并且已经接受治疗的学生，需向学校提供医院的诊断证明及病历复印件，并办理相关手续（退学、休学或陪读等）。接受治疗后，如果三级甲等精神专科医院相关材料证明学生达到正常学习和生活的要求，可予以复学。学生复学，原则上需要家长陪读，监督学生继续服药，如有需要，心理中心会给予以支持性咨询。学生复学后，学院和心理中心要积极关注该生的心理动态，定期跟踪反馈，心理档案系统中的信息需要及时更新。同时，学院要定期与家长沟通，并做好相关记录。

2. 确诊未治疗

经过三级甲等精神专科医院确诊有心理障碍但是未接受治疗的学生，学院需协同心理中心做好家长和学生的工作，建议及时接受专业治疗。如果病情严重或者所需治疗时间较长，可办理休学手续。如果学生不同意休学，则需要家长陪读，监督学生的治疗。如果经多次劝说，学生及家长仍坚决拒绝接受专业治疗，在给予该生密切关注的同时，学院和心理中心须向家长和学生说明问题的严重性，建议家长陪读。家长须做出书面保证，承诺对学生的心理危机状况及可能造成的后果完全知晓、理解并承担一切责任。

（二）疑似患有心理障碍但没有确诊的情况及其干预方法

1. 辅导员在日常工作中发现学生疑似患有心理障碍

辅导员如在日常工作中发现学生有疑似心理障碍的症状，应及时与心理中心联系；心理中心通过核实心理普查结果和面对面的心理评估等程序，对学生的心理状况进行初步评估，如初步确定其疑似患有心理障碍，则建议其接受专业评估，并第一时间告知学院；学院应立即联系学生家长，要求家长带领学生前往精神专科医院接受心理评估。经多次劝说之后，如果该生和／或其家长仍拒绝接受专业心理评估，则按照上文“确诊未治疗”情况中的相关内容进行处理。

2. 心理咨询过程中发现疑似患有心理障碍

心理咨询师在心理咨询的过程中发现学生存在疑似心理障碍的症状，应上报心理中心负责人，并及时与学院联系；学院应及时通知学生家长，同时建议其家长带领该生至三级甲等精神专科医院接受专业心理评估。如果该生和／或其家长拒绝接受专业心理评估，按照上文“确诊未治疗”情况中的相关内容进行处理。

（三）心理障碍现场发作的情况及其干预方法

1. 学生突发心理障碍，但未危及自身或他人安全的情况

有些心理障碍（如恐惧症、轻躁狂发作等）发作时尚未危及自身或他人安全，但相关人员仍应第一时间告知学院和心理中心。学院应及时将学生情况通知家长，并要求家长来校协同处理；心理中心的咨询师应对发作的患者进行心理评估以及一定程度的危机干预。咨询师应对现场的情况做出判断，如果该生情况渐趋稳定，应当建议学院在家长抵达现场之前，对学生实施 24 小时全面监控，直至家长抵达；如果该生病情较为严重，需要及时接受诊断和医治，咨询师应建议学院征求家长意见，提议在家长抵达现场之前拨打 120 紧急救助电话，立即将该生送至精神专科医院就诊；如果家长拒绝接受学院和学校的意见，无视学生病情危急的事实，学院可直接拨打 110 报警，请求 110 协助处理该紧急事件。

2. 学生突发心理障碍，且危及自身或他人安全的情况

有些心理障碍（如精神分裂症、抑郁症、双相情感障碍等）发作时往往会伤害到患者本人或周围的人。当此类危机发生时，相关人员应第一时间告知学院和心理中心，学院应第一时间拨打110，如果涉及伤害事件，还应同时拨打120紧急救助电话。学院应尽快联系学生家长，将危机状况告知家长。如果学生病情暂时得以缓解，并且家长可以在短时间内赶到现场，学院可以对学生实施24小时全面监控，直至家长抵达；如果该生病情没有得到缓解，危机持续存在，学院应征得家长同意，并将学生送往当地的精神专科医院（如需入院治疗，需要家长的授权短信）；如果该生家长拒绝接受学院和学校的意见，无视学生病情危急的事实，学院可直接拨打110报警，请求110协助处理该紧急事件。该生在精神专科医院接受诊治之后，其危机便属于第一部第1项，应按照此部分内容予以处理。

（四）非心理障碍的突发事件及其干预方法

学生如遇到重大应激事件（如自然灾害、意外事故或重大丧失等），学院和心理中心需要及时与事件相关当事人沟通，分层进行危机干预，关注学生的心理动态。心理中心主要提供危机干预、心理咨询和团体辅导等服务。学院应当将危机情况通知学生的重要他人（如家长），同时做好各项安抚工作。

三、心理危机干预流程图

心理危机干预流程见附图2-1。

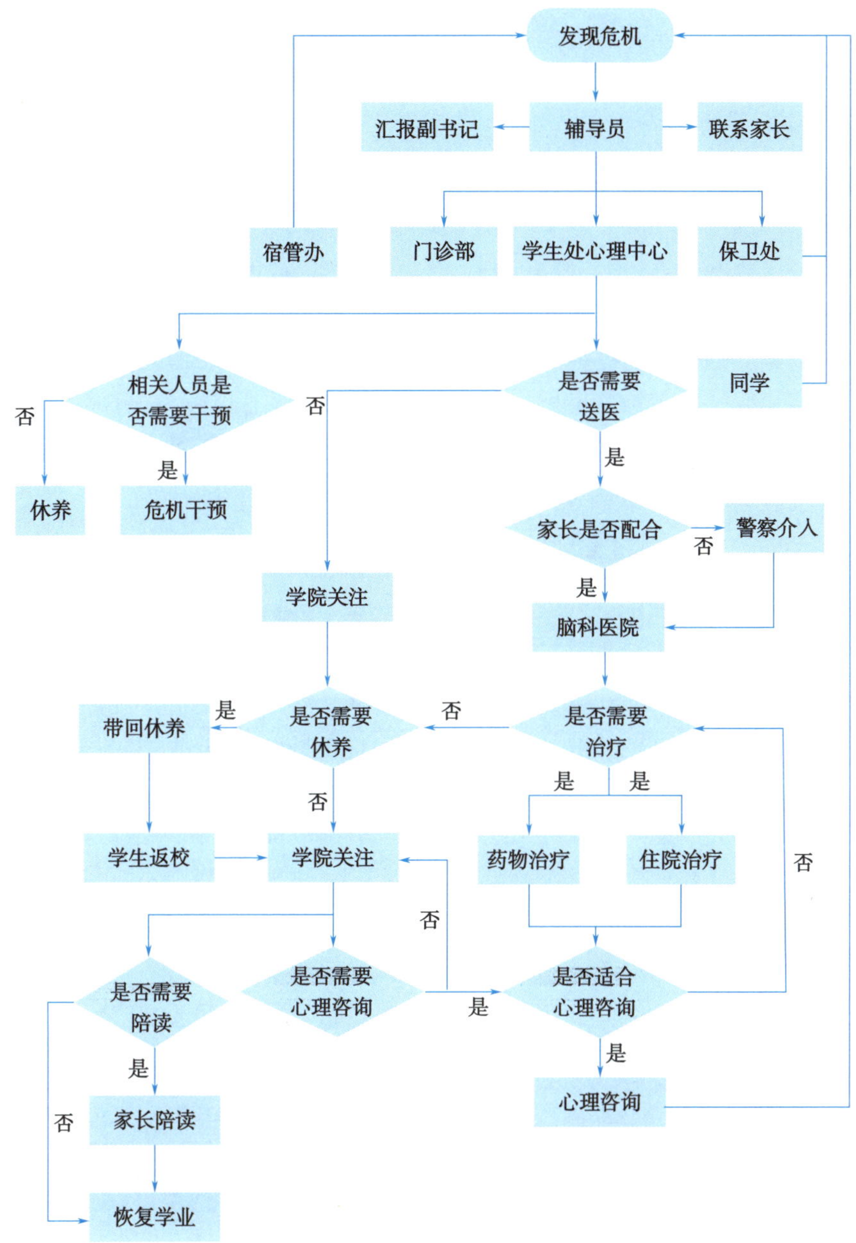

附图2-1 校园心理危机干预流程